ROMAN SANDGRUBER

PRETTY KITTY

ROMAN SANDGRUBER

PRETTY KITTY UND DIE FRAUEN DER ROTHSCHILDS

MOLDEN

DER WEG
DER GRÄFIN KITTY SCHÖNBORN,
EINER DER SCHÖNSTEN
FRAUEN UNSERER ZEIT,
IST EIN ROMAN, VON DEM ALLE
MÄDCHEN TRÄUMEN.

DIE BÜHNE, 1924

INHALT

Eine Ruderregatta gibt jungen Pariserinnen Gelegenheit, die farbenfrohe Sommermode von 1924 zu präsentieren: Kleider von Jean Patou, Georges Doeuillet, Martial et Armand und Jeanne-Marie Lanvin.

Jean Patou Jeanne Lanvin Martial et Armand

Die Welt der vornehmen Dame: kostbare Pelze, Barsoi-Windhunde und ein eleganter Sechs-Zylinder-Renault mit Chauffeur. Farblithografie von René Vincent, um 1920.

räfin Melanie Hoyos auf dem Wege zur
reibjagd. Der Steg über den Bach ist einiger-
naßen primitiv und man muß seiltänzerische
icherheit aufbringen

Rechts: Graf Louis Serényi, Prinz Erwin Hohen-
lohe, Graf Szapáry und Baronin Clarisse Roth-
schild

Unten: Von Fulham direkt nach Pottenbrunn. The Hon. William W. Astor, der nach den englischen Parlamentswahlen auf einige Tage nach Österreich kam, als Gast des Grafen Seilern

„PIFF – PAFF – PUFF!“

VON OSKAR SONNLECHNER

Lauschend standen wir um den allerhöchsten Jagdherrn und horchten der von ihm ausgegebenen Ordre de Bataille, abseits von uns die „Edlen von Brabant“ — die Treiber.

Mit halbem Ohr hörte ich etwas von drei Trieben ... erst am Stand laden ... Hennen werden nicht geschossen ... nur Hahnen ... wohlgemerkt, keine Hennen! ... betonte der Jagdherr mit erhobener Stimme ... Weidmannsheil! ... Alle ringsum lüfteten die Hüte mit den nickenden Gamsbärten ..... ein allgemeines Murmeln in der Runde: „Weidmannsheil! Weidmannsheil!“

Ich lauschte zwar nur mit „halbem“ Ohr, aber mit der anderen Hälfte meiner Sinnesorgane war ich dafür „ganz“ Auge. Denn mitten zwischen den Lodenjoppen, karierten Homespuns, grellfarbigen Pullovers und Kamelhaarschals, dottergelben Gamaschen und dickledernen Sporthandschuhen stand ein merkwürdiger Jagdgast. Der trug ein kleines, keckes, giftgrünes Jagdhütchen mit einer frech gesteckten Spielhahnfeder, dann ein hüftenkurzes hellgraues Salzburger Lodenjäckchen, grün passepoiliert, ein seitlich geknöpftes mehr wie kniefreies Röckchen und darunter ein paar sanftgerundete Waden, die den Neid der Venus von Milo erweckt hätten. (Namentlich wegen diesen war ich „ganz“ Auge.) Und trug einen umgeschnallten Patronengürtel und eine klobige Browningkanone. Nun liebe ich gewehrtragende Frauen ungefähr so wie kochlöffeltragende Männer, aber bei näherer Betrachtung der sanft gerundeten Waden mußte ich mir gestehen, daß meine Abneigung gegen gewehrtragende Frauen ein geradezu läppisches Vorurteil sei. Darum griff ich geistesgegenwärtig in die Westentasche, pirschte mich, a
auf die Stände ging, an den Oberf
Zawadil heran — er war Vorstan
Verbandes deutschbewußter Wei
ner —, drückte ihm den Buhllohn
schwielige Faust und murmelte:
Oberförster, ich möchte neben de
angestellt werden.“ Er schielte
Faust, ob es auch wirklich ei
haftiges Fünfschillingstück sei, z
dann verständnisvoll, murmelte
lein Mizzi, vom Residenzthe

He
sch
Für

Rec

Unte
Lady
Gesa

Nr. 1 Nr. 13. — 18. Juni 1

Die Frauen der Rothschilds gaben den Ton an, in der Mode ebenso wie bei den Events der High Society. Man beeindruckte beim Galopper-Derby in der Freudenau mit den elegantesten Toiletten und zeigte bei der Jagd seine „harte" Seite: Clarice Rothschild mit Sohn Albert und Fürstin Mathilde Kinsky beim Derby 1935 (rechts oben) und bei einer Treibjagd im Tullnerfeld im Herbst 1935 (oben Mitte). Baronin Aline Ringhoffer erschien zum Derby 1933 in einem silbergrauen Musselinkleid und einem Hut aus dem Salon „Suzanne" (in der Präsentation des „Wiener Salonblatts" das Modell rechts außen).

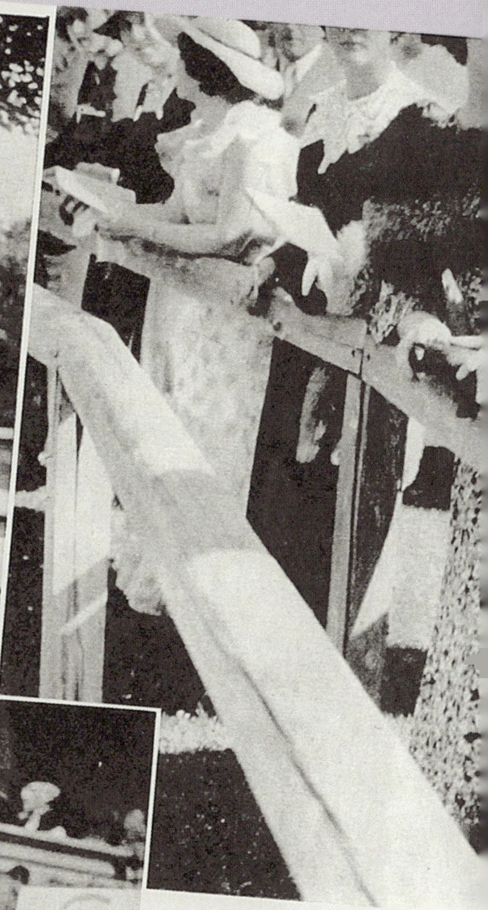

n Rohrer, Baron Buster Roth-
Baronin Clarisse Rothschild und
Mathilde Kinsky

Miß Peggy, St. Johnfield

Graf Ottokar Haugwitz und
by (Gattin des englischen
) Photo Dr. R. Schloß

Schöne Zuschauerinnen
Photo Dr. R. Schloß

Wiener Salonblatt.

MODE.

Oesterreichisches Derby 1933.

Auch Kitty ist Kundin im Atelier von Jeanne-Marie Lanvin in der Rue Barbet-de-Jouy: drei charmante Crêpe-de-Chine-Kreationen der legendären Pariser Modeschöpferin aus dem Jahr 1924.

SIE WAREN DIE NEUEN FRAUEN

Frauen waren in der langen Geschichte der Familie und des Hauses Rothschild, das aus dem jüdischen Ghetto der Stadt Frankfurt am Main kommend einen märchenhaften Aufstieg nahm, eigentlich nicht vorgesehen.[1] Sicher: Man hatte sie und man brauchte sie. Aber Mayer Amschel, der Stammvater der fünf Linien, hatte in seinem Testament die Rothschild-Leitlinie für alle Zeiten vorzugeben versucht: Rothschild sollte eine auf die männlichen Nachkommen beschränkte Familiengesellschaft sein und bleiben. „Ich verordne und will daher, dass meine Töchter und Töchtermänner und deren Erben an der unter der Firma Mayer Amschel Rothschild und Söhne bestehenden Handlung keinen Anteil besitzen und auch keinerlei Recht haben, diese Firma zu inspizieren und ihre Bücher, Geschäftspapiere oder Warenlager zu überprüfen …“[2] Nur die Söhne sollten berechtigt sein, Einstellungen und Entlassungen von Personal vorzunehmen und ohne Rücksprache Geld aus der Firma zu nehmen. Das Wichtigste aber war: Kein Familienfremder, aber auch kein Schwiegersohn und keine Schwiegertochter sollten sich in das Geschäft einmischen können. Alle sollten sich verpflichten, das Geld auch durch ihr Heiratsverhalten in der Familie zu halten. Nur eine Rothschild sei einem Rothschild ebenbürtig und nur ein Rothschild könne eine Mitgift aufbringen, die einer Rothschild würdig sei, war das Rothschildsche Heiratsgebot. Man brauchte als Frau nicht einmal den Familiennamen zu ändern, wenn man heiratete.

Natürlich brauchte man Frauen. Gutle (1753–1849), die Stammmutter, war voll beeindruckender Weisheit und Bescheidenheit. Aus dem Frankfurter Ghetto kam sie nie hinaus, auch dann nicht, als das Ghetto längst aufgelöst und die Rothschilds ungeheuer reich geworden waren. Gutle gebar ihrem Mann Mayer Amschel Rothschild neunzehn Kinder, von denen zehn überlebten: fünf Knaben und fünf Mädchen. Die Mädchen zählten wenig. James, der jüngste ihrer fünf Söhne, der seine Nichte Bettina heiratete, schrieb in einem Brief an seinen Bruder Nathan: „Meine Frau ist ein wichtiges Stück Möbel.“[3] Das klang härter, als es wohl gemeint war. Frauen seien „schlechte Kassierer“, schrieb Carl, der zweitjüngste der fünf Brüder.[4] Mit Zahlen könnten sie nicht umgehen und für Geldangelegenheiten seien sie schlecht zu gebrauchen.

Salomon, der zweitälteste ihrer Söhne und Stammvater der österreichischen Linie, musste sich seine Frau noch im Frankfurter Ghetto suchen: Caroline Stern. Denn eine seiner Schwestern konnte er nicht gut heiraten. Caroline lebte ausschließlich in Frankfurt. Nach Wien kam sie nie. Salomon hatte zwei Kinder. Seine Tochter Betty vermählte er mit seinem Bruder James, seinen Sohn Anselm mit dessen englischer Cousine, die dieser nicht liebte. Sie lebte in Frankfurt und kam nur selten nach Wien. Anselm war ein Frauenfeind. Er hatte drei Söhne und vier Töchter. Aber nur die Söhne zählten. Die vier Töchter Julie, Mathilde, Louise und Alice waren kaum jemals in Wien. Aufgewachsen waren sie in Frankfurt. In Wien gab es daher bis ins 20. Jahrhundert kaum Rothschild-Frauen.

Als es ans Heiraten ging, kamen auch für Anselms Töchter wieder nur Rothschilds infrage. „Für uns Juden, und besonders für uns Rothschild ist es ein Glück, nicht mit anderen Familien in Berührung zu kommen, das macht einem immer Unannehmlichkeiten und kostet Geld", meinte ihre Tante Charlotte aus der neapolitanischen Linie.[5] Mathildes Entschluss, in die Heirat mit ihrem Cousin Willy aus Neapel einzuwilligen, erregte bei ihrer Pariser Tante Betty sogar Mitleid: „Jetzt bereitet sie sich mit einer wahrlich engelhaften Resignation auf die Opferung der schönsten Illusionen ihres jungen Herzens vor. Man muss sagen, dass die Aussicht, Willys lebenslanger Gefährte zu sein, keine junge Frau reizen würde, die wie sie aufgewachsen und mit einem kultivierten Geist gesegnet ist."[6] Willy war wirklich kein Traummann. Aber Mathilde fügte sich in ihr Schicksal.

Ihre um zwei Jahre ältere Schwester Caroline Julie hatte sich zwar durchsetzen können, als sie die Verbindung mit Willy ausschlug, in die dann Mathilde einwilligen musste. Aber dass sie letztlich einer von ihrem Vater und ihrem Schwiegervater arrangierten Ehe mit dem ebenfalls aus der neapolitanischen Linie kommenden Adolph zustimmte, war in gewissem Sinn ein Akt der Notwehr. Denn als ihr fast achtzigjähriger Großonkel Amschel, dessen Frau Eva 1848 verstorben war, sie,

Glamourfrau von Welt: Kitty Gräfin von Schönborn-Buchheim, geborene Katherine Wolff, geschiedene Mrs. Dandridge, spätere Frau von Eugen von Rothschild. Foto, aufgenommen 1913 im Fotoatelier Madame d'Ora.

die noch keine 20 Jahre alt war, als Frau zu bekommen versuchte, war sie entsetzt, auch wenn die ganze Familie dagegen nicht allzu energisch Stellung zu beziehen wagte, um Amschel nicht womöglich derart stark zu vergrämen, „dass er sein Kapital aus der Firma zieht und eine Fremde heiratet". Da willigte Julie lieber in die Heirat mit ihrem recht trockenen Cousin Adolph ein. Das Paar hatte keine Kinder und übersiedelte nach der Schließung der Neapolitaner Rothschild-Bank mit allen Kunstschätzen nach Paris. Er widmete sich seinen Sammlungen, sie ihrem Schloss und ihren Gärten am Genfer See. Bekannt war sie, ähnlich wie Mathilde, für die dicken Zigarren, die sie rauchte: elf bis zwölf teure Havannas pro Tag. Am Genfer See entdeckte sie auch ihre Leidenschaft für die Schifffahrt, den Segelsport und die Geschwindigkeit. Mit ihrem 24 Meter langen Boot *Gitana* wurde sie als „Yachting Lady" berühmt, weil sie es 1876 schaffte, die Geschwindigkeit von 20 Knoten (ca. 36 km/h) zu überschreiten. 20 Jahre später stellte sie mit der *Gitana II* ihren eigenen Rekord mit 48 km/h ein. Wirklich bekannt aber wurde sie, nachdem „Sisi", die österreichische Kaiserin Elisabeth, den Tag vor ihrer Ermordung bei ihr verbracht hatte.[7]

Sara Louise, die dritte der Töchter, ein „äußerst liebenswürdiges, blondes Wesen", hatte bereits einen von der Familie nominierten engeren Verwandten als Bräutigam ausgeschlagen: den Londoner Bankier und Rentier Josef Mayer Montefiore. Als sie dann 1858 den aus Livorno gebürtigen Bankier und Industriellen Raimondo Franchetti heiraten wollte, stimmte die Familie widerwillig zu: Immerhin war er ein in den Grafenstand erhobener Jude und in Italien ähnlich bedeutsam wie die Rothschild in Österreich. „Ricco come Franchetti" hatte denselben Klang wie „Reich wie Rothschild" oder „Rich as Rockefeller". Aber es war eine Ehe auf Distanz, ohne viel Liebe und große Gefühle. Sie lebte im Piemont in ihrem Schloss im Valle di Viù bei Turin, ihr Gatte in Venedig im aufwändig restaurierten Palazzo Cavalli-Franchetti. Sogar als er starb, war sie weit weg.[8]

Die jüngste der vier Schwestern Charlotte Alice heiratete lieber gar nicht und zog sich auf ihre riesigen Gärten in Mittelengland und in der Provence zurück. Immer hatte sie einen Spaten bei sich, mit dem sie ihre in Reih und Glied angetretenen Gärtner dirigierte und ein feldwebelartiges Regiment über sie führte. Nicht nur gegenüber den Angestellten herrschte ein militärischer Ton, sondern auch gegenüber noblen Besuchern. Als Königin Victoria die berühmte Gartenanlage besichtigte und versehentlich auf ein Blumenbeet trat, wurde sie von der Baronin energisch hinauskomplimentiert: „Get out!" Die verdutzte Königin gehorchte, nannte ihre Gastgeberin in Zukunft aber nur mehr „die Allmächtige".[9]

Auch die Frauen von Anselms drei Söhnen waren zutiefst unglücklich. Evelina, die aus der englischen Rothschild-Linie stammende Gattin Ferdinands, starb bei der Geburt des ersten Kindes. Auch das Kind war tot. Ferdinand heiratete nie mehr. Sein Bruder Nathaniel war homosexuell und heiratete nie. Und Bettina, die aus der französischen Linie kommende Frau von Anselms jüngstem Sohn Albert, erwartete in Wien kein gnädiges Schicksal. Sie gebar ihrem Mann sieben Kinder und starb im Alter von nur 34 Jahren an Brustkrebs. Albert heiratete nicht mehr.

Erst die fünfte und auch letzte Generation der österreichischen Rothschilds wagte den Ausbruch aus den strengen Grenzen des Judentums und der Familie. Von Alberts fünf Söhnen hielt sich nur mehr Alfons an die Vorgaben des Ururgroßvaters. Er hatte mit Clarice eine Partnerin aus der mit den Rothschilds eng verknüpften Familie Montefiore gewählt. Aber ob ihm seine Ehe viel bedeutete? Georg scheiterte am Traumbild einer schönen Frau, wurde wahnsinnig und verbrachte sein ganzes weiteres Leben, fast 40 Jahre, in geschlossenen Anstalten. Eugen wählte sich zwei nichtjüdische Glamourfrauen: zwei der größten Schönheiten der damaligen Welt. Oscar Ruben, der jüngste der fünf Söhne, beging im Alter von 20 Jahren nach einer missglückten, vom Vater nicht tolerierten Liebschaft mit einem christlichen, noch dazu nicht reichen Mädchen Suizid. Und Louis, der die Rolle des Chefs des Hauses übernommen hatte, hielt sich zwar bis ins hohe Alter an die Familienregel, keine Familienfremde oder gar eine Nichtjüdin oder Christin zu ehelichen. Aber als er sich als über Sechzigjähriger endlich zu einer Ehe entschloss, heiratete er in den katholischen Hochadel, auch wenn Hilda Auersperg ein sehr unkonventionelles Bild einer Aristokratin darstellte. Dass er sich vorher nie zu einer Heirat entschließen konnte, obwohl er sowohl mit Hilda Auersperg wie auch mit Aline Seybel, verheiratete Ringhoffer, und angeblich noch mit viel mehr Frauen eng befreundet war, mag vielleicht als ein renitentes Junggesellenstreben zu deuten sein – oder aber eher doch als Zögern, aus der Familientradition auszubrechen, was er erst nach dem völligen Zusammenbruch der Familie wagte. Alberts einzige Tochter Valentine, die durch ihre sprachliche Behinderung eigentlich die ohnmächtigste seiner Kinder war, hatte kaum sechs Monate, nachdem der übermächtige Vater tot war, den jüdischen, aber nicht der Familie zuzurechnenden Bankier Sigismund Springer geheiratet.[10]

Die Frauen der ersten beiden Generationen standen im Hintergrund und agierten im Verborgenen. Erst die dritte Generation der Rothschild-Frauen war in ungeheurem Reichtum aufgewachsen und hatte nie materielle Einschränkungen irgendwelcher Art verspüren müssen. Am Ende der fünften Generation war das schon wieder anders geworden. Flucht und Vertreibung verlangten allen Betroffenen hohe Opfer ab. Die Wiener Rothschilds der fünften Generation waren schwache Männer, die starke Frauen brauchten. Die Frauen dieser letzten Generation waren selbstbewusst, emanzipiert und weltgewandt. Sie waren in der ganzen Welt beheimatet, korrespondierten rasch wechselnd in Französisch oder Englisch mit zur Dekoration eingesprengten Fetzen Deutsch: „c'était très gemütlich" ... „too much heimweh" ... „going on a cross-country ausflug". Sie taten das nicht, weil man nicht alle drei Sprachen perfekt beherrscht hätte, sondern weil solch ein Mix „très chic" war. Um Geld brauchten sie sich nicht zu sorgen. Sie hatten es. Sie brauchten es nur auszugeben. Auch für ihre Selbstbestimmung brauchten sie nicht zu kämpfen. Sie hatten sie. Sie hatten die neuesten Kleider, die modischsten Frisuren, die teuersten Autos. Auch alle männlichen Hobbys und sexuellen Freiheiten wurden ihnen zugestanden. Sie waren die neuen Frauen: keine Hausfrauen, keine Mütter, schon gar keine Arbeiterinnen. Politisch waren sie konservativ, im Kunstgeschmack extravagant, aber nicht immer progressiv, im Konsumverhalten wegweisend, in der Gesellschaft vernetzt, doch für die gesellschaftlichen Verwerfungen des Jahrhunderts waren auch sie zu schwach.

Die Männer der fünften Generation waren zögerlich. Ihre Frauen waren stark: Kitty, die mit allen gleich gut umgehen konnte, mit den Spitzen der Welt und mit den einfachen Leuten in Enzesfeld. Clarice, die Abenteuerin, die sich durchkämpfte und zu behaupten wusste. Hilda, die Exzentrische, die aus verklemmten Verhältnissen heraus sich ihre Freiräume schuf. Aline, die Liebenswürdige und Liebenswerte, die zu energischen Schritten nicht fähig war, aber im Zusammenbruch aller Welten schlussendlich ihre seelische Ruhe fand. Und Valentine, die Stille, die durch ihre Herzenswärme hervorstach und ihre körperliche Beeinträchtigung beeindruckend zu meistern verstand.

Glücklich waren sie alle nicht, weder die Männer noch die Frauen. Das Schicksal meinte es zwar lange gut mit ihnen. Doch die Flutwellen des Nationalsozialismus und Antisemitismus und die Folgen eigenen Verschuldens schwappten über sie hinweg. Der Fluch des Ururgroßvaters stand immer noch im Raum: Im Familienimperium der Rothschilds, in dem Frauen keinen Platz haben sollten, blieb zuletzt auch für Männer kein Raum. Es gab keine männlichen Nachfolger mehr.

Eine selbstbewusste, weltgewandte Persönlichkeit, Role Model der Art-déco-Mode: Kitty, nunmehr Frau eines Millionärs, am Gipfel ihres Ruhms, 1928.

DIE DIVA

KITTY ROTHSCHILD

Kittys Geschichte könnte ein modernes Märchen sein. Es ist ein Märchen, von dem alle Kinder träumen. Und es hat mit allen Märchen das eine gemein, dass seine Anfänge mit einem delikaten Schleier aus Dichtung und Wahrheit umwoben sind. War es nicht ein amerikanisches Märchen, als Tochter eines nach Amerika ausgewanderten deutschen Arztes, der es in Philadelphia zu bescheidenem Wohlstand gebracht hatte, in das amerikanische Südstaaten-Establishment und in die Nachkommenschaft des ersten US-Präsidenten George Washington einzuheiraten? Aber von dort den Weg in die österreichische Hocharistokratie zu finden und zuletzt einen der reichsten Männer der Welt zu gewinnen, ist ein wirklicher Märchenstoff. Ein bisschen ist es auch ein opportunistisches Bäumchen-wechsel-dich-Spiel, begleitet aber von vielen Tragödien, von privaten und familiären Schicksalsschlägen, von den sozialen und wirtschaftlichen Verwerfungen der Zeit, zuletzt von der Vertreibung durch die Nationalsozialisten und vom viel zu frühen Tod in den heimatlichen USA, wo die Amerikanerin Kitty sich nicht mehr zu Hause, sondern wie in einem fremden Exil fühlte.

Viele waren verliebt in Kitty. Aber kannten sie Kitty überhaupt? Unter welchem Namen sollten sie sie suchen? Als Katherina Franziska Wolf, Kathrin Wolff, Catherine Spotswood, Gräfin Katharina Schönborn, Baronin Kitty Rothschild, Baronesse Eugène de Rothschild oder einfach als Pretty Kitty? Und wo sollten sie suchen? In Philadelphia, New York, London, Paris, Wien, an der Côte d'Azur oder in ihrem Schloss im niederösterreichischen Arbeiter- und Weinbauernort Enzesfeld? Es ist nicht so sehr der Umstand, dass sie zu ihrer Zeit als eine der schönsten Frauen der Welt galt und ihre Geschichte einem modernen Märchen gleicht, sondern dass Kitty eine wirklich besondere Frau war: eine blendende Unterhalterin und selbstbewusste Persönlichkeit, die sich in drei ganz verschiedenen Kulturen zu bewegen und zu behaupten wusste: im Amerika der Immigranten und des modernen Räuberkapitalismus, in den zentralen Orten der Hocharistokratie und in der High Society des alten Europa und im Arbeiter- und Weinbauernmilieu des Industrieortes Enzesfeld.

Aber Schönheit hat viel mit Geld zu tun, zumindest in Kittys Fall. „Schritt für Schritt“ und „Mann für Mann“ kam sie dem Gipfel der Gesellschaft immer näher. Die Zeitungen und Gesellschaftsjournale hofierten sie und überschlugen sich mit Superlativen, in Amerika, in Paris und auch in Wien: „Die Baronne Eugène de Rothschild gehört zu der kleinen Gruppe von Frauen auf der Welt, die international für ihren großen Chic bekannt sind“, schrieb die *Vogue,* die führende Modezeitschrift ihrer Zeit, im Jahr 1932: „Ihr Geschmack an Kleidung, Juwelen und Häusern ist einwandfrei, und sie ist eine Person von herausragender Bedeutung unter den Frauen der heutigen Generation.“ Als sie am 28. April 1925 Eugen Rothschild heiratete, war sie am Gipfel ihres Ruhms angelangt und hatte ihren Traummann gefunden. Aber der Weg war nicht einfach: Da hatte sie bereits zwei Ehen hinter sich und hatte ein Kind in Amerika, den 1905 geborenen Sohn William Lawrence, dessen früher Tod im Alter von 17 Jahren sie bitter traf, auch wenn sie sich vorher herzlich wenig um ihn gekümmert und ihn ab dessen viertem oder fünftem Lebensjahr sicher nie mehr gesehen hatte.

Katharina Franziska Wolff oder Wolf, die unter ihrem Kosenamen Kitty viel besser bekannt ist, wurde am 13. Marz 1885 als Tochter des deutschamerikanischen Arztes und Chemikers Dr. Lawrence Wolf und der aus Schottland stammenden Mary Olivia Keys im Zentrum der damals boomenden Handels- und Industriestadt Philadelphia geboren. Schon der Vorname war Programm. Katherina war viel zu streng, Cathrin zu bieder, Catherine zu amtlich. Aus der heiligen Katharina, der „Reinen“, wurde das widerborstige Kätzchen Kitty, das man aus Jane Austens berühmtem, 1813 erschienenen und bis heute viel gelesenen Roman *Stolz und Vorurteil* kennt. Catherine, die zweitjüngste von Mrs. Bennets fünf Töchtern, die von allen nur Kitty genannt wird, gilt in Austens Roman als schönstes, aber auch schwierigstes der fünf Mädchen: modebewusst und eitel, verletzlich und zugleich verletzend, berechnend, doch auch zielbewusst. Auch Cathrin Wolf schuf sich, obwohl sich ihr

Nachname so viele Male änderte, mit Kitty eine unverwechselbare Identität und eine der wichtigsten Konstanten ihres Lebens. Sie wusste, wie wichtig ein Name war. Angeblich hatte sie drei Schwestern, von denen nichts Näheres bekannt ist. Die Zeitungen schrieben von den „beautyful Wolf girls in Philadelphia". Kitty habe noch zahlreiche Verwandte in Philadelphia, berichtete der *Evening Star* im Jahr 1925, insbesondere einen Onkel Dr. Carl F. Wolff in 580, Park Avenue.[11] Aber Kitty war die Einzige, die sich nach oben kämpfte. Und es brauchte viel Wandlungsfähigkeit, Starrsinn und Marketing, um das zu schaffen.

Ihre Kindheit ist in einem Wirrwarr aus einzelnen Nachrichtenfragmenten, Erinnerungslücken und Falschmeldungen versteckt. Kitty und ihre Verehrer haben später alles getan, um die wahre Kitty zu verbergen. Wie immer, wenn es wenige schriftliche Quellen gibt, explodieren die Mythen. 1903 tauchte erstmals die Geschichte von Kittys aristokratischer Herkunft auf: von ihren hochadeligen Münchener Verwandten, dem Onkel im Bayerischen Justizministerium, von der adeligen Tante, bei der sie gewohnt habe, von ihrer eigenen Rolle als Hofdame des bayerischen Königs oder gar bei der Kaiserin in Wien, die zu dem fraglichen Zeitpunkt nach der Jahrhundertwende aber gar nicht mehr lebte. Die amerikanischen Zeitungen waren da sehr erfinderisch und großzügig.

Die Vermutungen, dass es sich bei ihrem Vater, der im Oktober 1860 in die USA eingewandert war, um einen Baron handelte, der der Enge Alteuropas entkommen wollte, oder um einen bayerischen Revolutionär oder gar einen jüdischen Arzt, der zur Emigration gezwungen wurde, sind haltlos. Die Rede vom Adelstitel gehört zu den Geheimnissen, die Kitty selbst geschickt auszustreuen wusste. Ein Adelstitel, wenn auch ein nicht mehr auffindbarer oder gar nie vorhandener, konnte nur von Vorteil sein, nicht nur in Europa, sondern vor allem auch in Amerika, obwohl es dort gar keine solchen Titel gab. Die jüdische Herkunft wurde später wohl nicht nur deswegen vermutet, weil es in Ansbach eine gar nicht so kleine jüdische Gemeinde gab, sondern weil damit ihre Heirat mit Eugen Rothschild leichter zu argumentieren gewesen wäre. Und revolutionär gesinnte jüdische Studenten gab es überall, nicht nur in München.

Dr. Lawrence Wolff oder Wolf stammte aus dem oberpfälzischen Ansbach. Die Familie war im dortigen katholischen Industriebürgertum gut vernetzt und dürfte recht prominent und wohlhabend gewesen sein. In den amerikanischen Volkszählungsunterlagen steht bei Lawrence Wolff der Geburtsort Ansbach/Bayern und als Geburtsdatum der 23. April 1845.[12] Eine Nachschau in den Taufmatriken der Stadt Ansbach ergibt Genaueres: Johann Friedrich Ludwig Lorenz Wolf, dort noch mit einem „f" geschrieben, war das fünfte Kind des Fabrikbesitzers Carl Anton Wolf und seiner Gattin Franziska Maria, geborene Kämmerer. Die Familie betrieb das Stärkemachergewerbe und hatte es zu einer kleinen Fabrik ausgebaut. Lorenz Wolf wurde am 23. April 1845 katholisch getauft. Der Taufpate, der allerdings nicht anwesend war, war Johann Kämmerer, Handelsmann und Gutsbesitzer zu Edelheim in der Pfalz. Aber auch sein Stellvertreter Friedrich Kleinod war ein angesehener Baumeister aus Ansbach.[13] Die Herkunft war katholisch und das Milieu großbürgerlich. Der Sohn sollte passend zum Familienunternehmen Chemie studieren. Denn der Chemie, den synthetischen Farben, chemischen Grundstoffen und neuen Arzneimitteln, gehörte die Zukunft. In Amerika noch mehr als in Deutschland. Wolf erwarb in München neben einer chemischen und pharmazeutischen Ausbildung auch das Doktorat der Medizin.

Wolf ging nach Amerika, nach Philadelphia, wo er sich ein kleines Vermögen erwirtschaftete, mehrere chemische Patente erwarb, eine angesehene Stellung als Arzt erreichte und ein recht repräsentatives Haus in der Zwölften Straße bewohnte. 1884 wurde er im *Journal of the American Medical Association* als „einer unserer führenden Apotheker und Chemiker" beschrieben. Damals hatte er das Amt des Präsidenten der Drogistenvereinigung inne, für deren Mitglieder er einen Empfang in seiner schönen Residenz gab und zu dem er eine ziemlich große Anzahl von Prominenten eingeladen hatte. Er betrieb eine kleine Fabrik, in der Convallaramin und andere wichtige Glykoside und Herzmittel aus Pflanzen extrahiert und zu einer ganzen Reihe nützlicher und praktischer Heilmittel verarbeitet wurden.[14] Aber nicht nur als Chemiker hatte er sich einen guten Ruf erworben, sondern auch als Arzt. Er arbeitete am Deutschen Spital der Stadt Philadelphia und brachte es bis zum ärztlichen Leiter dieses Spitals und zum Professor für klinische Medizin am 1850 gegründeten Woman's Medical College of Pennsylvania, der weltweit zweitältesten Institution für die ärztliche Ausbildung von Frauen.[15] Die Aussagen von Schülerinnen belegen, dass er sich einen humanitären und emanzipatorischen Blick angeeignet hatte. Eine seiner Studentinnen, Mary Theodora McGavran, beschreibt ihn in ihrem Tagebuch: „Der Herr Doktor kam zu seiner üblichen Zeit – Er lud mich ein, einen Fall von Typhus auf der Station zu sehen – es war ein sehr schwerer Fall – Er erlaubte mir, den Patienten zu untersuchen und die Krankenakte zu studieren – Ich bekam mehrere Punkte. Von dort brachte er mich zu mehreren anderen Patienten – einer davon hatte Ekzeme. Er war überaus freundlich zu mir, sagte, er zeige sie mir gerne – ich schätze, er hatte nichts gegen Ärztinnen."[16] Offensichtlich ein Arzt, der nicht den damals gängigen Klischees dieses Berufsstandes entsprach.

Über Kittys Mutter, die aus Schottland gebürtige Mary Olivia Keys, weiß man recht wenig. So unbedeutend, wie man vermuten könnte, dürfte sie für Kittys Leben aber nicht gewesen sein. Von Kittys Kindheit in Philadelphia und ihrer Schulzeit und Ausbildung in dem Geviert zwischen der Zwölften Straße, der Spruce Street und der Chestnut Street, zwischen der Liberty Bell und dem Delaware River, gibt es nicht viel zu berichten. Wir wissen nichts über Kittys Schulen, über ihren Musikunterricht oder über sportliche Interessen. Aber Philadelphia, die Hauptstadt des Bundesstaates Pennsylvania und nach 1783 für einige Zeit auch Hauptstadt der neu gegründeten Vereinigten Staaten, konnte für amerikanische Verhältnisse viel bieten. Auch nach der Übersiedlung der Bundesverwaltung nach Washington war es noch lange das führende kulturelle, finanzielle und wirtschaftliche Zentrum der 13 Gründerstaaten geblieben: Mennoniten und Quäker waren in der Stadt längst zu einer Minderheit geworden. Waliser, Schotten, freigelassene Sklaven, Deutsche, Ulster-Schotten, Finnen, Schweden, niederländische Amerikaner und Iren siedelten sich an. Ende des 19. und Anfang des 20. Jahrhunderts wuchs die Stadt durch Einwanderung aus Irland, Südeuropa, Osteuropa und Asien sowie durch den großen Zustrom von Afroamerikanern aus den ländlichen Südstaaten und Puertoricanern aus der Karibik dramatisch an. Die Pennsylvania

Railroad, die Hafenanlagen und die neuen Industriebetriebe beschäftigten zehntausende Zuwanderer. Die Einwohnerzahl verdoppelte sich von nicht ganz 600.000 im Jahr 1860 auf 1,2 Millionen im Jahr 1900. Die Stadt war also nicht wesentlich kleiner als Wien mit damals 1,7 Millionen. Philadelphia war auch ähnlich multikulturell zusammengesetzt und rassistisch unterfüttert wie Wien. Rassentrennung und Antisemitismus spielten eine große Rolle. Die Katholiken waren die größte Einzelkonfession, obwohl alle protestantischen Glaubensbekenntnisse zusammen die Mehrheit bildeten. Die Oberschicht war exklusiv. Was zählte, war die Herkunft, erst dann kam das Vermögen. Mark Twain formulierte es so: „In Boston fragen sie, wie viel er weiß, in New York, wie viel er wert ist, und in Philadelphia, wer seine Eltern waren.“ Eine Abstammung aus England, Schottland und Deutschland sicherte einen Startvorteil. Was das Philadelphia um 1900 von Wien um 1900 unterscheidet, war nicht der Rassismus, sondern die Korruption und Misswirtschaft. Philadelphia galt anders als Wien als extrem schlecht verwaltete Stadt. In seinem bahnbrechenden Werk *The Philadelphia Negro* hatte der aus Philadelphia gebürtige Historiker und Stadtsoziologe William E. B. du Bois, selbst ein Afroamerikaner, im Jahr 1899 geschrieben: „Nur wenige Großstädte haben eine so anrüchige Bilanz für Misswirtschaft wie Philadelphia.“[17] Das mag wohl auch der Grund sein, dass Kitty in einer der vielen Seuchen, die die Stadt immer wieder erschütterten, überraschend zur Vollwaise wurde. Beide Eltern starben im Jahr 1901.

Kitty, damals erst 16 Jahre alt, kam zu einer Münchner Tante namens Gretchen, wo sie Musik studierte. Aber dieses „Gretchen“ ist nicht wirklich fassbar. Und das Musikstudium? War es mehr als ein Klavierunterricht mit Hausmusik? Recht viel länger als ein Jahr kann es nicht gedauert haben, wenn Kitty wirklich erst nach dem Tod der Eltern nach München kam. Denn spätestens 1903 war sie wieder in New York, um zu heiraten. Doch das Interesse für Musik hat sich Kitty ein Leben lang bewahrt. München war um die Jahrhundertwende eine pulsierende Stadt: nicht so walzerselig wie Wien und nicht so marschverliebt wie Berlin. Das Münchner Bier genoss schon damals Weltruhm. „Nichts tun und Bier trinken, dann zur Abwechslung wieder schnell ein wenig in den Kirchen herumrutschen, das ist die ausschließliche Beschäftigung vieler Herren und Nichtherren in München."[18] Dieses Klischee gab es zwar. Doch es entsprach keinesfalls der Realität. München war kein einschläfernder Biergarten. Auch München war rasch gewachsen, in der Ära des Prinzregenten Luitpold, der von 1886 bis 1912 regierte, von 250.000 Einwohnern auf 600.000. So gemütlich, wie die Klischees es vermuten lassen, ging es nicht zu. Es wurde viel gebaut. Für den jungen Adolf Hitler, der in Wien nur vegetierte, war München das ersehnte, aber bei Weitem nicht wahre Paradies. Es war um 1900 sowohl eine Kunststadt als auch ein Zentrum der Frauenbewegung. 1884 eröffnete die Münchner Damen-Akademie, die nach dem Vorbild der Königlichen Akademie der bildenden Künste organisiert war. Hier arbeitete Gabriele Münter und schrieb sich Käthe Kollwitz ein, damals noch unter ihrem Mädchennamen Käthe Schmidt. Hier lebten die führenden Köpfe der Künstlergruppe „Blauer Reiter". „Die Kunst blüht, die Kunst ist an der Herrschaft", schrieb Thomas Mann, der 40 Jahre lang in München lebte. Nicht in der Politik, wohl aber in der Kunst wurde München zur Konkurrenz Berlins. Seit 1895 hatten Mozart-Aufführungen den Ruf der Stadt auch als Musik- und Opernmetropole begründet. Nicht zuletzt deswegen behielt Kitty immer ein starkes Feeling für die Musik. Zeitlebens liebte sie das Bier, die Oper und die Konzert- und Liederabende.

AUS WOLF WIRD SPOTSWOOD

Wo und wann Kitty den deutlich älteren Ingenieur und Börsenhändler Dandridge Spotswood kennengelernt hatte, ist unbekannt. Er war sicher kein Zahnarzt, wie später kolportiert wurde, und auf keinen Fall irgendwer: Die Spotswoods kamen aus dem amerikanischen Südstaaten-Gründeradel. Sie zählten zu den nahen Verwandten von George Washington, dem ersten Präsidenten der USA. Sicherlich: In den Augen europäischer Adeliger war das kein Adel, schon gar nicht einer mit 16 Ahnen. Aber mehrere Generationen hindurch besetzten die Spotswoods wichtige Positionen in der Gesellschaft und Politik Virginias.[19]

Dandridge Spotswood war am 17. Mai 1872 in Petersburg, Virginia, geboren worden, als Sohn von William F. Spotswood (1827–1895) und Isabella Matoaca Dunlop Spotswood (13.3.1848–19.8.1922). Er hatte von 1893 bis 1896 an der Pantops Academy nahe Charlottesville, am Hampden-Sidney College in Virginia und an der Cornell University of Michigan eine solide Ausbildung erhalten. Als Industriemanager und Bergbauingenieur machte er in New York Karriere und verbrachte viel Zeit auf Reisen in den Vereinigten Staaten und in Europa.[20] Im Mai 1903 jedenfalls wurde die Verlobung verkündet.[21] Die Heirat folgte am 20. Juni 1904 in der New Yorker First Presbyterian Church in Greenwich Village. Die Zeitungen schrieben von der Hochzeit zwischen einem New Yorker Bankier und einer bayerischen Prinzessin, die in der Münchner Aristokratie tief verankert sei.[22] Die Schlagzeilen waren reißerisch: „Broker heiratet Baroness“, „Eine internationale Romanze“.[23] Der Bräutigam, ein Aktienhändler mit Büro im teuren Mills Building, Wallstreet No 25, der im Börsenviertel und in den exklusiven Zirkeln New Yorks wohlbekannt sei, stamme als ein direkter Nachkomme von Alexander Spotswood, dem ersten Gouverneur von Virginia, und als naher Verwandter des ersten Präsidenten George Washington, aus einer der ältesten Familien Virginias, und die Braut, eine Baronin von Wolf, sei eine exquisite Schönheit. Frau Wolf lebe mit ihrer Tante, Frau von Adelman, der Nichte des gegenwärigen bayerischen Justizministers, in München.[24] Ihr Vater, Baron von Wolf, sei ein bekannter Rechtsanwalt in München gewesen, habe sich aber wegen seiner streng republikanischen Tendenzen mit der Regierung überworfen, sei verbannt und sein Vermögen konfisziert worden. Die Zeitungen schrieben schon damals, aber erst recht dann, als sie wirklich berühmt geworden war, von einem Adelstitel, den Kittys Großvater einst in Bayern geführt und den der Sohn in Amerika abgelegt habe. Alles, zumindest was die Braut betraf, sind falsche oder maßlos übertriebene und fantasiereich ausgeschmückte Geschichten.[25]

Am 19. Mai 1905 kam der Sohn William Lawrence zur Welt. Lange kann sich Kitty nicht um ihn gekümmert haben. Sie scheint schon damals, glaubt man den Society-Kolumnisten, ein recht bewegtes Leben geführt zu haben und soll sich den Anschein einer Baronin gegeben haben, die sie gar nicht war. In der New Yorker Gesellschaft war sie sehr präsent und war schon in den ersten Jahren ihrer Ehe häufig in den Zeitungskolumnen zu finden. Sie reiste regelmäßig nach Europa. Es gelang ihr, zu den höchsten Gesellschaftskreisen des alten Kontinents Zugang zu finden, namentlich zum englischen Königshof. Am 26. Mai 1909 kam es beim britischen Galopper-Derby in Epsom zu einem überraschenden Zusammentreffen mit dem englischen König Edward VII. Wie es Kitty geschafft hat, diese Kontakte zu bekommen und an den König heranzukommen, ihm einen Porzellanfrosch als Maskottchen zu überreichen und von ihm ein entsprechendes Diamantgegengeschenk zu erhalten, darüber mag man rätseln. Kitty hatte jedenfalls einflussreiche Freunde und Freundinnen in der Gesellschaft Philadelphias und New Yorks, die Zugang zum englischen Hof hatten. Und Kittys Glückwünsche wirkten: Edwards VII. legendäres Pferd „Minoru" gewann das Rennen. Der Sieg von „Minoru" war der erste für einen regierenden britischen Monarchen im Derby und entfachte in der englischen Öffentlichkeit einen beispiellosen Begeisterungssturm. Edward bedankte sich bei Kitty mit einer goldenen Brosche in Form eines Froschs. Der Frosch sollte sich bald als Prinz entpuppen.

Ein Jahr später, am 6. Mai 1910, starb der König. Bei der Krönung seines Nachfolgers George V. am 22. Juni 1911 in Westminster war Kitty wieder dabei: Die Zeitungen berichteten von einer wahren „Gem Show", einer prachtvollen Versammlung kostbarer Juwelen.[26] Mrs. Dandridge Spotswood, die Enkelin eines Barons, werde den vergoldeten Frosch tragen, der ihr von König Edward VII. geschenkt worden sei, war zu lesen. Drei amerikanische Frauen seien bei der Krönung prominent vertreten: zum einen die mit dem Earl of Granard, dem Stallmeister des Königs und Aufseher seines Gestüts, frisch verheiratete Beatrice Mills aus einer der prominentesten und wohlhabendsten Familien New Yorks und Philadelphias, daneben Helen Vivien Gould, die älteste Tochter des Millionärs und Präsidenten der in Philadelphia beheimateten Western Pacific Railroad, George Jay Gould I. Diese war mit dem irischen Aristokraten und Politiker John Graham Hope de la Poer Beresford, dem 5. Baron Decies, verheiratet, dem Leiter des königlichen Pferderennstalls. Die Dritte im Bunde war Kitty.[27] Es ist klar, dass Kitty den engen Zutritt zum englischen Hof diesen beiden Freundinnen zu verdanken hatte, die sie aus Philadelphia und New York kannte.

EIN BILD GEHT UM DIE WELT

Kitty hatte früh gelernt, die suggestive Kraft der Symbole und Bilder einzusetzen: den Frosch als Talisman, den Namen Kitty als Botschaft und ein schönes Bild als Werbeträger. 1907 war sie von dem deutschamerikanischen Maler Wilhelm Heinrich Funk, der in Hannover geboren war, in München studiert hatte und zum Liebling der New Yorker Gesellschaftszirkel aufgestiegen war, porträtiert worden.[28] Das Gemälde, das im Frühjahr 1908 auf der 83. Jahresausstellung der National Academy of Design in New York und bald darauf auch in einer Pariser Galerie zu sehen war, soll den damaligen Attaché an der österreichisch-ungarischen Botschaft in Berlin, den vornehmen, liebenswürdigen und reichen Grafen Erwin Schönborn-Buchheim so sehr begeistert haben, dass er sich nicht nur Hals über Kopf in das Bild, sondern auch in die darauf dargestellte Person verliebte. Graf Schönborn habe sich in ein Phantom verliebt, hieß es.[29] Galeriemitarbeitern war aufgefallen, dass der Graf immer wieder in die Ausstellung kam, um stundenlang vor dem Porträt zu verweilen. Im Ausstellungskatalog war das Bild als „Dame in Gelb" bezeichnet, da die Unbekannte ein gelbes Kleid trug und der Hintergrund in einem gelblich goldenen Schimmer erstrahlte. Das Porträt ist verschollen oder für die Öffentlichkeit nicht greifbar. Die schlechte Zeitungsreproduktion, die vorhanden ist, vermittelt jedenfalls keinen plausiblen Eindruck von der magischen Kraft des Bilds, das den Grafen so sehr in Bann gezogen haben soll.

Allerdings klingt die Geschichte von der „Dame in Gelb", dem der Adelige durch die halbe Welt nach New York, Venedig, Ägypten und in die Schweiz nachgereist sei, um die Frau, die er auf dem Bild gesehen hatte, zu finden, ohnehin etwas zu märchenhaft, um wirklich glaubhaft zu sein. Aber die Medien glaubten und verbreiteten die Geschichte: Die *Washington Post* berichtete am 17. Dezember 1911, wie ein österreichischer Adeliger sich in ein Bild verliebte.[30] Und was die amerikanischen

Zeitungen schrieben, übernahmen auch die österreichischen: „Der Liebesroman eines österreichischen Aristokraten", titelte das *Prager Tagblatt* am 2. Jänner 1912: „Vor wenigen Wochen erregte es in aristokratischen Kreisen nicht unbeträchtliches Aufsehen, als der 40jährige Graf Erwin Schönborn-Buchheim die morganatische Ehe mit der Amerikanerin Mrs. Katharina Wolf-Spotswood aus New York einging." Mrs. Spotswood sei wohl vermögend, meinte die Zeitung, aber nach amerikanischen Begriffen nicht reich. Vor allem: der Graf hätte sicher nicht um die halbe Welt fahren müssen, um Kitty zu finden, da sie bereits seit mehreren Jahren in Paris lebte, dort in der Rue Victor Hugo eine Wohnung gemietet hatte und als die schönste Amerikanerin der Stadt galt.[31] Ihre Ehe war offensichtlich längst zerrüttet und gescheitert. Und es war auch nicht das erste Mal, dass sich jemand in ein Bild verliebte, und Schönborn war auch nicht der Einzige, der dabei einer großen Täuschung unterlag. Kitty war zwar schön. Aber ob sie ihrerseits den Grafen ebenfalls schön fand oder nur seinen Titel und sein Vermögen, ist unklar.

Graf Erwin Ferdinand Karl Rochus von Schönborn-Buchheim, der jüngere Sohn des ehemaligen österreichischen Herrenhauspräsidenten Erwin Friedrich Karl Graf von Schönborn-Buchheim und der Gräfin Franziska von Schönborn-Buchheim, geborene Gräfin von und zu Trauttmansdorff-Weinsberg, war 1911 mit 40 Jahren nicht mehr ganz der jüngste. Er hatte im Husarenregiment Prinz Thurn und Taxis Nr. 9 (k. u. k. Husarenregiment „Graf Nádasdy" Nr. 9) gedient und es dort bis zum Rittmeister der Reserve gebracht. Danach ergriff er die diplomatische Laufbahn und war längere Zeit der österreichisch-ungarischen Botschaft in Berlin als Legationssekretär zugeteilt. Seine diplomatische Karriere war eher bescheiden: 1899 Paris, dann Berlin, Kopenhagen und 1910 Sekretär der österreichisch-ungarischen Botschaft in Rom (Vatikan). Er war wie viele andere nachgeborene Aristokraten, die eine Position in der Diplomatie suchten, aber mit ihrem Leben nicht wirklich viel anzufangen wussten, viel auf Reisen. Vor allem hielt er sich gern in Paris auf. Im Dezember 1910, so berichtete das *Neue Wiener Journal,* reiste er wieder nach Paris.[32] Er hatte Kitty gefunden. Man wollte heiraten. Doch die Familie des Grafen war gegen eine Verbindung mit der verheirateten und in ihren Augen namenlosen Amerikanerin. Es war weniger der Bruder des Grafen und Chef des Hauses Friedrich Karl von Schönborn-Buchheim, damals „Obersterbland-Truchseß in Österreich ob und unter der Enns“ und „Erbobergespan“ des ungarischen Komitats Bereg, der Vorbehalte äußerte, sondern dessen erste Gattin Fürstin Donna Teresa Dentice di Frasso. Das Schicksal kam Kitty und ihrem Verehrer zu Hilfe. Denn die strenge Donna Teresa starb überraschend. Graf Karl, der schon längst ein Auge auf deren viel jüngere Nichte geworfen hatte, konnte sich sein Verlangen nunmehr auch legal erfüllen. Die junge und lebenslustige apulische Fürstin Donna Sofia Dentice di Frasso hatte weniger Standesdünkel und Vorbehalte als ihre alte Tante. Und auch Karl konnte unter diesen Umständen nicht mehr so leicht gegen die Heiratsabsichten seines Bruders opponieren. Der nicht standesgemäße Wunsch des Grafen Erwin Schönborn wurde nunmehr von der Familie akzeptiert. Sofia, die zwar auf dem apulischen Stammschloss in San Vito dei Normanni geboren worden, aber in Rom aufgewachsen war, war durch Sommeraufenthalte bei ihrer Großmutter Luisa im slowakischen Schloss Kravska mit der Wiener Gesellschaft bestens vertraut und konnte Kitty die Wege in die österreichische Hocharistorkratie und in die Wiener Gesellschaft öffnen.

Die amerikanische Ehe Kittys war rasch getrennt.[33] Im laizistischen Frankreich ging das ohne große Probleme. Die katholische Kirche nahm eine presbyterianisch geschlossene Ehe ohnehin nicht zur Kenntnis. Einen Monat nach der Scheidung konnte mit dem vollen Segen der Kirche geheiratet werden.[34] Die Trauung fand am 24. Oktober 1911 in St.-Honoré d’Eylau zu Paris im engsten Familienkreis statt.[35] Die Trauzeugen waren prominent: Aufseiten des Bräutigams das Mitglied des ungarischen Magnatenhauses Graf Friedrich Karl Schönborn-Buchheim und der k. u. k. Legationssekretär bei der Botschaft in Paris Prinz Emil Fürstenberg, aufseiten der Braut Admiral William T. Swinburne, pensionierter Oberbefehlshaber des US-Pazifikgeschwaders und der amerikanischen Pazifikflotte, und Mr. B. Mott, Militärattaché bei der Pariser Botschaft der Vereinigten Staaten von Nordamerika.[36]

Nun war Kitty nicht mehr eine von den Zeitungen erfundene bayerische Baronin, sondern eine echte österreichische Gräfin, auch wenn das Nasenrümpfen nicht ausblieb, dass sie ja nicht als Gräfin, sondern als einfache Wolf zur Welt gekommen sei, und noch dazu geschieden sei, wenn auch kirchenrechtlich legal wieder verheiratet, weil die amerikanische Ehe nur als Zivilehe galt. Beharrlich wurde der männliche Vorname ihres Gatten in ihren Titel eingefügt: „Gräfin Erwin Schönborn." Aber Kitty brachte die Lockerheit Amerikas in die steifen Salons des alten Europa. Sie brauchte kein Korsett, keinen Reifrock und keine aufgetürmte Frisur. Junge Mode begann vor 1914 auch den Hochadel zu erobern. Das Paar ließ sich in Wien nieder. Das Palais der Schönborn lag in der Renngasse, direkt gegenüber der Rothschild-Bank und auf der verlängerten Achse der Herrengasse, wo die wichtigsten Adelshäuser der Monarchie aufgefädelt waren und sich alles um die imaginäre Achse des Hofes drehte.

Die Schönborn-Buchheim waren eine der reichsten Adelsfamilien der Habsburgermonarchie. Im Jahr 1910 besetzte Erwins Bruder Friedrich Karl die 57. Stelle im Ranking der größten Wiener Einkommenssteuerzahler.[37] In Wahrheit war er noch sehr viel reicher, weil die großen Besitzungen der Familie in Ungarn nicht der österreichischen Einkommensbesteuerung unterworfen waren. Mit rund 134.000 Hektar in der Karpato-Ukraine zählten die Schönborn-Buchheim zu den größten Grundbesitzern Österreich-Ungarns und nachher, als das Gebiet an die Tschechoslowakei fiel, auch dieses neuen Staats. Aber Erwin war nur der jüngere, in der Erbfolge benachteiligte Bruder des Familienoberhaupts. Er war zwar auch reich und war auch ein Graf, aber nicht mit den Privilegien eines Stammhalters und Familienoberhaupts ausgestattet, und schon gar nicht mit den finanziellen und symbolischen Mitteln, die einem solchen zur Verfügung standen. Und mit der Aufhebung der Adelstitel nach dem Ende der Monarchie und dem Zerfall des Habsburgerreichs waren nicht nur die vornehmen Titel, die die Schönborn trugen, verloren, sondern war durch die in der Tschechoslowakei eingeleitete Bodenreform auch das ererbte Vermögen gefährdet.

Graf Erwin Schönborn hatte nach der Heirat seine diplomatische Karriere beendet und suchte sich ein neues Standbein zu schaffen. Er gedachte, seinen Wohnsitz in Budapest zu nehmen, wo er in die Direktion der ungarischen Landes-Industriebank Aktiengesellschaft berufen und zu deren Präsidenten gewählt worden war.[38] Dass er bereits 1913 diese Position wieder aufgab, wirft Fragen auf. Ganz freiwillig und ganz ohne Konflikte schied er sicher nicht aus. Die Zeitungen meldeten: „In der heutigen Generalversammlung der hiesigen Landesindustriebank, einer Gründung der Prager Živnostenská Banka, haben der Direktionspräsident Graf Erwin Schönborn-Buchheim, der Vizepräsident Baron Bela Talkian und das Direktionsmitglied Johann Nebeczky auf ihre Stellen verzichtet. Die Demission wurde von der Direktion mit Stillschweigen zur Kenntnis genommen." Diese Veränderung in der Direktion soll angeblich mit der von der Bank befolgten antiungarischen Politik in Verbindung stehen, berichtete das *Neue Wiener Journal* im Jahr 1913.[39] Aber man könnte vermuten, dass Graf Schönborn auch nicht die richtige Person für eine verantwortungsvolle Bankiersposition war. Doch Graf Erwin hatte schnell etwas Besseres gefunden: Noch im selben Jahr wurde er in den Verwaltungsrat der Unionbank, eine der sieben größten damaligen Wiener Banken, gewählt. Dort verblieb er bis 1922.[40] Als aber in diesem Jahr der Bankier und größte Börsenspekulant der österreichischen Ersten Republik Siegmund Bosel die Union-Bank handstreichartig übernahm, war es auch mit Schönborns Stelle im Verwaltungsrat vorbei. Wovon er danach seinen Lebensunterhalt und seine Aufwendungen bestritt, ist nicht bekannt. So großartig wie früher kann es sicher nicht mehr gewesen sein.

Kitty tat alles, um den Anschluss in die Wiener Aristokratie und den Zugang in das Budapester Gesellschaftsleben zu finden. Wichtig war die Hilfe ihrer Schwägerin Donna Sofia Dentice di Frasso, mit der Kitty sich rasch anfreunden konnte. Ohne die äußerst unkonventionelle Donna Sofia wäre ihr der Weg in die sehr reservierte österreichisch-ungarische Adelsoberschicht nicht so leicht möglich gewesen. Wien war zwar eine Großstadt, damals die sechst- oder siebtgrößte der Welt. Aber so leicht war es nicht, die Stadt zu erobern. Kitty wurde zur Society-Queen: „Die Gräfin Kitty Schönborn, das Kird der Millionenstadt Philadelphia und in ihrem Wesen mehr Pariserin als Wienerin", schwärmte die Zeitschrift *Sport und Salon* im Jahr 1916, „vereinigt alle gewinnenden Eigenschaften der Amerikanerin mit jener der Pariserin. So hat die bildschöne junge Frau sich rasch die größten Sympathien unserer Gesellschaft erworben, zu deren entzückendsten Erscheinungen sie zählt."[41] Sie erregte nicht nur als schöne Frau Aufsehen, sondern verstand es auch geschickt, ihre amerikanische Herkunft mit dem Pariser Flair zu verbinden. Man sah sie bei allen Veranstaltungen der vornehmen Gesellschaft, bei den Premieren, bei den Rennen, bei den Festen und in den eleganten Lokalen der Stadt. Bald kannte man „die schlanke, graziöse Dame, deren Wuchs, Gang und Blondheit auf den schönsten Typ österreichischer Aristokratinnen schließen lassen würde", in allen vornehmen Zirkeln, meinte ein kundiger Beobachter. Der jungen, schönen Dame wurde zwar der Hof gemacht. Aber als eine „geborene Wolf" war sie jenen doch nicht ebenbürtig, die im „Gotha", dem genealogischen Handbuch der adeligen Familien, auf eine lange Reihe von Ahnen hinweisen konnten.

Fürstin Donna Sofia hingegen war mehr als ebenbürtig. Ihre Netzwerke und die der Grafen Schönborn brachen manchen Widerstand; eine Schwester Schönborns war mit dem Prinzen Konrad zu Hohenlohe-Schillingsfürst verheiratet, eine andere mit dem Prinzen Gottfried Hohenlohe-Langenburg, eine dritte mit dem Fürsten Max Egon Fürstenberg. Kitty beteiligte sich am Salonleben, an den Amateurtheateraufführungen und Wohltätigkeitsveranstaltungen und an allem, was eine Aristokratin halt so macht. Man fragt sich oft, was man tut, wenn man nichts zu tun hat. Aber Langeweile durfte in der feinen Gesellschaft nicht aufkommen. Es gab genug Zerstreuung. 1912 gab es eine unter dem Präsidium der Gräfin Karolyi stehende Charité-Revue im Budapester Uraniatheater: eine eher zwanglose Aneinanderreihung ernster und heiterer Szenen und Bilder, bei denen Mitglieder der ersten ungarischen Adelsfamilien mitwirkten. Die Journale schwärmten vom Glanz der Kostüme, die Graf Julius Batthyány entworfen hatte. Auch Kitty als nunmehrige „Gräfin Erwin Schönborn" beteiligte sich als Tizians „Lavinia" in der Szene „Gemäldegalerie".[42] Auch die Treibjagden, welche auf den gräflichen Landsitzen im Niederösterreich und Ungarn veranstaltet wurden, nahmen einen hervorragenden Platz unter den herbstlichen Sportsejours der großen Gutsbetriebe in Österreich-Ungarn ein. Für Kitty hatten die Gebräuche etwas Fremdartig-Altertümliches, ja barbarisch Wirkendes an sich. Natürlich ging man auch in Amerika zur Jagd, aber ungeregelter und freier. Die rituellen Akte, zu denen sich alle um das nach Farbe und Art fein sortierte, in Quadraten abgelegte, auf Farnkraut und Reisig gebettete und mit frischen Fichtenbrüchen verblendete Hoch- und Niederwild versammelten, hatten etwas Archaisches an sich. Die Strecke und die Namen der Schützen wurden verlesen. Alle standen sie für ein paar Minuten still, das Haupt entblößt und die Blicke gesenkt. Die Jagdhörner hallten. Ein Weidmannsheil! Erst dann wurde gegessen und gezecht. Für eine Amerikanerin waren solche Gebräuche schwer zu verstehen, auch wenn sie den Riten der indianischen Ureinwohner nicht unähnlich waren. Die Natur musste in einer feierlichen Zeremonie versöhnt und das Unrecht entsühnt werden, das man dem Wild angetan hatte.

Kitty bevorzugte die musikalischen Salons, die ihre neue Schwägerin Sofia zusammen mit der Expertise ihres Freundes, des Staatsoperndirektors Franz Schalk und dessen Assistenten Richard Strauss organisierte. In der Hauptstadt, die, wie Hermann Bahr schrieb, sanft in eine „schwüle Apokalypse“ abglitt, wurde der Salon von Sofia Dentice di Frasso zu einem der wichtigen Orte des Wiener Kulturlebens. Kitty hätte wenig mehr tun müssen als sich anziehen, umziehen und ausziehen, langweilige Teekränzchen besuchen, mit alten Damen Bridge spielen, mit jungen Verehrern Walzer tanzen und den honorigen Männern zusehen, wie sie die Vögel vom Himmel und die Hirsche in den Wäldern schossen.

Aber für so ein Leben waren weder Kitty noch Sofia geschaffen. Kitty wollte ausbrechen. Sie fand eine Stütze und gleichgesinnte Partnerin in der jungen Gemahlin ihres Schwagers. Denn auch Sofias Ehe geriet trotz der Geburt mehrerer Kinder immer mehr in eine Krise. Sofia war zu frei, zu unabhängig und zu rastlos für einen Vertreter der strengen habsburgischen Tradition. Die exzentrische und hochkultivierte süditalienische Fürstin hatte wie Kitty mindestens zwei Leben gelebt. Das erste in der Welt der Hochkultur des Wiener Fin de Siècle, das zweite in den Ideen und der Welt der Anthroposophie, die schließlich zu einer völligen Trennung von ihrem bisherigen Leben führte. Auch Kittys Ehe hatte ihre Schattenseiten: nicht nur die Lebensgewohnheiten des Grafen Erwin, seine finanziellen Schwierigkeiten und seine nicht allzu große eheliche Treue, sondern auch Kittys Freiheitsdrang und Verschwendungslust. Bereits 1913, zwei Jahre nach der Trauung, lockerte sich der in Paris geschlossene Ehebund. Die junge Gräfin ging auf Reisen, ihr Mann blieb in Wien.[43]

In einem Brief an Kurt Hahn, den berühmten Pädagogen und Gründer des Erziehungsheimes von Salem, legte Margaret Stonborough-Wittgenstein, die Tochter des Eisenindustriellen Karl Wittgenstein und Schwester Ludwig Wittgensteins, ihre Sicht auf den österreichischen Adel und seine Lebensgewohnheiten dar. Sie setzte das Überlegenheitsgefühl des Modernitätsgewinners und Aufsteigers Karl Wittgenstein der Erstarrung der Modernitätsverlierer gegenüber, die sie in den Grafen Schönborn-Buchheim verkörpert sah: die einen, die ihren Aufstieg ihren eigenen Fähigkeiten verdankten, die anderen, die, vom Erbe lebend, in Dekadenz verfallen. An wen unter den Schönborns sie dabei dachte, ob ganz konkret an Erwin, oder an beide, oder an andere Vertreter dieses Namens, lässt sie offen: „Die Schönborns wären", so schreibt sie, „wenn man die besten heraussuche, noch jetzt eine gute Rasse, einfach, ehrlich, anständig, eher schwerfälligen Geistes und einem Bauern mit allen seinen Tugenden und Lastern näher verwandt als einem Intellektuellen. Doch leider sind sie, wie der größte Teil des Adels in Österreich, nicht mit ihrer Zeit gegangen. Sie leben abseits von dem wirklichen Leben der heutigen Menschen ... Sexuelle Bedürfnisse und die daraus entstehenden Verhältnisse und Complikationen spielen (auch in der Conversation) eine ungeheure Rolle. Beinahe die einzige, wenn man von der des Geldes absieht. Das Geld spielt aber dort nie wie in gesunden Milieus die Rolle eines Abfallprodukts einer schönen und beglückenden Arbeit, sondern die einer notwendigen Sache, die man sich jetzt eigentlich nur durch unanständige Mittel verschaffen kann, durch Ehe oder durch das Verwerten seines Namens bei irgendwelchen nicht immer reinlichen Unternehmen."[44]

Doch der Ausbruch des Krieges stoppte alles. Er verhinderte vorerst, dass bei beiden Paaren der bereits längere Zeit erkennbare Bruch zur wirklichen Trennung führte: 1914 zog Sofia mit ihrem Gatten in das Schönborn-Schloss in Beregvár bei Mukatschewo (Transkarpatien), wo sie trotz allem ihre Leidenschaft für das Singen und die Musik nicht aufgeben wollte, obwohl sie vom Wiener und Budapester Kulturleben weitgehend abgeschnitten war. Kitty konnte der Puszta und den Wäldern nichts abgewinnen und blieb in Wien, das ihr trotz seiner Größe als viel zu klein und eng erschien.

Der Name Schönborn ist eng mit dem ungarischen Komitat Bereg und den hier gelegenen Herrschaften Munkács (Mukatschewo) und Szent Miklós (Tschynadijowo) verbunden. Die Fläche des Komitats betrug 3.786 Quadratkilometer. Bis 1918 war es ein Teil Ungarns. Von 1919 bis 1939 war die Region dem tschechoslowakischen Staat einverleibt. Von 1939 bis 1944 gehörte sie wieder zu Ungarn und wurde ab 1945 als „Zakarpatska Oblast" ein Teil der Union der Sozialistischen Sowjetrepubliken und nach dem Zerfall der Sowjetunion schließlich als „Oblast Transkarpatien" mit der Hauptstadt Uschhorod Teil der Ukraine. Die Herrschaft Schönborn-Buchheim war zwar mit rund 134.000 Hektar die zweitgrößte der neu gegründeten Tschechoslowakischen Republik. Doch ihre Lage im östlichsten Zipfel des Landes minderte ihren Wert und ihre Ertragskraft ganz entscheidend. Zudem war sie von Enteignung bedroht. Im Jahre 1927 befanden sich immer noch rund 105.000 Hektar Wald und sonstiger Boden und rund 10.000 Hektar Landwirtschaft unter staatlicher Oberverwaltung und standen der Familie nur bedingt zur Verfügung.

SCHÖNBORN IM KRIEG, KITTY IM HINTERLAND

Der Krieg traf Graf Erwin Schönborn recht unvorbereitet. Eine militärische Karriere war nie geplant. Er hatte, wie es sich für seinen Stand gehörte, bei der Kavallerie gedient. Hier war man unter sich: feine Leute, bunte Uniformen, edle Pferde. Aber der Erste Weltkrieg war keine Zeit mehr für Reiterkrieger in roten Hosen, blauen Jacken und chromblitzenden Helmen. Die Kavallerie hatte ausgedient. Aus den stolzen Berittenen waren zuerst, aber nicht lange, elitäre Automobilisten geworden. Doch ihre Motorfahrzeuge waren felduntauglich oder nach wenigen Wochen nicht mehr einsatzbereit. Sie mussten mit Pferden zurückgeschafft werden. Man kämpfte in den Sümpfen Galiziens und in den steilen Bergwäldern der Karpaten. Rasch brachte Schönborn es zum Oberleutnant, erhielt in Anerkennung vorzüglicher Dienstleistung vor dem Feind sogar das Signum Laudis,[45] die Militär-Verdienstmedaille, und wurde 1918 zum Rittmeister (Hauptmann) ernannt.[46] Wie es seine leichtsinnige Art war, blieb er, wenn das Regiment verlegt wurde, bei seinen lieb gewonnenen Gewohnheiten. Er hatte seine private Badewanne, seine eigene Champagnerkiste, seinen selbst bezahlten Diener. Über besondere Strapazen weiß man nicht viel.

Im Hinterland spürte man vorerst wenig vom Krieg, zumindest nicht in der Oberschicht. Donna Sofia entschloss sich, ein Militärkrankenhaus einzurichten, dessen Direktorin sie wurde. Auch Kitty stellte sich in den Dienst der Krankenhilfe. Aber an sich lebte man wie immer. Vielleicht noch ein bisschen langweiliger als sonst. Man traf sich bei Damenkränzchen und Wohltätigkeitsbällen, ging weiter auf Kur und zu den Pferderennen. Kitty war zum Tee bei Hofopernsängerin Selma Kurz: Die Hausfrau sang mit „wunderbarer Gewähltheit" zwei Lieder von Richard Strauss. Vorher brachte das musikalische Wunderkind Erich Wolfgang Korngold eine seiner noch im Kindesalter geschriebenen Sonaten zu Gehör. Die vollkommene Wiedergabe des Werkes durch den jugendlichen Komponisten wurde mit dem größten Beifall aufgenommen. Mit dabei waren neben Kitty die Fürstin von Metternich-Sandor, die Prinzessin Stolberg, der Prinz Franz Liechtenstein, die Gräfin Coudenhove-Seilern.[47] Ein anderes Mal erzählte Josef Redlich von einem Zusammentreffen mit der „schönen Gräfin Kitty Schönborn", die eben von ihrer Reise nach Ungarn zurückgekehrt war. Anwesend waren Fürst und Fürstin Starhemberg, Prinz und Prinzessin Eduard Liechtenstein, Frau Gina von Reininghaus, der eben genesene Erwin von Conrad, Gesandter Baron Tücher, Graf Monts und Kriegsminister Krobatin. Kitty sprach von den Fürsten und Grafen, die im Kommando der II. Armee bei Böhm-Ermolli „ihr Unwesen treiben" würden, Max Fürstenberg an der Spitze.[48] Auch beim Prinzenpaar Wilhelm zu Stolberg-Wernigerode war Kitty zu Gast: Man traf dort nicht nur den deutschen und den türkischen Botschafter, den bayerischen und den rumänischen Gesandten und alle Herren der deutschen Botschaft mit ihren Damen, Gräfin Misa Wydenbruck-Esterházy, Gräfin Richard

Coudenhove, Gräfin Johanna Hartenau, Frau Jenny Mauthner und Tochter, Frau Gerty Schenker-Angerer und Gisela v. Ehrenstein.[49] Alles Millionäre und alter Adel. Aber es war doch eine kleine Welt. Kitty fehlten Paris und die Riviera, es fehlten ihr England und die USA.

Noch ein letztes Mal, mitten im Krieg, nachdem Kaiser Franz Joseph verstorben war, zeigte das kaiserlich-königliche Habsburgerreich bei der Krönung Kaiser Karls zum König von Ungarn die ganze Pracht seiner feudalen Traditionen. Graf Erwin Schönborn und Kitty waren mit dabei, weil den Grafen Schönborn als einem der größten Grundbesitzer des Landes, wenn auch in dessen hinterstem Winkel, bei den Krönungszeremonien eine wichtige Rolle zukam. Alles wurde sorgfältig einstudiert, lag doch die letzte ungarische Königskrönung schon mehr als ein halbes Jahrhundert zurück. Beim Zug zum Krönungshügel wurde König Karl von den Bannerherren hoch zu Roß begleitet. In diesem Zuge ritten: Graf Stephan Tisza als Palatinstellvertreter, Graf Alexander Andrássy mit dem Zepter, der Banus von Kroatien Baron Skerlecz mit dem Reichsapfel, der den Tavernicus vertretende Fürst Nikolaus Esterházy mit dem kleinen Kreuz (Pax), Obersthofmeister Graf Schönborn mit dem Stab, Obersttruchseß Graf Andreas Csekonics mit dem Schwerte des heiligen Stephan, Oberstmundschenk Graf Széchenyi mit dem Schwurkreuz ...[50] Graf Erwin war nur als Ersatzmann dabei. Er vertrat seinen Bruder bei der Generalprobe. Beim wirklichen Fest war Erwin Schönborn als Nachgeborener seiner Familie bloß Zuschauer. Und Kitty als amerikanische Aufsteigerin zählte unter den versammelten Sternkreuzdamen mit deren mindestens 16 Ahnen ohnehin gar nichts. Aber es kränkte sie.

Die feudal-bunte Pracht des Krönungszeremoniells an diesem feuchtkalten Wintertag stand in einem merkwürdigen Gegensatz zum grauen, immer trostloser werdenden Kriegsalltag. Der Ritt des neu gekrönten Königs auf den aus der Erde aller Komitate Ungarns aufgeschütteten Krönungshügel wirkte zittrig, die Schwerthiebe in die vier Richtungen des Himmels waren nur leere Luftschläge und das üppige Krönungsmahl blieb unberührt. Die Schwüre und Hochrufe verhallten im Raum. Die eilig anberaumte Krönung sollte den Bestand der Monarchie und ihrer Adelsgesellschaft sichern. Doch das Reich wankte.

Die Monarchie wankte. Das Haus Schönborn wankte. Und auch Kittys Ehe wankte. Schon länger dachte sie über eine Scheidung nach. Mit dem verlorenen Krieg war das Schicksal der Monarchie besiegelt. Kurz vorher hatte Kaiser Karl noch über die Erhebung der Schönborn-Buchheim in den Fürstenstand nachgedacht. Doch jetzt wurden in Österreich die Adelstitel abgeschafft. Auch das Vermögen der Schönborn war arg zusammengeschrumpft. Für Graf Erwin Schönborn war das Ende des Habsburgerreichs eine Katastrophe. Er war kein Graf mehr und auch kein reicher Mann mehr. Die riesigen Wälder der Familie in der Karpato-Ukraine lagen nun im Staatsgebiet der Tschechoslowakei. Ihr Ertrag war gering. In Wahrheit waren sie von einer Prestigesache zu einem Belastungsfaktor geworden.

TRENNUNG UND NEUANFANG

Im Jahr 1916, als beim Prominentenmaler John Quincy Adams das berühmte Gemälde von Kitty mit dem Windhund in Auftrag gegeben wurde, schien die Welt für das Paar noch in Ordnung.[51] Doch die Schönborn-Buchheim waren vom Zerfall der Monarchie hart getroffen. Nicht nur, dass die Adelstitel abgeschafft und die damit verbundenen Privilegien kleiner geworden waren. Es gab für den Adel auch nicht mehr die vielen schönen Posten bei Hof und in der Verwaltung. Und auch die riesigen Besitzungen, die sich in der Karpato-Ukraine befanden, waren gefährdet.

Wien war desillusioniert. Der Glanz der Millionenstadt war durch den Ersten Weltkrieg jäh gestoppt worden. Sozial, wirtschaftlich und kulturell – aber natürlich auch aus stadtplanerischer und städtebaulicher Sicht. Statt von 2,1 Millionen auf die prognostizierten vier Millionen Einwohner anzuwachsen, schrumpfte Wien auf 1,8 Millionen. Flüchtlinge, Mangelwirtschaft, Unterernährung, Krankheit und Tod waren überall. Sosehr man die Leistungen des Roten Wiens auch loben mag, der Glanz der Ringstraße war vorbei.

Mit dem Kriegsende waren nicht nur die Habsburger am Ende, sondern auch die Ehen Kittys und Sofias. Denn es brauchte nicht nur viel Geld, solche Schönheiten und eigenwillige Charaktere wie Donna Sofia oder Kitty zu halten, sondern auch Unterhaltungs- und Entfaltungsmöglichkeiten. Nach dem Krieg und nach Wien zurückgekehrt, trennten sich die Paare. Donna Sofia Dentice di Frasso ließ sich in einem bescheidenen Häuschen am Rande der Stadt nieder. Dort lernte sie den österreichischen Philosophen Rudolf Steiner kennen, den Gründer und Animator der Universellen Anthroposophischen Gesellschaft. Eine Begegnung, die ihr Leben veränderte. Sofia war von Steiners Ideen so sehr beeindruckt, dass sie alles hinter sich ließ und zu einer seiner leidenschaftlichsten Anhängerinnen wurde. Sie wurde die Präsidentin der Italienischen Anthroposophischen Gesellschaft, eine Position, die sie 47 Jahre lang innehatte. Ohne zu zögern, verließ sie die österreichische Hauptstadt, um nach Dornach bei Basel zu ziehen, wo Steiner ein spirituelles Zentrum, das Goetheanum, gegründet hatte, das als Lebewesen gedacht war, als ein „lebendiges Gebäude", das nach den bioarchitektonischen Regeln der Eurythmie erbaut war. Die Gäste beschäftigten sich mit verschiedenen Disziplinen aus Kunst, Landwirtschaft, Medizin, Physik, Theologie und Philosophie und nahmen unermüdlich an den von Steiner organisierten Seminaren teil, denen ein sehr großes Publikum aus ganz Europa folgte.

Am Goetheanum schien Sofia endlich glücklich zu sein: Sie mochte den Lebensstil, extrem frei, ohne die Regeln und Konventionen, die die damalige Gesellschaft prägten. Dass sie einer streng vegetarischen Ernährung folgte, erregte in der calvinistischen Schweiz weniger Anstoß als die Freikörperkultur, die sie praktizierte. Die Beziehungen zu ihren vier Kindern brach Sofia völlig ab. Sie reiste oft, um Konferenzen zu organisieren oder abzuhalten, theosophische Gesellschaften zu gründen und Rudolf Steiner oder Annie Besant zu folgen, zumindest solange die Zusammenarbeit zwischen der theosophischen Verfechterin der „weiblichen" Kultur und dem Dichter der Anthroposophie andauerte.

Auch Kitty brach mit ihrer hocharistokratischen Umgebung, aber ganz anders, sicher nicht so radikal wie Fürstin Sofia, aber doch für viele ebenso schockierend. Die Ehekrise, die sich bereits vor dem Krieg abgezeichnet hatte, kam jetzt voll zum Tragen. Doch auch die

Erinnerungen an ihre erste Ehe brachen wieder hervor. Ihr Sohn William Lawrence Spotswood, zu dem sie den Kontakt vernachlässigt und weitgehend verloren hatte, starb am 19. Februar 1922 im Alter von 17 Jahren in den USA. Er wurde auf dem Blandford Cemetery in Petersburg, Virginia, beigesetzt.[52] Bei seinem Begräbnis war Kitty nicht dabei. Ihr geschiedener Mann Dandridge Spotswood kehrte nach Petersburg zurück, gab seine Geschäfte auf und widmete sich ganz der Geschichte und Genealogie seiner Familie. Er starb am 27. November 1939 in Petersburg und wurde ebenfalls auf dem Blandford Cemetery in Petersburg beigesetzt.

Und Graf Schönborn? Auch seine Geschäfte scheiterten. Zwar hatte die Scheinkonjunktur der Hyperinflation ihm noch ein paar Posten beschert. Aber auch das war 1922 vorbei. „Ach, was für ein charmanter Mann, wenn er sie auch ständig betrogen hat", schwärmte die Gräfin Sternberg über Erwin Schönborn, dem als Zweitgeborenem das Schloss Sonnberg im nördlichen Niederösterreich gehörte.[53] Aber Graf Schönborn war nicht nur kein sehr treuer, sondern nach dem Krieg auch kein sehr reicher Mann mehr. Schloss Sonnberg, wo er residierte, war nicht sehr ansehnlich und etwas abgelegen, rund drei Kilometer südwestlich von Hollabrunn. In der Hyperinflation und mit tätiger Mithilfe Kittys hatte er sein Vermögen so ziemlich verausgabt, sodass er nicht mehr wirklich in der Lage war, für die eleganten Lebensbedürfnisse seiner Frau aufzukommen.[54] Dann kam die Franc-Spekulation, die die Vermögen so mancher österreichischer Glücksritter zerstörte. Kitty spekulierte nicht gegen die französischen Francs, sondern gab sie aus. Massenhaft. Ihre Hobbys waren Golf, Bridge und Musik. Teuer wurde sie durch ihre Vorliebe für schöne Kleider und exquisiten Schmuck.[55]

HAST DU EINEN GRAFEN, SUCH DIR EINEN MILLIONÄR

Es waren schwere Jahre für Kitty: die zerrüttete Ehe mit Graf Schönborn, der Tod ihres Sohnes aus erster Ehe, die Hektik der Inflationszeit, die nicht gerade große eheliche Treue der beiden und die in der

Hyperinflation zerfließenden Bankprojekte des Grafen. Aber Kitty hatte längst einen Reicheren gefunden als den gebeutelten Grafen: Eugen Rothschild, dessen Name nun immer häufiger in Zusammenhang mit ihr in den Medien auftauchte.[56] Mit der Meldung „Baron Louis und Baron Eugen Rothschild, Baron Siegmund und Baronin Valentine Springer geb. Baronin Rothschild sowie Graf Erwin und Gräfin Kitty Schönborn-Buchheim geb. v. Wolff-Spotswood, die einen mehrtägigen Jagdsejour in Schillersdorf (Šilheřovice) bei Oderberg bei Dr. Baron Alfons und Baronin Clarice Rothschild geb. Sebag-Montefiore mitgemacht hatten, kehrten wieder nach Wien zurück", brachte das *Wiener Salonblatt* am 25. Dezember 1920 die sich anbahnende Beziehung erstmals in die Öffentlichkeit.[57] Aber das konnte man auch noch als harmlos verstehen. Man musste sich ja kennen und konnte sich anfreunden: mehrere Paare, die einen gemeinsamen Ausflug machten, zwei Familien, die allein wegen der unmittelbaren örtlichen Nachbarschaft des Schönborn-Palais und der Rothschild-Bank in der Renngasse immer wieder sich gesehen haben mussten, und Personen, die bei den üblichen Jagdeinladungen unendlich oft Gelegenheit hatten, sich kennenzulernen und Freundschaft zu schließen. Aber die angedeutete Beziehung verfestigte sich rasch.

Die Jahre 1921/22 hatte Kitty sich hauptsächlich in Paris, Biarritz und Monte Carlo aufgehalten und war dort oft gemeinsam mit Baron Eugen Rothschild zu sehen. Schon 1922 hatte sie in der Wiener Reisnerstraße 50 ein kleines Haus bezogen, das sie mit antiken Möbeln und vielerlei Nippsachen zu einem reizenden „Cosy Corner" ausgestattet habe, wie das *Wiener Salonblatt* meldete.[58] Gräfin Kitty Schönborn habe bald nach dem Krieg die Trennung ihrer zweiten Ehe angestrebt, wusste der Wiener Gesellschaftsklatsch. Die Lösung sei jedoch am Widerstand des Gatten gescheitert. Sie sei erst im Jahr 1924 nach mancherlei Auseinandersetzungen, „die einen kleinen Roman in sich schließen würden", möglich geworden, berichtete *Die Stunde*.[59] Nach einigen, allerdings fehlgeschlagenen Versöhnungsversuchen mit ihrem Gemahl und einer gemeinsamen Reise an die Riviera war die Ehe 1924 als endgültig gescheitert zu sehen.[60]

Aber die neue Verbindung Kittys mit Eugen Rothschild erregte Anstoß. Man erzählte in den Zirkeln, dass seine Schwägerin, die geborene Montefiore, und deren Freundin, Baronin Ringhoffer (geborene Seybel), der Verbindung Eugens sozusagen „das Agreement" verweigern würden.[61] Die Gräfin Kitty Schönborn werde jedoch nun eine Baronin Rothschild. Sie halte sich augenblicklich in Paris auf, und es heißt, dass sie in der französischen Hauptstadt dauernd Aufenthalt nehmen will. Das würde freilich zur Folge haben, befürchtete man, dass auch Baron Eugen Rothschild und damit viel Geld Wien verlässt.

Die Heirat des Barons Eugen Rothschild mit Gräfin Kitty Schönborn, der geschiedenen Gemahlin des Grafen Erwin Schönborn, bildete für die Wiener Gesellschaft unendlich aufregenden Gesprächsstoff: Ein Seitensprung oder eine Liaison, das war ja üblich. Auch eine Scheidung hätte man toleriert. Aber die Heirat mit einem Juden! Noch dazu mit einem Rothschild! Da Kitty als Gräfin Schönborn katholisch verheiratet war, musste sie, um eine neue Ehe eingehen zu können, eine kirchenrechtliche Dispens erlangen, um die sie aber offenbar gar nicht ansuchte. *Die Stunde* behauptete allerdings, dass Kitty zum jüdischen Glauben übergetreten sei.[62] Auch die Gräfin Sternberg, eine ihrer engen Freundinnen, meinte, Kitty sei jüdisch geworden. Es sei ihr nichts anderes übriggeblieben. Die Familie Eugens hätte es nicht anders zugelassen.[63] Auch die Wiener Gesellschaft vermutete das. Aber es stimmte nicht. Kitty war von Geburt her katholisch. In New York hatte sie zwar in einer presbyterianischen Kirche geheiratet, war aber katholisch geblieben. Das war sie selbstverständlich auch, als sie mit dem Grafen Schönborn verheiratet war. Die Gesellschaft rätselte, wie das mit Eugen sein werde. Allen Problemen zum Trotz wurde es eine glückliche Ehe, obwohl ihre neue Schwägerin Clarice das Eindringen einer Katholikin und Nichtjüdin in die Rothschild-Familie demonstrativ ablehnte und auf der anderen Seite die Vorbehalte der katholischen und traditionell antisemitischen Wiener Gesellschaft gegen die Heirat einer, wenn auch nur angeheirateten Gräfin Schönborn mit einem Juden und noch dazu mit einem Rothschild überall zu spüren waren.

Am 28. April 1925 wurde in einer privaten Zeremonie in Paris geheiratet. Eugen Rothschild hatte mit seiner Heirat einen revolutionären Schritt gewagt. Nicht nur, dass er keine Rothschild gewählt hatte, nicht einmal eine Jüdin, sondern eine zweimal geschiedene Katholikin. Er ließ Kitty alle Freiheiten, auch wenn seine Familie dagegen opponierte und die Gesellschaft das nicht gerne akzeptieren wollte: „Die schöne Gräfin hat ihre Sonderstellung und genießt sie auch. Man sieht sie und bewundert sie auf allen Schauplätzen der Gesellschaft, sie gewinnt internationalen Ruf, gilt in Monte Carlo, Biarritz, Deauville ebenso als eine der Schönsten, wie in der Freudenau und im Sacher. Ihr Roman streicht den alten Adelstitel und setzt an dessen Stelle das zeitgemäßere: La Baronesse de Rothschild."[64]

Kitty versuchte anfangs, die Freundschaft von Clarice zu gewinnen: Am 13. Februar 1924, ungefähr ein Jahr vor der Heirat mit Eugen und damals von Schönborn noch nicht geschieden, schrieb sie einen Brief an Clarice, in welchem sie auf ihre Wiener Jahre zurückblickte: Die vergangenen fünfeinhalb Jahre seien nicht angenehm gewesen. Diesen Winter habe sie die Entscheidung getroffen wegzugehen. Aber sie wolle sich nicht wie ein Dieb in der Nacht davonstehlen. Sie fahre nach Rom und weiter nach Ägypten: „If you wish to speak to anyone 'ausführlich' – there is Rosa Wood who can let you the details, herzlichst Kitty", heißt es für uns Nichteingeweihte etwas geheimnisvoll.[65] Gemeint war mit Rosa Wood die ungarische Gräfin Róza von Lónyay de Nagy-Lónya und Vasáros-Namény (Wien 4.4.1888–1970 Monte Carlo)[66], die mit dem Großwildjäger George Wood verheiratet war, der Alfons und Clarice später auf ihrer Afrikasafari begleitet hatte und auch zu den Vertrauten des englischen Königs Edward VIII. und späteren Herzogs von Windsor zählte.[67] In einem zweiten, undatierten Brief, unmittelbar vor ihrer Abreise nach Rom und Ägypten, verabschiedete sich Kitty von Clarice auf herzlichste Art: „In great haste send a little word of thanks for your good kind words to me, you really are a great dear, ... I am grateful to you for your goodness to me. Bless you my dear, be happy yourself, lot of love, Kitty."[68]

Das war vor der Hochzeit. Nach der Hochzeit war das Klima zwischen den beiden Schwägerinnen bald ganz anders. Ein dritter, leider undatierter Brief, der aber zwischen der Hochzeit und dem August 1926 geschrieben worden sein muss, weil die Gräfin Misa Wydenbruck als noch lebend erwähnt wird, zeigt ein ganz anderes

Verhältnis der beiden Schwägerinnen: „My dear Clarice! So you made a fool of me!" Es ging um üble Nachrede und Verleumdung. Kitty bezichtigte Clarice der Lüge und hätte diese verziehen, würde diese damit jemand anderen schützen wollen: „Alles, was ich sagen kann, ist, dass ich so verletzt und enttäuscht von Dir bin. Ich habe auf Dich gebaut und Dich so gemocht. Und jetzt, wenn es zur Bewährung kommt, stellst Du Dich gegen mich. Ich hoffe, kein Freund wird jemals Dir dasselbe antun." Und sie schließt den Brief mit dem grußlosen Satz: „No more women friends for me! Kitty."[69] Was das Zerwürfnis zwischen den beiden Schwägerinnen auslöste, liegt im Dunkeln, doch der Bruch scheint nie mehr ganz gekittet worden zu sein.

Eugen liebte Kitty, verwöhnte sie mit exzessiv teuren Geschenken und spendete ihr Blut, als sie 1925 offensichtlich einen schwierigen Spitalsaufenthalt hatte. „Wie erst jetzt bekannt wurde", berichtete das *Neue Wiener Journal,* „war im Sommer Baronin Kitty Rothschild, die geschiedene Gräfin Schönborn, schwer erkrankt. Da man sich von einer Blutransfusion Heilung versprach, stellte ihr Gatte, Baron Eugen Rothschild, sein eigenes Blut zur Verfügung! Glücklicherweise blieb der erhoffte Erfolg nicht aus und Baronin Rothschild befindet sich bereits wieder ziemlich wohl."[70] Um welche Krankheit es sich handelte, blieb unerwähnt. Aber es dürfte sich um eine Fehlgeburt mit entsprechendem Blutverlust gehandelt haben. Kitty litt darunter, keine Kinder zu haben. Die Zeit lief ihr davon. Kitty war 40, als sie Eugen heiratete.

Es war damals generell nicht üblich, mit Frauen über Gelddinge zu sprechen, auch wenn sie bei der Heirat eine entscheidende Rolle spielten. Bei Rothschild war das nicht anders, ja sogar noch strikter. Nie bekam Kitty eine Rechnung zu Gesicht, nie erfuhr sie die Lohnhöhe des Personals, nie die Kosten der Reisen oder der Kleider und Schmuckstücke. Ähnlich war es bei Möbeln, Teppichen oder Bildern. Es kursierte der Witz: „Du kennst Kitty?" — ‚Ja!" — „Sie hat geheiratet und hat ihren Mann in einem Jahr zum Millionär gemacht!" — „So, hat sie einen armen Mann geheiratet?", war die logische Frage. — „Nein! Einen Milliardär!" Es war die Sensation des Jahres 1924. Auch Eugen Rothschilds Vermögen wurde in der Wiertschaftskrise kleiner. Aber ob

Kittys Lebensstil dabei den Ausschlag gab? Eugen blieb auch mit oder trotz Kitty weiter sehr vermögend.

ZWISCHEN MADONNEN UND PRIMADONNEN

Baron Eugen oder Eugène (de) Rothschild, wie er sich in französischer Manier selbst gerne nannte, hat der Nachwelt einen schillernden Eindruck hinterlassen: Von dem bekannten Rothschild-Biografen Niall Ferguson wird er als gescheiterter Kunsthistoriker abgetan, der sein großes Werk über Tizian nie veröffentlicht habe. Von der verstorbenen, hoch geschätzten tschechischen Historikerin Alice Teichowa wurde er wegen der von ihm bevorzugten Schreibweise seines Vornamens für einen Franzosen gehalten, obwohl er Wiener war, der nach 1918 die tschechoslowakische Staatsbürgerschaft angenommen hatte. Von den Medien wurde er zeitlebens vornehmlich in die Welt der Lebemänner und Playboys eingeordnet, obwohl keinerlei einschlägige Skandalgeschichten von ihm bekannt sind. Was und wer war er wirklich? Für seine Zeitgenossen war er ein Österreicher, der ab den späten 1920er Jahren die meiste Zeit in Paris lebte. Für die Rothschilds war er von Paris aus die Kontaktperson zu ihrem tschechischen Industriekonzern in Witkowitz, dem größten Stahlwerk Mitteleuropas und größten Unternehmenskonglomerat der damaligen Tschechoslowakei. Für die Kunstgeschichte hätte er bei etwas mehr Engagement vielleicht Beachtliches leisten können. Als Automobilist verband ihn eine besondere Freundschaft mit dem österreichischen Auto- und Filmpionier Sascha Kolowrat-Krakowsky, dem er für seine Rennsportkarriere und seine Jagd- und Expeditionsfilme immer wieder neues Geld zur Verfügung stellte, und für Kitty war er ein Partner, der ihr alle Wünsche erfüllte und erfüllen konnte.[71]

Eugens Buch über Tizian wurde zwar nie fertig. Aber die paar kurzen Abschnitte, die er in einer Kunstzeitschrift veröffentlichte, lassen tief in die Seele des jüdischen Barons blicken, der sich zwischen dem strahlenden Licht und der tiefen Finsternis des 20. Jahrhunderts bewegte: „Meine Nacht ist ohne Finsternis. Sie ist vom Lichte erleuchtet“, schreibt er als Motto über seinen 1931 publizierten Aufsatz zu

Wien, 1. April 1917 21. Jahrgang, Nr. 14 Erscheint jeden Sonntag

SPORT & SALON

ILLUSTRIERTE ZEITSCHRIFT
FÜR DIE VORNEHME WELT

Gräfin Kitty Schönborn.
Atelier Frl. v. Zimmerauer, Wien, VI.

Während die Männer im Krieg sind, repräsentiert sie ein aufregendes neues Frauenbild: Kitty am Cover der Zeitschrift „Sport & Salon", 1. April 1917. Foto aufgenommen im Atelier von Helene Zimmerauer.

Das Bild ist verschollen, seine Geschichte wurde zum Mythos: die „Dame in Gelb". Porträt Kittys von Wilhelm Heinrich Funk, 1907.

Eugen Rothschild in der Uniform eines Leutnants. So wie sein Bruder Alfons diente auch er bei den 6er-Dragonern, dem nobelsten Regiment der Habsburgermonarchie.

Verführerische Schönheit: Kitty, gehüllt in goldgelben Chiffon mit aufregendem Dekolleté. Das Bild von High-Society-Maler Philip Alexius de László entstand im Juni 1922 in Paris.

Alltag in Paris: Baronin Rothschild führt ihre prächtige Chow-Chow-Familie – „Vater, Mutter und Sohn" – spazieren. Foto in der „Vogue", Mai 1928.

Das Bild dokumentiert den Aufstieg: Kitty als mondäne Gräfin Schönborn-Buchheim, inszeniert im schwarzen Taftkleid, mit bodenlanger Perlenkette und dem unvermeidlichen Barsoirüden. Ölgemälde von John Quincy Adams, 1916, Belvedere Museum Wien.

Der Neid begleitet die Reichen – das galt auch für die Frauen der Rothschilds. Aquarell von George Barbier für den luxuriösen Mode-Almanach „Falbalas et Fanfreluches", 1925.

Der Couturier bei der Arbeit: Abnahme der neuen Modelle in einem Pariser Modesalon, 1922.

Die betont maskuline Linie des Pariser Modefrühlings 1925 war für Kitty wie geschaffen: Kleider von Lucien Lelong, Chantal, Jena Magnin, Brandt und Gustave Beer.

Kitty im veilchenfarbigen Seidenkleid, umgeben von einem Blütenmeer: Das Porträt von Ernst Linnenkamp, entstanden um 1921/22, verbreitet in aller Schönheit eine eigenartige Traurigkeit.

Tizians „Marter des heiligen Laurentius".[72] Wir spüren das Grauen der Nacht", schreibt Eugen dazu als späteren Nachtrag in dem Aufsatz, der zu einer Zeit erschienen war, als das Grauen der NS-Zeit noch bevorstand und sich auch noch nicht in seiner ganzen Dimension erahnen ließ. Auffällig ist, dass sich Eugen besonders für die Unterschiede zwischen der ersten und der zweiten, viel später entstandenen Variante dieses Märtyrermotivs interessierte. Fällt in der ersten Fassung des Bildes in der Venezianer Jesuitenkirche ein überirdischer Lichtstrahl auf den auf glühenden Kohlen sich vor Schmerzen krümmenden Heiligen, so gibt es in der zweiten Fassung desselben Motivs, die sich im spanischen Escorial-Palast befindet, nichts als die dunkle Nacht und eine fahle Mondsichel.

Eugen war als Kunstliebhaber und Kunsthistoriker von Tizians Malerei und von der Mystik christlicher Kunst tief gefangen genommen. „Manchmal finde ich meine Religion einen Nachteil. Sie bringt mich um den Genuss, solche Sujets in meinem Haus hängen zu haben", sagte er zu Cecilia Sternberg, als er deren Madonnenbilder besichtigte.[73] Stundenlang konnte er vor Tizians Frauenbildern sitzen. Das Kunsthistorische Museum hat ja genug davon. Er reiste, wie einst Graf Schönborn Kittys Bild nachgereist war, Tizians Frauen nach, nach Venedig, Paris, Madrid. Auch wenn Eugen sein Judentum nie verließ, war er doch immer mehr zum Bewunderer christlicher Kunst geworden, die seiner Meinung nach „erst von einer späteren Menschheit ganz erfasst werden konnte." Wirklich bekannt ist Eugen allerdings nicht durch die Beschäftigung mit schönen Madonnen und katholischen Heiligen geworden, sondern durch die schöne und teure Frau, die er 1925 heiratete: Kitty Schönborn-Buchheim war leichtfertig im Umgang mit Geld. Aber es wurde trotzdem eine glückliche Ehe, wohl auch, weil Geld für einen Rothschild nicht wirklich ein Problem darstellte.

Eigentlich wollte Eugen Berufsoffizier werden. Er war 1903 als Offiziersanwärter für zehn Jahre in die Armee eingetreten. Doch die angestrebte Offizierskarriere gestaltete sich nicht wirklich glänzend. 1913 wurde er zum Oberleutnant ernannt, war aber den gesamten Zeitraum über mehr beurlaubt als im aktiven Dienst. Als besondere Fähigkeiten scheinen in seiner Dienstbeschreibung

Fechten, Schwimmen, Radfahren und als Sprachkenntnisse Englisch, Französisch und „Böhmisch" für den Dienstgebrauch auf. Er wurde als ruhiger, ernster Charakter eingestuft, der gut reite, besondere Pferdekenntnisse habe und auch gute Schießkenntnisse mitbringe.[74] Er machte schon vor dem Krieg weite Autoreisen durch Italien und Nordafrika.[75] Er begeisterte sich für Opern, besaß einen Stammplatz in Bayreuth und interessierte sich für Richard Strauss, während seine Brüder Alfons und Louis lieber zum Heurigen gingen und Varietés und Cabarets bevorzugten.[76]

Am 1. August 1914 war Eugen als Oberleutnant sofort an den nördlichen Kriegsschauplatz eingerückt, natürlich im nobelsten Regiment der Monarchie, den 6er-Dragonern. Wie so vielen jungen Offizieren, die in den ersten Kriegswochen fielen oder schwere Verletzungen davontrugen, wäre ihm sein Einsatz beinahe zum Verhängnis geworden. Eine Verwundung am Bein, die er am 6. Dezember 1914 während der Kämpfe in Iwkowa, Galizien, erlitten hatte, verlief komplikationslos – anders als bei Eugens nahezu gleich alten und gleich vermögenden Offizierskollegen Paul Wittgenstein, der einen Arm verlor. Die Heilung nehme einen normalen Verlauf, liest man in der *Neuen Freien Presse,* auch wenn er in Wahrheit sein ganzes Leben daran litt und hinkte. Im Frühjahr 1915 war er schon wieder im Feld. Während eines Verteidigungsmanövers gegen die Russen am 27. Dezember 1915 konnte er sich als kommandierender Zugkommandant so auszeichnen, dass ihm die Silberne Militärverdienstmedaille am Bande des Militärverdienstkreuzes mit Schwertern in Anerkennung seiner Verdienste in der Schlacht zuerkannt wurde. Am 9. Mai 1915 wurde er zum Kavalleriehauptmann in der Reserve befördert. Doch das Geschehen sah er sehr nüchtern. Am 18. Mai 1915 schickte er von der russischen Front eine Fotopostkarte an seine Schwester Valentine Noemi: „Ich wünsche Dir alles Gute zu Deinem Geburtstag und hoffe, dass Du diese eine Karte in Deinem 29. Jahr erhältst. Die Dinge gehen gut für mich und ich habe eine Menge zu tun."[77] Eugens Beschwichtigung täuschte über die Strapazen hinweg, die er an der russischen, rumänischen und dann italienischen Front erleben musste. Als Rumänien 1916 den Mittelmächten den Krieg erklärte, rückte sein Regiment an diese Front, wo er die

Position eines Gasschutzoffiziers übernahm und das Kommando über ein eigenes Reservegeschwader erhielt. Eugen war bis Anfang 1918, als Russland – jetzt unter bolschewistischer Führung – einen Waffenstillstand erklärte, an der rumänischen Front stationiert. Er wurde mit entsprechenden Auszeichnungen aus dem Militärdienst entlassen, aber nicht mit wirklich hohen: dem Militärverdienstkreuz 3. Klasse und dem großherzoglich mecklenburgisch-schwerinschen Militärverdienstkreuz für tapferes Verhalten vor dem Feind.[78] Eugens militärische Karriere wäre wohl in keinem Fall recht erfolgreich verlaufen. Mit dem Untergang der Monarchie und ihrer Armee war sie auf jeden Fall zu Ende. 1918 stand er ziemlich orientierungslos da, suchte einerseits mit kunsthistorischen Studien eine neue Erfüllung zu finden, andererseits sich in das Management der rothschildschen Unternehmungen einzuklinken, wozu er für die tschechoslowakische Staatsbürgerschaft optierte. Der Anlass war die Forderung des neuen tschechoslowakischen Staates, dass mindestens einer der Miteigentümer der Witkowitzer Werke sich in dem neuen Staat niederlassen müsse. Eugen als jüngster der Brüder war ausersehen, diese gegenüber der Regierung eingegangene Verpflichtung zu erfüllen, der er allerdings nie wirklich nachkam. Er hatte zwar Tschechisch gelernt und die tschechische Staatsbürgerschaft angenommen. Aber nach Prag oder gar Witkowitz zu übersiedeln, kam weder für Eugen und schon gar nicht für Kitty in Frage.

Wo sollten sich Kitty und Eugen ansiedeln? Jeder der drei Söhne von Albert Rothschild hatte ein Stadtpalais im 4. Bezirk geerbt: Alfons das Palais Nathaniel Rothschild in der Theresianumgasse, Louis das große Palais in der Prinz-Eugen-Straße 20–24 und Eugen das kleinere Palais in der Prinz-Eugen-Straße 26, direkt neben dem großen Palais seines Bruders. Der Bau war 1907 von Albert Rothschild begonnen worden. Nachdem Eugen das Palais übernommen hatte, wurden die Bauarbeiten zwar weitergeführt, aber dann kriegsbedingt unterbrochen. 1920 wurden sie wieder aufgenommen und nach der Heirat mit Kitty wieder eingestellt: Das Haus war nie völlig fertig geworden. Als Wohnraum könnte es nur mit erheblichen Investitionen benutzt werden, meinten 1939 die Nationalsozialisten, weil es bis dahin mehr als 20 Jahre leer gestanden sei. Eugen hatte für das Palais eine sehr luxuriöse Ausstattung geplant: mit Marmorhauptstiegenhaus, Parkettböden, Holzlamberien, Stuckplafonds und Kachelöfen, mit Niederdruck-Dampfzentralheizung, Personenaufzug, Küchenlift, Gas- und Elektrizitätslicht und allem sonstigen damaligen Komfort. Es versteht sich von selbst, dass auch die Stall- und Garagenräume von höchster Raffinesse sein sollten. Das Palais umfasste 878 m^2 Fläche, verbaut waren 644 m^2, fünf Geschoße mit vier Salons, zwei Hallen, zwölf Zimmer, 14 Kabinette, vier Küchen, vier Vorräume, drei Badezimmer, eine Garage, Wäscherei, Wirtschaftsräume. 1939 wurde das Gebäude für die Aufbewahrung von konfisziertem jüdischem Eigentum beschlagnahmt und im Dezember 1940 für das Luftwaffenkommando und später für den Reichsarbeitsdienst angefordert. Dabei erlitt das Inventar schwere Verluste und Schäden. Durch Luftangriffe im Februar und Marz 1945 wurden Fenster, Türen und Dächer beschädigt.

Nach der Heirat mit Kitty erwarb Eugen in Paris in der Rue Michel Ange 3 ein Palais mit einem sehr attraktiven Garten, weil er beabsichtigte, dem unfreiwilligen Aufenthalt, den er während einer bestimmten Zeit alljährlich in Prag nehmen musste, immer wieder einen solchen in Paris folgen zu lassen.[79] Nach Wien werde er nicht so bald wieder kommen, meinten die Medien.[80] Unmittelbar nach der Trauung waren die Neuvermählten nach Prag abgereist.[81] Doch was sollte Kitty in Schillersdorf machen? Sie war keine Jägerin. Das verrußte Witkowitz kam auf keinen Fall in Frage. Das war keine Gegend zum Wohnen. Und Prag? Da gab es zwar eine rege Kulturszene. Aber das Gesellschaftsleben erschien ihr doch etwas zu provinziell. Und Wien? Kitty verspürte wenig Lust, zu eng mit der Wiener Gesellschaft in Berührung zu bleiben, vor allem aber, in direkter Nähe ihrer neuen, wenig geliebten Schwägerin wohnen zu müssen. Kitty wollte nach Paris. Man teilte das Jahr in die Monate in Paris und in Österreich, in die Wochen in Enzesfeld, in die am Meer und in die auf Reisen. Man war nicht ganz jüdisch, nicht ganz christlich, nicht ganz österreichisch, nicht ganz französisch, etwas englisch oder amerikanisch, und vielleicht auch ein bisschen tschechisch.

DIE MACHT DER SCHÖNEN BILDER

Kittys Bild hat Graf Schönborn nie gefunden. Das von Wilhelm Heinrich Funk gemalte Bild, das er so lange gesucht und mit dem alles begonnen hatte, ist verschollen und für die Öffentlichkeit nicht mehr greifbar. Die grob gerasterte Zeitungsreproduktion kann die Farbkraft des Originals, das der Künstler „Dame in Gelb“ genannt hatte, nicht zum Ausdruck bringen. Der Weg in die Wiener Bilderwelt der Schönen und Reichen begann für Kitty mit den Fotos mit den vielen Perlen, der um den Körper geschlungenen Stola und dem Barsoi, die die junge Wiener Fotografin Dora Kallmus unter ihrem Künstlernamen Madame d'Ora im Jahr 1912/13 von ihr angefertigt hatte und die Anfang 1914 im *Wiener Salonblatt* veröffentlicht worden waren. Berühmt war Kittys bodenlange Perlenkette. Madame d'Ora signierte das Foto auf der Rückseite mit „d'Ora/BENDA“ und mit der Bemerkung: „Echte Perlen!/Ihre Erlaucht/Gräfin Schönborn.“ Es entsprach dem Stil von Madame d'Ora, weiche Stoffe, Pelze, Müffe, Abendmäntel, Shawls, Hüte etc., aber auch edle Hunde oder kuschelige Katzen in die Aufnahmen einzubeziehen, mit denen sie dann, der Individualität der Porträtierten entsprechend, künstlerische Installationen und vornehme Assoziationen schuf. Die in verschiedenen Journalen immer wieder abgebildeten Aufnahmen mit der langen Perlenkette, dem Windhund und der Stola machten Kitty schnell berühmt und bekannt. Perlen waren das nobelste Geschenk, weil sie von Natur aus schön sind und nicht bearbeitet zu werden brauchen. Die Stola verhüllte und umschlang. Und Hunde waren ein bewährtes Stilmittel, um Noblesse und Eleganz anzuzeigen.

Kitty wusste viel von der Macht der Bilder und verstand es, sie einzusetzen. Immer wieder wurde sie gemalt und fotografiert: Nicht nur von Wilhelm Heinrich Funk, der den Anfang machte, sondern auch von Hermann Hanatschek, der im Heeresgeschichtlichen Museum während des Kriegs die militärische und adelige Oberschicht porträtierte, von Ernst Linnenkamp, der in der ersten Nachkriegszeit den Auftrag hatte, die schönsten Österreicherinnen und bedeutendsten Österreicher darzustellen, vor allem aber von den beiden berühmtesten

Porträtisten der österreichischen High Society, John Quincy Adams und Philip Alexius de László.

Im Jahr 1916 schuf John Quincy Adams das bekannte Ganzkörperporträt in Überlebensgröße (215 x 128,5 cm) mit dem Windhund und der Perlenkette. Stehend, leicht an eine Kommode gelehnt, den rechten Arm darauf abgestützt, erscheint Kitty noch größer, als sie wirklich war. Das schwarze, mit weißer Seide eingefasste Taftkleid mit V-Ausschnitt und der durchscheinende schwarze Seidenschal betonen die schlanke Linie. Alles an dem Bild ist schlank und schnell, herrisch und von hohem Adel.

Ganz anders ist die Art der Darstellung, die 1922 von Philip Alexius de László gewählt wurde: ein Halbprofil nach links, den Kopf kokett nach rechts geneigt und zum Betrachter gerichtet. Ins Auge springen das goldgelbe Chiffonkleid mit aufregendem Dekolleté, die auffälligen Perlenohrringe und der große Perlenring am Ringfinger. Hier erscheint Kitty nicht als herrische und distanzierte Gräfin, sondern als verführerische Schönheit. Das Bild wurde in Paris gemalt und ist mit 4. Juni 1922 datiert. De László hatte sich den ganzen Mai und die erste Juniwoche 1922 in der Stadt aufgehalten und fertigte hier zehn Porträts an. Wer das Bild in Auftrag gab und bezahlte, ist nicht ganz klar: ob noch Graf Schönborn, der vielleicht verzweifelt bemüht war, seine Ehe zu retten, oder schon Eugen Rothschild, der von der Schönheit Kittys fasziniert war. Eingetragen in Lászlós Auftragsbuch ist es noch mit dem Namen *Kitty Schönborn-Buchheim.*

Das Kitty-Porträt von Ernst Linnenkamp ist nicht datiert. Aber es muss 1921 oder 1922 entstanden sein. 1923 wurde es von Viktor Trautzl im Rahmen von 21 berühmten Persönlichkeiten, Männern wie Frauen, in einer Foliomappe im Wiener Verlag Amalthea veröffentlicht. Das dürfte auch den Anlass geliefert haben, dass Linnenkamp von einer Schweizer Kunstfirma im Herbst des Jahres den Auftrag erhielt, 15 der schönsten Frauen in Amerika auszuwählen und zu porträtieren. Linnenkamp bereiste daraufhin zweieinhalb Jahre lang die USA und prägte mit seiner Serie ganz entscheidend die europäische Vorstellung von amerikanischen Frauen.[82] Er versetzte Kitty in ein Blütenmeer. Aber das Bild verbreitet in aller Schönheit eine eigenartige Traurigkeit:

Der Lila-Grundton des Hintergrunds, ein veilchenfarbenes Seidenkleid, eine lange, silberdurchwirkte Schleppe mit schwarzer Verbrämung, Kitty selbst betont schlank, größer als sie wirklich war, dezente Perlen, das Blond der Haare fast zu grell und der Blick wehmütig, fast verloren in die Ferne gerichtet.

Man möchte vielleicht auch ganz gerne wissen, welche Darstellungsweise der Wiener Porträtmaler Hermann Carl Hanatschek (1873–1963), der schon von 1903 bis 1911 überwiegend in den Vereinigten Staaten arbeitete und nach dem Krieg New York zu seiner zweiten Heimat gemacht hatte, für Kitty gewählt hat.[83] Das Porträt, von dem er auf seiner Europareise 1934 dem *Neuen Wiener Journal* erzählte und über das nichts Näheres bekannt ist, dürfte jedenfalls während oder kurz nach dem Ersten Weltkriegs entstanden sein, ist aber leider verschollen.

Es existieren viele Modezeichnungen und Modefotos von Kitty. Der amerikanische Illustrator Carl Oscar August Erickson (1891–1958) zeichnete sie für *Vogue*. Man Ray, der wie Kitty in Philadelphia geboren war, fünf Jahre nach ihr, und der wie sie die Zeit zwischen den beiden Weltkriegen vornehmlich in Paris verbracht hatte, fotografierte sie. Er war 1921 im Sog der Dadaisten nach Paris gekommen und beschloss, sich ganz der Porträtfotografie zu widmen, um endlich Geld zu verdienen. Bereits 1922 hatte Man Ray dadaistische Modefotografien für den Modeschöpfer Paul Poiret angefertigt und sie in ein surrealistisches Ambiente gesetzt. Ab 1930 machte er schließlich regelmäßig Modeaufnahmen für *Vogue* und *Harper's Bazaar*, darunter auch von Kitty.[84] Der französische Modedesigner Edward Molyneux verfertigte eine rasche, oft verwendete und nachgeahmte Skizze Kittys in Seitenansicht, der britische Fotograf und Grafiker Cecil Beaton positionierte sie 1935 ganz klein, fast verschwindend in der Pracht ihres riesigen Pariser Rokoko-Salons, der Designer René Bouët-Willaumez zeichnete sie mit ihren Hunden. Für den Pionier der Modefotografie Adolf de Meyer posierte sie 1927 in einem teuren Kleid mit Goldpailetten, für Man Ray 1934 in einem einfachen Schwarz-Weiß-Kleid. In *Vogue* und *Vanity Fair* so präsentiert zu werden, konnte einen nur berühmt machen.

Auch in der Fotogalerie, die sich Anna Sacher von ihren berühmtesten Gästen zusammenstellen ließ, ist Kitty natürlich vertreten. Man kann sie dort in der Nachbarschaft der Erzherzoge Franz Ferdinand und Otto sehen, neben einigen Windisch-Graetz und Kinskys, reichsdeutschen Fürsten, englischen Lords und Frau Anna Sachers geliebten Bullys.[85] Bilder: gemalt, gezeichnet, fotografiert, bunt und schwarzweiß, allein und mit Hunden … Kitty lebte in einer Welt schöner Bilder. Doch war das die wahre Kitty?

DIE SCHÖNHEIT DER MUSIK

Kitty jagte nicht, spielte nicht im Casino, trank kaum Alkohol und aß sehr bewusst. Sie liebte Golf, aber spielte nicht Tennis. Was sie wirklich liebte, war die Musik, und das wohl schon von Kindheit an. Obwohl Philadelphia die Hauptstadt eines ursprünglich von Quäkern begründeten, der Musik und den Künsten sehr reserviert gegenüberstehenden Bundesstaats war, spielte Musik dort immer eine große Rolle. Schon vor dem im Jahr 1900 begründeten Philadelphia Orchestra, das einmal als Philadelphias „chief contribution to civilization" bezeichnet worden war, gab es seit 1857 eine Musikakademie. In München hatte Kitty noch viel mehr Gelegenheit, sich mit Musik zu beschäftigen. Und erst recht in Wien. Ihre neue Wiener Schwägerin Sofia führte sie ins Wiener Musikleben ein, machte sie mit Musikschaffenden und Ausübenden bekannt, mit dem Operndirektor, mit Sängern und Sängerinnen und mit wichtigen Adabeis. 1921 besuchte sie die Wiener Erstaufführung von Erich Wolfgang Korngolds Oper *Die tote Stadt,* deren Libretto auf dem symbolistischen Roman *Das tote Brügge* von Georges Rodenbach basiert. Korngold, der als „Wunderkind" galt, war zum Zeitpunkt der Uraufführung erst 23 Jahre alt. Nichts könnte besser Kittys Gemütszustand in diesen Jahren beschreiben als die berühmte Arie „Glück, das mir verblieb, lebe wohl, mein treues Lieb. Leben trennt vom Tod – grausames Gebot. Harre mein in lichten Höhn, hier gibt es kein Auferstehn". Es ist klar, dass Korngold als Ort der Handlung zwar vordergründig das tote Brügge aus der Romanvorlage übernommen hatte, aber Wien gemeint hat. War doch die Habsburgermonarchie soeben untergegangen. Und gerade in Wien herrschte erst nach dem Ende des traumatisierenden Ersten Weltkrieges die wirkliche „Fin-de-Siècle"-Stimmung. Wie Brügge, die blühende Handelsmetropole, deren Niedergang begann, als sie von der Lebensader des Meeres abgeschnitten wurde, so war Wien nicht nur vom Meer, sondern auch von seinen Lebensquellen in Böhmen und Ungarn abgeschnitten worden und schien dem unausweichlichen Untergang geweiht. Und auch Kittys Gemütszustand war wehmütig. Korngolds Musik verbreitete eine ungeheure Klangwucht, die in ein expressionistisches Gewand gehüllt, mit lauten Dissonanzen samt Glockengeläut an Gustav Mahler gemahnt. Man hört die Musik in einer Hitze und Expression flirren, die an Richard Strauss' *Salome* erinnert. Und zuletzt erklingen Melodien, die mit ihrer Sinnlichkeit und Süße es mit Puccini aufnehmen können. Am 10. Jänner 1921, bei der Wiener Erstaufführung, war Kitty dabei. Vielleicht hat sie sogar das lange Abendkleid getragen, in welchem Linnenkamp sie gemalt hatte. Maria Jeritza sang die Titelpartie der Marietta. Ihre sinnliche Präsenz machte Marietta zur Hauptfigur der Oper. Marietta war Kitty. Graf Schönborn war Paul, der wie dieser vergeblich auf der Suche nach einem versunkenen Traumbild ist. Er hatte nicht nur Kitty verloren, sondern auch ihr Bild.

Am 31. Dezember 1927 gab es an der Wiener Staatsoper etwas verzögert die Wiener Erstaufführng von Ernst Kreneks Oper *Jonny spielt auf.* Normalerweise wurde zu Silvester an der Staatsoper ja die *Fledermaus* gespielt. Aber das war ein besonderer Anlass, den sich auch Kitty nicht entgehen lassen wollte: amerikanische Rhythmen und europäische Operntradition. In den großartigen Bühnenbildern von Oskar Strnad und mit dem Bassbariton Alfred Jerger in der Titelrolle konnte es nur ein Erfolg sein. Das Werk wurde in Wien mehr als 50 Mal gespielt. Aber schon die ersten Aufführungen waren von Nazi-Unruhen gestört worden. *Jonny* war Ausdruck der Moderne und zugleich Protest gegen diese. Trotz seines Rufs als Werk der Weimarer Avantgarde steht Kreneks Oper eher auf der Seite des alten, untergegangenen bürgerlichen Zeitalters als auf jener einer neuen Moderne. Sie spielt in der Einsamkeit eines Gletschers der Hochalpen, in einer mitteleuropäischen

Großstadt und in Paris während der 1920er Jahre. Es war eine auf Kitty geradezu maßgeschneiderte Szenerie: „Die Stunde schlägt der alten Zeit,/die neue Zeit bricht jetzt an./Versäumt den Anschluss nicht./Die Überfahrt beginnt/ins unbekannte Land der Freiheit./Die Überfahrt beginnt,/so spielt uns Jonny auf zum Tanz./Es kommt die neue Welt übers Meer/gefahren mit Glanz/und erbt das alte Europa durch den Tanz". Das von Krenek selber stammende Textbuch nahm vieles vorweg, nicht nur aus der Geschichte des 20. Jahrhunderts, sondern auch aus Kittys Geschichte.[86]

Mehr aber als Kreneks Rhythmen schätzten Kitty und Eugen die Musik Richard Wagners. Regelmäßig fuhren sie zu den Bayreuther Festspielen. Doch 1931 zum letzten Mal. Lauritz Melchior sang den Tristan. 1932 wurden die Festpiele aus Geldmangel abgesagt, und 1933 hatte Hitler auch in Bayreuth schon die Macht übernommen. Die Salzburger Festspiele und Richard Strauss traten an die Stelle Bayreuths und Richard Wagners. Kitty war mit Richard Strauss gut bekannt. 1932 war sie in seiner Villa in der Jacquingasse 8–10 zum Kaffee geladen. Strauss arbeitete gerade an seiner *Ägyptischen Helena* für die Salzburger Festspiele nach dem Libretto von Hugo von Hofmannsthal und einem von Euripides überlieferten Stoff. Der berühmte Komponist aber hatte genug von toten Figuren und schwärmte von einer lebenden Helena. Vor allem suchte er nach einer starken, merkwürdigen Heldin als Vorbild für seine Oper. Kitty schien ihm dafür geeignet: „Wenn auch ein schon betagter Herr", meinte er, „ginge ich noch immer lieber zu einer lebenden Helena als zum Gespenst des Euripides." War Kitty nicht eine moderne Helena? Von allen Frauen der Welt die Schönste! Natürlich besuchte Kitty die Uraufführung dieser Neufassung bei den Salzburger Festspielen am Montag den 14. August 1933. Die musikalische Leitung hatte Clemens Krauss. Kitty war ab jetzt nicht mehr Dauergast in Bayreuth, sondern in Salzburg.

„Kitty war nur wirklich glücklich, wenn es um Musik ging, wenn ihr Salon in Paris oder Wien mit Musikern gefüllt war, die plauderten, Kaffee tranken und auch musizierten", erfährt man von der amerikanischen Opernsängerin Grace Moore, die 1936 auf Europa-Tournee war, zuerst in Budapest, dann privat in Wien, und da natürlich auch bei

Kitty zu Gast. Moore, die Kitty schon in Paris mehrmals getroffen hatte, erinnerte sich, dass sie auch in Wien zum Mittagessen in das schöne Haus des Barons und der Baronin Eugen Rothschild eingeladen war, die beide ihrer Einschätzung nach eine wesentliche Rolle im Wiener Musikleben besetzten.[87]

DIE KÖNIGIN DES ART DÉCO

Kitty war zum Inbegriff von Schönheit geworden: in Amerika, in Paris und in Wien. Sie war wie geschaffen für die Welt der Mode. Sie hatte dafür die ideale Figur und das viele Geld. So etwas konnte die Pariser Modeschöpfer reich und die Ehemänner arm machen. Einen Erwin Schönborn hätte Kitty ruinieren können, wenn nicht das eigene Unvermögen des Grafen und die Umstände der Zeit das ohnehin schon erledigt hätten. Bei Eugen Rothschild hätte sie keinen Erfolg haben können. Einen Rothschild konnten die Ausgaben einer Frau nicht ruinieren. Kitty kaufte Mode, Eugen beschrieb sie in seinen kunsthistorischen Studien. Kitty war emanzipiert, aber keine „Emanze". Eugen war ein Mann, der ihr viel Freiraum gönnte und ihr alle Wünsche ermöglichte.

Geld ist da, um es auszugeben, Geld ist da, um es zu verschwenden. Wenn so viel davon da ist, musste man fast zwangsläufig zu dieser Meinung kommen. Schöne Frauen brauchten teure Kleider und noch teurere Edelsteine. Kitty kaufte Kleider bei Coco Chanel, Edward Molyneux und Elsa Schiaparelli, Hüte bei Jeanne-Marie Lanvin, Pelze bei Jeanne Paquin. Sie hatte ein paar hundert Paar Schuhe und unzählige Hüte und Hutschachteln – Ohne Hut ist man kein Mann und erst recht keine Frau. Dazu Handschuhe, Taschen, Shawls, vor allem aber: Schmuck für jeden Anlass, passend zu jedem Kleid, immer auch passend als Geschenk und geeignet auch, plötzlich auftretende finanzielle Engpässe zu überwinden. Berühmt war Kittys bodenlange Perlenkette als Gräfin Schönborn. 1924 kaufte ihr Eugen als Verlobungsgeschenk eine noch viel teurere Platin-Halskette mit Smaragden, Saphiren, Diamanten und Lapislazuli in modischer Art-déco- und blau-grüner „Pfauenmuster"-Ästhetik, entworfen von Cartiers Chefdesigner Charles Jacqueau. Sie hatte in ihrer zeitlosen Eleganz perfekt zu den Säulenkleidern der 1920er Jahre gepasst, die Kitty damals trug. 1927 wurde das exquisite Stück in der *Vogue* mit dem Titel „The Beautiful New Jewels of the Smartest Women in Paris" bejubelt. Als es 2014 im Denver Art Museum wieder zur Schau gestellt wurde, wurde es mit ähnlicher Euphorie präsentiert: „Die Baron de Rothschild-Halskette ist ein außergewöhnliches und ikonisches Cartier-Juwel mit einer Geschichte, die so lebendig ist wie die Steine, aus denen es zusammengesetzt ist."[88]

Perlen sind immer eine gute Idee. 1926 beschäftigte ein aufregender Kriminalfall rund um Kittys Juwelen die Schlagzeilen der Pariser und Wiener Presse: „Ein Perlenhalsband von Milliardenwert verloren!" Bei einer Automobilspazierfahrt oder beim Einkaufen habe Kitty eine Kette im Wert von 1,200.000 Franc (ungefähr zwei Milliarden Kronen) verloren, berichteten die Zeitungen. Damals gab es in Österreich zwar bereits mehr als ein Jahr lang den Schilling als Währung. Aber in Kronen ergab das viel spektakulärere Summen. Das Halsband, das 89 reine Perlen zählte, sei eines der kostbarsten, die im Privatbesitz sind. Dem Finder wurde eine Belohnung von 40.000 Franc versprochen.[89] Die Geschichte fand allerdings kein strafrechtliches, sondern ein harmloses Ende. Das Halsband war weder gestohlen noch verloren, sondern bloß beim Einkaufen und Anprobieren zwischen Stoffresten und Kleidern vergessen und von den Verkäuferinnen nur für eine wertlose Simili-Kette gehalten worden: „Perlen von dieser Größe sind immer falsch!" Erst als der Verlust der Perlenkette der Baronin in den Zeitungen stand, ging das Mädchen zur Polizei und zeigte den Fund an.[90]

Die Kunst ihrer Zeit bevorzugte grelle Farben. Kitty bevorzugte die leichtfallenden Sommerkleider und die schlichten Schnitte, ohne Korsett und ohne hochgeschnallte Brüste, vor allem aber das „kleine Schwarze", das von Coco Chanel und Edward Molyneux erfunden worden war. Auch die Baronin Eugène de Rothschild bestelle bei ihm ihre Winterkleidung, verkündete Molyneux stolz. Der neue jungenhafte Look zeichnete sich durch eine lockere, stromlinienförmige und androgyne Silhouette aus, bei der weder Brust noch Taille sichtbar waren, begleitet von einer kurzen Frisur. Es wurde zum Symbol der emanzipierten Frau: frei und autonom. Coco Chanel machte das kleine Schwarze salonfähig: Gerade Linie, mit 3/4-Ärmeln, ohne Kragen und ganz in Schwarz. „Henry Ford signiert ‚Chanel'", schrieb die *Vogue* in Anspielung auf Fords berühmtes Modell T, das es „in allen Farben gebe, die schwarz seien". 1936 und 1937 wurde Kitty von einer Gruppe französischer Elite-Designer, darunter Coco Chanel, Elsa Schiaparelli und Jeanne-Marie Lanvin, zur fünften unter den zehn bestgekleideten Frauen der Welt gekürt, 1938 sogar zur viertbesten. Natürlich war das nicht so sehr eine Frage des Aussehens, sondern eine Frage des Geldes. Die großen Pariser Schneiderkünstler hatten auch unumwunden zugegeben, dass diese Damen im letzten halben Jahr rund eine halbe Million Dollar für Toiletten ausgelegt haben.[91]

Das waren frivole Summen angesichts der Not, die für die Dreißigerjahre bestimmend war! „Es kostet viel Geld, zu den bestgekleideten Frauen der Welt zu zählen", kritisierte 1931 die Wiener sozialdemokratische Frauenzeitschrift *Die Unzufriedene* dieses Treiben. Und sie listete die Beträge auf, die Kitty und andere Millionärinnen jährlich aufwendeten und die sich auch in den im Londoner Rothschildarchiv aufliegenden Einkaufsrechnungen der Baronin wiederfinden: 1924 hatte sie einen Pelz gekauft, der damals die Rekordsumme von 175.000 Francs (umgerechnet ca. 50.000 österreichische Schilling oder ca. 227.000 Euro 2023) gekostet hatte.[92] Ein Zobelkragen steht mit 50.000 Dollar auf dieser Einkaufsliste, ein Iltismantel, mit dem man sich sehen lassen konnte, war nicht unter 12.000 Dollar zu haben, und erst die Schmuckstücke. Auch Schuhe und Hüte gingen ins Geld. Fast 1.000 Kostüme befanden sich in der Garderobe der Baronin. Die Hüte wechselte sie wöchentlich. Das Arsenal ihrer Schuhe sei unübersehbar groß, die Anzahl der Paare einfach nicht zu zählen und ihr Pelzwerk von unschätzbarem Wert.[93] Es kostete nicht nur viel Geld, sondern auch viel Zeit, zu den schönsten Frauen der Welt zu zählen.

Auch die Weltwirtschaftskrise beendete den Überfluss nicht. Er wurde angesichts der rundum herrschenden Not sogar noch frivoler.

Erst 1940 war Kittys Tanz um das Goldene Modekalb zu Ende. Am 29. Januar 1940 veröffentlichte die *New York Times* die letzte Modeumfrage aus Paris. Kitty war von der Liste der schönsten Frauen verschwunden, ebenso Wallis Simpson.[94] 1941 stand nicht nur Europa, sondern auch Amerika im Krieg.

PARIS STYLES UND WIENER LEBEN

„Paris is always a good idea", sagt man. Zwischen den beiden Weltkriegen war es die Weltstadt schlechthin: die Weltstadt der Mode, die Weltstadt der Unterhaltung, die Weltstadt der Kunst. In Paris bekam man die teuerste Kunst, die führende Mode, das erlesenste Essen, die besten Weine und die erregendsten Drogen. Man trank Pernod, die „grüne Fee", auch nach dem Absinthverbot. Auf Amerikanerinnen und Amerikaner übte die Stadt eine geradezu magische Anziehungskraft aus. George Gershwin, dem 1925 mit der *Rhapsody in Blue* der Durchbruch gelungen war, komponierte 1928 das Erfolgsstück *Ein Amerikaner in Paris.* Kitty war eine Amerikanerin in Paris. Sie liebte Paris: die Modesalons und Einkaufshäuser, die Brasserien und Cafés, die eleganten Restaurants und Nachtlokale, die Buchhandlungen und Salons, die Clubs und Bars, am Montmartre und in Saint-Germain-des-Prés. Sie sah Josephine Baker auf der Bühne der Folies Bergère im Bananenkleid und mit Kurzhaarschnitt, traf auf den durch den Ersten Weltkrieg desillusionierten Ernest Hemingway und lernte bei Gertrude Stein, die wie Kitty aus Pennsylvania stammte, die Maler und Schriftsteller der Avantgarde kennen, von Pablo Picasso und Henri Matisse bis Georges Braque und Juan Gris und die jungen US-Schriftsteller wie F. Scott Fitzgerald, Sherwood Anderson und Ernest Hemingway. Politisch war Gertrude Stein wie Kitty Rothschild konservativ. Es wurde ihr nachgesagt, sie meine es allzu ernst mit ihrer Unterstützung der faschistischen Regierung in Spanien. Kitty war ihr da mit der Sympathie für den „Ständestaat" nicht unähnlich. Steins bekanntester und in vielen Abwandlungen wiederholter Satz ist zwar „A Rose is a rose is a rose is a rose", ihr wahrhaftigster aber ist: „Amerika ist mein Land, Paris aber meine Heimat." Das klingt wie auf Kitty gemünzt. Kitty traf sich mit den Surrealisten, mit André Breton, der sie zeichnete, mit dem Lyriker Paul Éluard, der sie besang, mit den Malern Salvador Dalí und Joan Miró, die ihr eine Welt hinter der Welt eröffneten, und mit dem Dadaisten Jean Arp und der Bildhauerin Germaine Richier. Das Paris der 1920er Jahre war eine Insel, an der Intellektuelle, Künstler, Philosophen und Literaten strandeten oder die sie bewusst ansteuerten. Man spielte die Musicals *No, No, Nanette, Rose-Mary* und *Show Boat*. Der Börsenkrach von 1929 markierte das Ende dieses Booms: Das La Cigale, das Olympia und auch das Moulin Rouge wurden abgerissen.

Wien war viel konservativer. Immer noch ging es hier mehr um Heurigenunterhaltung als um künstlerische Avantgarde, immer noch mehr um Walzer als um Jazz, immer noch war man mehr kaiserlich als demokratisch, obwohl im „Roten Wien" viel beachtete Gemeindebauten errichtet und richtungsweisende Sozialeinrichtungen geschaffen wurden und man da und dort auch eine neue Kultur probierte.[95] Aber auch in Wien war man unentwegt auf der Suche nach den schönsten Frauen. Wer ist die Schönste im ganzen Land? Wer ist die schönste Frau von Wien? Es gab sie genug. „Man muss die moderne schöne Frau in drei Kategorien einteilen", meinte die *Wiener Sonn- und Montags-Zeitung:* „Da ist der aristokratisch-zeitlose Typ, dann der moderne tänzerische Sporttyp und schließlich die moderne Bühnenschönheit."[96] In der ersten Kategorie wurde an erster Stelle Kitty genannt, dahinter gab es genug „alte" junge Aristokratinnen, etwa die Gräfin Henriette Thun-Hohenstein, die Gattin des eleganten Hutfabrikanten Carl Habig oder die Gräfin Kinsky.

Zur zweiten Kategorie rechnete man die Tänzerin La Jana, die mit bürgerlichem Namen eigentlich Henriette Margarethe Niederauer hieß[97], vielleicht auch die schöne Pfarrerstochter Marietta Johanny (1889–1934), die als Daisy in Hermann Bahrs *Wienerinnen* debütiert hatte und den Sänger Alfred Piccaver heiratete – für einen Mann allein sei sie zu schön, und die Geldbörse eines einzelnen Manns sei für sie zu klein – hieß es. Auch in der dritten Kategorie, der Liste der Filmschönheiten, war die Auswahl unter den Wienerinnen groß: etwa Lili Darvas, die Gattin des Dramatikers Franz Ferenc Molnár, die von

La maison Paul Poiret um 1925: In seinem berühmten Modesalon an den Champs-Élysées präsentieren Mannequins die neuen Kreationen des Meisters. Für die Kundinnen sind die verwendeten Stoffe zur Begutachtung ausgelegt (rechte Seite).

Das war Kittys Paris: das Café Les Deux Magots in St. Germain-des-Prés (unten), Gertrude Stein in ihrem Pariser Studio (links) und die Modeschöpferin Elsa Schiaparelli (mit Hund), das 1929 in ein Kino umgewandelte Olympia am Boulevard des Capucines (rechts unten), Couture von Coco Chanel (rechts) und die Brasserie Lipp am Boulevard Saint-Germain.

SPORT
COUTURE
SPORT
CHANEL
CHANEL

LIPP
BRASSERIE
LIPP

CAFE 10 BILLARDS
OLYMPIA

1925 bis 1938 Mitglied des Theaters in der Josefstadt war, oder die junge Filmdiva Hilde Bird, die Frau des Regisseurs Gustav Ucicky, die den Weltschönheitspreis gewann, und natürlich Hedy Lamarr, eigentlich Hedwig Eva Maria Kiesler, die 1932 durch die Nacktszene in dem Film *Ekstase* schlagartig berühmt geworden war und nach einer gescheiterten Ehe mit dem Patronenfabrikanten Fritz Mandl in den USA unter dem neuen Namen Karriere machte – nach ihrem Ebenbild zeichnete Walt Disney sein Schneewittchen.[98] Dass sich Kitty und Hedy jemals trafen, ist unwahrscheinlich, obwohl ihr Gatte Fritz Mandl mit seiner Patronenfabrik in Hirtenberg ein sehr naher Nachbar zu Kittys Schloss in Enzesfeld war.

KITTY IM DORF

Kitty war gern in Wien. Sie liebte die Schöberlsuppe, das Wiener Schnitzel und die Sachertorte. Doch in das Wiener Gesellschaftsleben einzutauchen oder hier als Schönheitskönigin zu reüssieren, war für sie kein Ziel mehr. Was für sie zur Herzensangelegenheit wurde, war das in seinem Kern mehr als 800 Jahre alte Schloss Enzesfeld, das Eugen von seinem Onkel Nathaniel geerbt hatte. Bekannt war das Anwesen vor allem durch den prachtvollen Park, der mit seinen herrlichen Baumgruppen, gepflegten Rasenflächen und steinernen Barockfiguren an englische Landsitze erinnerte. Der Naturpark, der für die Bevölkerung mit Ausnahme einiger kurzer Herbstwochen immer zugänglich war, ging ohne Abgrenzung in den Schwarzföhrenbestand des südlichen Wienerwalds über.[99]

Enzesfeld war nicht gerade das schönste aller Schlösser. Es war oft umgebaut worden. Aber es besaß eine gewisse barbarische Pracht, mit seinem mächtigen Wehrturm, dem großen Hof und den Fresken und Wandmalereien: Überall Gold, Spiegel, schwere Stoffe, dunkles Holz. Im Obergeschoss befanden sich die Haupträume, der Rittersaal und das große Speisezimmer, dessen Holz-Lamperien und Kassettendecken aus der 2. Hälfte des 16. Jahrhunderts von Schloss Engelstein (Großschönau bei Weitra) nach Enzesfeld übertragen worden waren.

Kitty wusste nicht, wie viele Räume das Schloss hatte. In der Küche war sie nie oder selten. Es gab ja Köche, Butler, Diener, Zimmermädchen, Kutscher und Chauffeure. Die Salons und die Gästezimmer waren mit großem Geschmack und mit Zentralheizung und allem sonstigen modernen Komfort ausgestattet. In den vier Stockwerken zählte man 57 Räume. Zum Schloss gehörten 958 Hektar Ackerland, Weingärten, Wiesen und Wälder. Im 19. Jahrhundert gab es rasch wechselnde Besitzer. Stabilität kehrte erst mit Nathaniel Freiherr v. Rothschild ein, der es im Jahr 1880 von Karoline Gräfin Schönburg-Hartenstein, geborene Prinzessin von Liechtenstein, gekauft hatte und von dem es dann an Albert und nach dessen Tod im Jahre 1911 an Eugen Rothschild übergegangen war. Angeblich mochte Nathaniel das Schloss nicht. Er glaubte, dass es hier geistere. Aber er hatte viel für den Ort Enzesfeld getan. Er sorgte für den Bau einer Ortswasserleitung, stiftete ein neues Schulhaus und beschenkte die Kinder jährlich zu Weihnachten mit Kleidung und Geld. Auch um eine bessere Versorgung der Alten und Kranken kümmerte er sich. Eugen und Kitty folgten dem Beispiel des Onkels und behielten diese Mäzenatenrolle bei.

Die Zeit, in der sie das Schloss Enzesfeld in Besitz hatten, war bestimmt die schwierigste in der Geschichte des Ortes. Der Erste Weltkrieg, als die Region zu den Zentren der Munitionsindustrie der Habsburgermonarchie zählte, war mit einer sprunghaften Zunahme der Beschäftigtenzahlen in den nahe gelegenen Munitions- und Rüstungsfabriken Wöllersdorf, Blumau, Hirtenberg und Enzesfeld verbunden gewesen. Das Kriegsende bedeutete einen fast vollständigen Zusammenbruch dieser Branche. Die Region wurde zur größten Krisen- und Notstandszone der neuen Republik Österreich. Zusammenstöße zwischen roten Schutzbündlern, schwarzen Heimwehrleuten und braunen Nationalsozialisten waren an der Tagesordnung. Die Arbeitslosigkeit war erdrückend. Armut und Reichtum prallten hier im Industrieviertel ganz besonders krass aufeinander.

Da waren die paar Monate, die Kitty und Eugen jedes Jahr in Enzesfeld verbrachten, eine scheinbare Aufhellung. Da wurde es in Enzesfeld lebendig. Gäste aus Wien folgten den Einladungen, beteiligten sich an den Jagden auf Hasen, Fasane und Rebhühner, nutzten den herrlichen

Golfplatz oder spazierten durch die Ausläufer des Wienerwalds oder die Weinberge der Umgebung.[100] Die Journalisten verstiegen sich in überbordend blumige Kommentare: „Baron Eugen Rothschild vereinigt in seinem Schlosse Enzesfeld zahlreiche Gäste zu längeren Sejours und Weekend parties *(sic!)*. Ein Kreis eleganter junger Frauen der Gesellschaft und des diplomatischen Korps belebt die schönen Salons und wandelt wie duftige Blüten durch den Park und die angrenzenden Wälder. Die Abende bringen nach den kopiösen Diners musikalische Genüsse mit Gesang und Tanz – ein Feenreigen schöner Frauen, der durch die hellerleuchteten Appartements rauscht."[101] Eugen und Kitty hatte immer wieder royale Gäste: König Carol von Rumänien, König Georg von Griechenland, Ex-König Alfons von Spanien. Aber man war nobel und diskret.

In scharfem Kontrast dazu standen die Aufmärsche der Arbeiter und der Wehrverbände. Kitty und Eugen sympathisierten mit der Heimwehr. Viel größer und mächtiger war im Industrieviertel naturgemäß der sozialdemokratische Schutzbund: „Der Heimwehr-Aufmarsch – Eine besoffene Horde" lautete einer der nicht gerade freundlichen Kommentare zu einem derartigen Demonstrationszug im Jahr 1930: Es waren im Ganzen etwa 2.400 Mann an dieser Veranstaltung beteiligt. Die Heimwehrler wurden teilweise auf Lastautos aus Wien herbeigeschafft, teilweise marschierten sie weit aus dem Burgenland heran. Von Leobersdorf ging der Marsch über Hirtenberg nach Enzesfeld, wo sie Eugen und Kitty, die zu ihren Großspendern zählten, einen Besuch abstatteten. Man musste feststellen, dass der größte Teil von ihnen, wenn sie in Enzesfeld ankamen, bereits schwer betrunken war. Alles war ein bisschen peinlich: Denn die aus dem Burgenland kommenden zwei Kompagnien Heimatschützler in ihren Arbeitsgewändern, kotigen Stiefeln und blauen Schürzen stießen bei ihren Wiener Kameraden auf wenig Beifall: „Diese Leute konnte man doch unmöglich dem Baron Rothschild vorführen." Schon vor der Parade vor dem Rothschild-Schloss sagten ihnen ihre eigenen Kumpane, dass sie nicht mittun dürfen. Sie wurden in Lastwagen verladen und regelrecht abgeschoben.[102]

Kitty hatte keine Berührungängste. In Paris das Stadtleben, in Enzesfeld die Landluft! In Enzesfeld konnte sie Golf spielen und spazieren, in Paris konnte sie einkaufen und flanieren. Dort verkehrte sie bei Paul Poiret, „Coco" Chanel, Jeanne-Marie Lanvin, Elsa Schiaparelli und Jeanne Paquin, in Enzesfeld beim Pfarrer, beim Gendarmeriekommandanten und beim Bezirkshauptmann. Sie förderte die Feuerwehr, den Kameradschaftsbund und die örtliche Pfarre.[103] Sie bewirtete sie gastfrei und schien nie etwas zu bemerken, wenn die Manieren ihrer Gäste bei Tisch und auch sonst etwas sonderbar wirkten.

Als im Februar 1934 der sozialdemokratische Aufstand gegen die unter Bundeskanzler Engelbert Dollfuß sich formierende Diktatur ausbrach, war Kitty gerade in Enzesfeld. Die Heimwehr und das Bundesheer marschierten auf. Die Arbeiter aus den Industrieorten hatten keine Chance. Gekämpft wurde in Enzesfeld nicht. Das Volk wurde in der Vaterländischen Front zu einigen versucht. Als Dollfuß im folgenden Sommer ermordet wurde, war Kitty gerade in Paris. Österreich war zur Diktatur geworden. Am 1. Mai 1936 gab es die feierliche Weihe der Fahnen der Ortsgruppe Enzesfeld und der Bezirksdienststelle „Enzesfelder Metallwerke" der Vaterländischen Front. Kitty Rothschild und die Generaldirektorsfrau der Metallwerke fungierten als Fahnenpatinnen.[104] Auch zum 25-jährigen Jubiläum der Ortsgruppe des Kameradschaftsvereines übernahm Kitty das Protektorat. Im Schlosspark wurde eine Feldmesse zelebriert. Mit einer Defilierung der angerückten Formationen vor den Ehrengästen schloss die vormittägige Feier.

Wir wissen nicht, wie religiös Kitty wirklich war. Aber in Wahrheit waren das ohnehin politische Veranstaltungen. Der Pfarrer von Enzesfeld wurde von ihr regelmäßig zum Essen eingeladen. In der Diktatur sah sie die einzige Möglichkeit, einerseits der antisemitischen Radikalität der Nationalsozialisten entgegenzuwirken und andererseits eine sozialdemokratisch-kommunistische Revolution zu verhindern. Dass sie von dem Ende September 1933 eingerichteten „Anhaltelager" Wöllersdorf, wo Sozialdemokraten und Kommunisten, aber auch nationalsozialistische Attentäter interniert wurden, nichts wusste, ist angesichts der räumlichen Nähe ausgeschlossen. Mit Stand 1. Mai 1934 waren dort 508 Sozialdemokraten und Kommunisten und 323 Nationalsozialisten interniert. Nach dem nationalsozialistischen

Juliputsch stieg die Häftlingszahl auf zeitweise über 5.000, zum überwiegenden Teil Nationalsozialisten.[105]

Kitty gab sich volksnah. Als die beliebte Gastwirtstochter Luise Tschiderer im Alter von nur 34 Jahren verstarb, beteiligte sie sich mit einer prächtigen Kranzspende und ließ die Fahne am Turm des Schlosses auf Halbmast setzen.[106] Zu den Namenstagen der Baronin am 25. November versammelten sich vor dem Schlosse jeweils die Schuljugend sowie Abordnungen des Kameradschaftsvereines und der Feuerwehr. Am Vorabend des Katharinentags, der ja im Jahreskreislauf traditionsgemäß das Tanzen beendete und die Adventzeit eröffnete, wurde der Frau Baronin jeweils eine Huldigung dargebracht. Die Schulkinder zogen unter der Leitung ihres Oberlehrers mit Fackeln und Lampions zum Schlosspark, sangen dort einige Lieder und überbrachten die herzlichsten Gratulationen zum Namenstag. Auch eine Abordnung der Freiwilligen Feuerwehr Enzesfeld und ein Großteil der Bewohnerschaft schlossen sich dem Zuge an.[107]

Die Namenstagsfeier im November 1937 – es war die letzte, die es für Kitty in Enzesfeld gab – gestaltete sich noch einmal, wie die Regionalzeitung berichtete, zu einer imposanten Kundgebung der Ortsbevölkerung. Man schrieb von „einem prächtigen, von hunderten von leuchtenden Fackeln illuminierten Zug“, in dem man „Abordnungen der Ortsgemeinde, des Kameradschaftsbundes, der Feuerwehr sowie der Schuljungend des Ortes unter Führung ihrer Lehrerschaft sah.“ Die Menschenmenge bewegte sich zum Schloss. „Vor dem Schlosse wurden Frau Baronin v. Rothschild von allen Seiten die herzlichsten Glückwunschkundgebungen zuteil. In gerührten Worten dankte die Schlossherrin für die ihr erwiesene Ehrung.“[108] Doch das konnte nicht darüber hinwegtäuschen, dass sich eine tiefe soziale und politische Kluft durch den Ort, die Region und das Land zog: zwischen dem ungeheuren Reichtum im Schloss und der bitteren Arbeitslosigkeit rundherum, zwischen der äußeren Ruhe der Diktatur und dem inneren Aufruhr in der Bevölkerung, zwischen der in der Vaterländischen Front scheinbar fest zusammengeschlossenen politischen Elite und den sozialistischen Strömungen und den immer stärker werdenden nationalsozialistischen und faschistischen Gruppierungen.

Auch sie hatte eine Affäre mit dem späteren König Edward VIII.: die Mistinguett, hier im Moulin-Rouge-Programm „Paris Qui Tourne" von 1928.

Es ist Sommer in Paris. Die noblen Pelzstolen zu den eleganten Kostümen dürfen dennoch nicht fehlen. Um 1927/28.

Die ungekrönte Königin:
Wallis Simpson schaffte wie die Baronin Rothschild den Sprung an die absolute Spitze des alten Europa.

DIE UNGEKRÖNTE KÖNIGIN

WALLIS SIMPSON, KITTY UND DER KÖNIG

Wallis Simpson war nie Königin. Aber bis zur Herzogin brachte sie es, wenn auch zu einer etwas traurigen und nur in den Klatschspalten entsprechend gefeierten. Wann Kitty erstmals mit Edward VIII. beziehungsweise dem damaligen englischen Thronfolger und dessen verhängnisvoller Freundin und späteren Gattin Wallis Simpson, geborene Warfield, zusammengetroffen ist, lässt sich nicht mehr genau angeben. Doch Kitty und Wallis hatten vieles gemeinsam. Man könnte sagen: Ihre Lebenswege mussten sich geradezu kreuzen. Beide waren sie in Pennsylvania geboren, beide kamen sie aus den alten Zentren der amerikanischen Ostküste, Kitty war in Philadelphia aufgewachsen, Wallis in Baltimore. Beide stammten sie aus der Mittelschicht dieser Städte. Beide waren sie auf ihre Weise überaus schön und darauf bedacht, daraus das Beste zu machen. Beide hatten sie sich in Amerika nach oben gearbeitet und hatten den Sprung an die absolute Spitze des alten Europa geschafft: Kitty in die reichste Familie des Kontinents, in das Haus Rothschild, Wallis in die „aristokratischeste", in das englische Königshaus. Beide waren sie zweimal geschieden und hatten eine bewegte Ehegeschichte hinter sich. Beide teilten sie auch die extreme Leidenschaft für exzessive Juwelen, extravagante Mode und exquisite Pelze. Sie konkurrierten im Ranking der schönsten oder zumindest schönst gekleideten Frauen der damaligen Welt. Wovon sonst hätte ein junges Mädchen aus der Mittelschicht Baltimores oder Philadelphias träumen können als von einem Leben voller Luxus und Ruhm? Es war wie im Märchen. Wallis träumte oft. 1936 hatte sie sogar ihre eigenen Erwartungen übertroffen, als sie knapp vor der Heirat mit dem König des größten Reiches der damaligen Zeit stand.

Bessie Wallis Warfield war in Baltimore bei ihrer verwitweten Mutter und ihrem wohlhabenden Onkel aufgewachsen. Den

Vornamen Bessie hatte sie bald abgelegt, angeblich, weil so viele Kühe im ländlichen Amerika so hießen. Ein unbedingter Aufstiegswille war ihr von Anfang weg eingeimpft worden. Sie kämpfte sich durch. Im November 1916, im Alter von 21 Jahren, heiratete sie Earl Winfield Spencer Jr., einen Marinepiloten bei der US-Navy. Mit ihm kam sie weit herum, nach Hongkong, Shanghai, Tokio, Australien. Obwohl die Ehe nicht gut ging, hielt sie zehn Jahre. Wallis habe in China Praktiken gelernt, sagte man, die jeden Mann in ein willenloses Traumland entführen konnten. Aber schon ab dem Jahr 1923 lebte man getrennt. Er trank, sie hatte Affären. Eine angeblich mit dem späteren nationalsozialistischen deutschen Außenminister Joachim von Ribbentrop, eine andere ziemlich sicher mit dem italienischen Aristokraten, Kriegshelden und glühenden Mussolini-Verehrer Gelasio Caetani, der 1922 zum italienischen Botschafter in den USA aufgerückt war. Er machte Wallis mit der Gedankenwelt des italienischen Faschismus vertraut. In New York lernte sie den britischen Unternehmer Ernest Simpson kennen, dessen Ehe ebenfalls in Brüchen lag. Wallis reichte die Scheidung von ihrem ersten Mann ein, von dem sie sich schon lange absentiert hatte. Im Juli 1928 heiratete sie Simpson in London und übersiedelte nach England. Das Paar freundete sich mit Lady Furness, der damaligen Freundin des englischen Thronfolgers Prinz Edward, an, die sie auch mit Edward selber bekannt machte. Im Jahr 1933 erhielten die Simpsons eine unerwartete Einladung für ein Wochenende in Fort Belvedere, Edwards Lieblingsresidenz. Ernest und Wallis fühlten sich geehrt. Die Einladungen wurden immer häufiger.

SCHIFAHREN IN KITZBÜHEL

Einen ersten gemeinsamen, aber geheim gehaltenen Schiaufenthalt der beiden in Kitzbühel gab es möglicherweise schon im Jahr 1934. Aber das könnte auch eine zeitliche Verwechslung der Wallis-Biografin Kate Auspitz sein.[109] Im Jänner 1935 waren dann Edward, damals noch als Prinz of Wales, und die immer noch verheiratete Wallis Simpson tatsächlich in Kitzbühel. Der Aufenthalt sollte anonym bleiben. Doch viele wussten um die Identität der beiden. Der Kitzbühler Schlossbesitzer Graf Carl Ludwig Lamberg wurde als Schilehrer engagiert. Edward hatte auch Ernest Simpson eingeladen, der aber abwinkte und „keine Zeit hatte".

Auch Kitty und Eugen kamen nach Kitzbühel. Kitty, die fast zehn Jahre älter war als Wallis, wollte allerdings nicht mehr mit dem Schisport beginnen. Während sich Wallis mit ihren Schiern abplagte, spazierte Kitty durch den Schnee, unterhielt sich mit den Einheimischen, wärmte sich in den Schihütten auf und feierte abends im Grandhotel. Zum Shopping war Kitzbühel noch viel zu ländlich und zum Golfspielen lag der Schnee viel zu hoch. Kitty genoss das ländliche Ambiente, während Eugen seinen kunsthistorischen Interessen nachging, Edward die Unterhaltung mit den Einheimischen suchte und Wallis sich langweilte.

Am 7. Februar verabschiedeten sich Eugen und Kitty. Sie brachen nach Enzesfeld auf, wo auch Edward und Wallis anlässlich ihres anschließenden Wienbesuchs vorbeikommen wollten. Edward traf mit Wallis von Kitzbühel kommend im Salonwagen am Wiener Westbahnhof ein, bezog im Hotel Bristol zehn Zimmer, bummelte über die Kärntner Straße, nahm einen Tee im Sacher, soupierte bei den „Drei Husaren", besuchte die Nachtvorstellung in der Femina-Bar und beschloss den Abend in der Kaiserbar. Er besichtigte auch Arbeiterwohnungen, bewunderte die Lippizaner und ging zum Heurigen. Auch ein Treffen mit Bundeskanzler Schuschnigg war eingeplant. Am 11. Februar 1935 kam man schließlich nach Enzesfeld, um mit den Rothschilds zu Abend zu essen.

Im Jahr darauf, am 20. Jänner 1936, starb König George V. Edward bestieg den Thron als Edward VIII. Im August und September 1936 kreuzten Edward und Wallis auf der Dampfyacht *Nahlin* im östlichen Mittelmeer. Die lange Sommerreise, zuerst auf der Yacht, dann im Salonwagen, führte das Paar über Jugoslawien, Griechenland, die Türkei, Bulgarien und Ungarn nach Wien. Die Empfänge bei Bundespräsident Wilhelm Miklas und Bundeskanzler Kurt Schuschnigg beschränkten sich auf Smalltalk. Der Volkswitz erzählte das so:

Edward fragt seinen Sekretär: „Was kann ich mit dem Präsidenten Miklas besprechen?“ Dieser: „Miklas war Mittelschulprofessor in Horn, ist politisch uninteressiert und hat zwölf Kinder.“ Der König sagt auf diese Information hin zum Präsidenten: „Sagen Sie, Sie haben zwölf Kinder. Sagen Sie, wie kommt das?“ Der Präsident: „Mein Gott, königliche Hoheit. In Horn, in Horn, und wenn's regnet …“

Zur Zerstreuung war ein umfangreiches Besuchsprogramm geplant. Nach einem Besuch des Dianabads und einem Diner im Restaurant „Drei Husaren“ und einem Lunch im Hotel Sacher gab es eine Golfrunde am Platz des Country Clubs und einen Jagdausflug nach Trumau. Am Abend ein Ballett und die *Götterdämmerung* in der Staatsoper. Auch eine Konsultation bei dem berühmten Ohrenspezialisten Prof. Dr. Heinrich Neumann war eingetaktet. Am 11. September traf der König bei Eugen und Kitty auf Schloss Enzesfeld ein. Er nahm hier das Dejeuner ein und begab sich von Kitty begleitet im offenen Jagdwagen auf den Golfplatz, wo er über eine Stunde lang spielte.[110] Der König, dessen Reiseprogramm ursprünglich nur zwei oder höchstens drei Tage für den Aufenthalt in Wien vorgesehen hatte, hatte seine Pläne geändert. Wiederholt erklärte er, wie wohl er sich in Wien fühle und wie gern er hier sei. Er blieb ganze sieben Tage![111]

Man freute sich auch in Wien schon auf die Krönungsfeierlichkeiten. Clarice hatte sich bei Jungmann & Neffe bereits Stoffe für ein Kleid angeschafft und sich bei Emilie Flöge die passende Garderobe zusammenstellen lassen.[112] Auch Kitty wollte teilnehmen. Aber soweit kam es gar nicht mehr. Im Oktober wurde klar, dass der neue König beabsichtigte, Wallis Simpson zu heiraten. Während die Gerüchte über die Affäre in den Vereinigten Staaten ungeschminkt ausgebreitet wurden, schwiegen die britischen und auch österreichischen Medien und die breite Öffentlichkeit erfuhr bis Anfang Dezember nichts.

Edward und Wallis waren mit Enzesfeld also bereits wohlvertraut, als plötzlich das Schloss ins Blitzlicht der europäischen und amerikanischen Presse rückte. Eine entscheidende Weichenstellung in der Geschichte des englischen Königshauses, aber auch in den deutschenglischen Beziehungen und in der europäischen Mächtekonstellation war der Grund dafür: Edward VIII., der erst am 20. Januar 1936 seine

Herrschaft als König angetreten hatte, musste nicht einmal ein Jahr später, am 11. Dezember 1936, wegen seiner Beziehung zu Wallis Simpson auf den Thron verzichten. Zum Skandal war die Beziehung erst geworden, als der König ankündigte, die schon einmal geschiedene und noch immer verheiratete und zudem bürgerliche Frau heiraten zu wollen. Die Gegner Edwards und vor allem die Gegner von Wallis formierten sich: voran der Erzbischof von Canterbury, Cosmo Gordon Lang, und die anglikanische Kirche, aber auch Edwards eigene Familie und Teile der konservativen Regierung unter Premierminister Stanley Baldwin. Edwards jüngerer, sprachlich gehemmter Bruder wurde gedrängt, als George VI. an Edwards Stelle zu treten.

Es war eine Geschichte von großer Liebe, High Society und politischer Intrige. Es war aber auch ein Kampf der prodeutschen und antideutschen und der faschistischen und antifaschistischen Kräfte in Großbritannien. Hinter dem Rücktritt des Königs standen handfeste politische und familiäre Interessen, das Ringen um Einfluss innerhalb der königlichen Familie und der Richtungsstreit um eine Annäherung oder Abgrenzung zum hitlerischen Deutschland.[113]

Nach monatelangen Spekulationen und taktischen Manövern unterzeichnete König Edward VIII. am 11. Dezember 1936 die Abdankungsurkunde und bestieg unmittelbar danach ein Kriegsschiff, das ihn nach Frankreich brachte, wo er das Ergebnis des Scheidungsverfahrens seiner Verlobten abwarten wollte. Angesichts der anachronistischen englischen Scheidungsgesetze musste während des laufenden Verfahrens jeder Anschein einer räumlichen Nähe zu der in Südfrankreich urlaubenden Wallis und eines möglichen Ehebruchs, der an sich längst auf der Hand lag, vermieden werden.

GRÜSS GOTT IM TRIESTINGTAL!

„Enzesfeld wird berühmt!“, titelte das *Triestingtaler und Piestingtaler Wochen-Blatt* am 26. Dezember 1936. Der plötzliche Ruhm des kleinen Wein- und Industrieorts war dem gerade zurückgetretenen

König Edward VIII. zu danken, der auf Schloss Enzesfeld vorübergehend Aufnahme gefunden hatte. Die Lokalzeitungen freuten sich, dass der Herzog die Region „zum gegenwärtig interessantesten Stück Land der Welt“ gemacht habe: „In diesem Sinne: „Grüß Gott im Triestingtal!“[114]

Es stellte sich rasch heraus, dass seitens des Königs keinerlei Vorbereitungen und Überlegungen für seinen Aufenthalt getroffen waren. Wohin sollte er gehen? Lou Viei, das zu einer Villa umgebaute Kloster bei Cannes, wo Wallis sich schon 1929 aufgehalten hatte und wo sie jetzt, 1936, wartete, kam nicht in Frage. Ein Hotel in Paris oder Zürich? Ein König, auch wenn er bereits abgedankt ist, kann nicht in ein Hotel gehen. Ein Privathaus war viel geeigneter. Wallis' gute Freundin Elsie de Wolfe hatte ihr Schloss Trianon angeboten, der nicht gerade hervorragend beleumundete französisch-amerikanische Millionär Charles Bedaux hatte Edward sein Château de Candé im Loire-Tal vorgeschlagen. Schlösser gab es genug. Enzesfeld wurde in aller Eile gewählt. Sicher nicht wegen des Golfplatzes, wie manche Biografen schreiben, die offenbar wenig Ahnung vom winterlichen Klima in Österreich hatten. Eher schon wegen des Semmerings und seiner Schipisten. Am wahrscheinlichsten aber wegen Kitty: Ihr Schloss in Enzesfeld erschien für den abgetretenen König als ideales Refugium. Edward konnte Deutsch und kannte das Schloss und seine Besitzerin. Als Churchill erfuhr, dass Edward sich entschlossen hatte, nach Enzesfeld zu gehen und dort die Frist bis zur Scheidung abzuwarten, schrieb er sofort an den Herzog, wie zufrieden er über diese Entscheidung sei, dass er eine solch angenehme Notunterkunft („agreeable temporary shelter“) gefunden habe, weil auch er Kitty gut kenne, seit der Zeit, die er mit ihr vorübergehend bei der Schauspielerin Maxine Elliott als Gast an der Riviera verbracht habe.[115] Die 1932 in der Nähe von Juan-les-Pins erbaute Villa Elliotts mit ihrer markanten Treppe ins Meer, genannt „Le Château de l'Horizon“, war rasch ein beliebter Treffpunkt der Superreichen und Berühmten geworden.

Am Abend des 13. Dezember traf Edward, mit dem Zug aus Frankreich kommend, am Wiener Westbahnhof ein, umgeben und erwartet von starken Polizeikräften, vielen Geheimdienstleuten,

Fotografen. Journalisten und Adabeis. Nun war der König, jetzt nur mehr als Herzog, wieder in Enzesfeld. Mit seinen roten Dächern, gelben Mauern, wunderschönen Gärten und dem prachtvollen Golfplatz war das im 17. Jahrhundert erbaute Schloss eine Zierde Österreichs. Doch die Bilder, die die Wochenschau von Enzesfeld lieferte, zeigten keine blühende Wirtschaftslandschaft, sondern bittere Landarmut. Die Reporter filmten die armseligen Ochsenkarren, die schlammigen Straßen und die Kuhställe des Dorfes. Die ausgesteuerten Arbeitslosen und die ausgemergelten Frauen und Kinder in ihren abgetragenen Kleidern vermittelten der Weltöffentlichkeit in tristen Schwarz-Weiß-Bildern den Eindruck von der drastischen Rückständigkeit und Armut, in die der Ex-König da hineingeraten war.[116]

Der ganze Ort war ein Ameisenhaufen: Neugierige, Reporter, Spione. Von der deutschen Abwehr, und sicher auch von der englischen und amerikanischen, wurden alle Telefongespräche abgehört.[117] Gendarmen mit aufgepflanzten Bajonetten bewachten das Schloss und kontrollierten die Auffahrten. Der ganze Ort wurde von einer Armee von Zeitungsleuten belagert. Fotografen besetzten jeden Ausguck, mieteten sich Dachfenster, kletterten auf Bäume, krochen selbst durch Rauchfänge, überstiegen die Schlossmauer, spähten durch die Fenster, um einen Blick in den Schlosshof zu erhaschen oder vielleicht gar einen Schnappschuss auf den Ex-König zu schaffen. Manche versuchten sogar, sich als Köche oder Lieferanten ins Schloss einzuschleichen, um die trivialsten News zu erfahren. Ein besonders findiger Reporter verkleidete sich als Bauer und wollte ein Stück Vieh in die Gutsverwaltung des Schlosses treiben. Ein anderer machte den leicht durchschaubaren Versuch, sich vom Ortsbriefträger dessen Uniform gegen gute Bezahlung auszuborgen, um als biederer Landbriefträger ins Schloss zu gelangen.

Die ersten Tage waren die schwierigsten. Kitty erschrak, als sie eines Morgens ihre Schlafzimmervorhänge öffnete und einen Reporter entdeckte, der sich an den Efeu unter dem Fenster klammerte. Sie ging zum amerikanischen Botschafter George S. Messersmith, um eine formelle Beschwerde einzureichen. Aber was konnte ein Botschafter bei

Nr. 51 Wien, 17. Dezember 1936 55. Jahrgang

Das interessante Blatt

Redaktion und Administration: Wien, III., Rüdengasse 11 (Telephon U-13-5-30 bis U-13-5-37).

Exkönig Eduard in Oesterreich

Nach seinem Rundfunkabschied vom englischen Volk verließ der vormalige Herrscher des britischen Weltreiches und nunmehrige Herzog von Windsor in aller Stille London, begab sich auf einem Kriegsschiff nach Boulogne, von wo er mit dem Basler Schnellzug im Sonderwagen direkt nach Wien fuhr; er wurde auf dem Westbahnhof von Gesandten Sir Walford Selby und Polizeipräsidenten Dr. Skubl empfangen. – Exkönig Eduard wird für einige Zeit in Schloß Enzesfeld bei Wien Aufenthalt nehmen.

Der neue englische König und seine Familie. – Konflikt in China. – Winterhilfe.

42. Jahrgang / Nr. 23 6. Juni 1937

Wiener Bilder

Illustrierte Wochenschrift

Am 3. Juni fand auf Schloß Candé bei Tours (Frankreich) die Trauung des Herzogs Eduard von Windsor mit Mrs. Wallis Warfield statt. Diese Aufnahme zeigt Mrs. Warfield im Schloßhof. Sie trägt ein stilisiertes Tiroler Kostüm mit dunkelblauem Rock und graublauer Joppe, mit schwarzen Schmetterlingen verziert. Der Cairn-Terrier, den sie im Arme hält, ist ein Geschenk des Herzogs.

Die Society-Sensation des Winters 1936/37: der Aufenthalt von Ex-König Edward in Österreich.
Linke Seite: Edward, nunmehr Herzog von Windsor, wurde am Westbahnhof (linkes Bild) von Polizeipräsident Michael Skubl (rechts neben dem Ex-König) empfangen. Wallis Simpson wartete inzwischen in Cannes und später auf Schloss Candé bei Tours (im Bild oben rechts mit ihrem geliebten Cairn Terrier „Pookie") auf die Scheidung und ihren Bräutigam. Im Bild unten Schloss Enzesfeld mit dem mittelalterlichen Bergfried. Gendarmen mit aufgepflanzten Bajonetten kontrollierten die Auffahrten zum Schloss (rechts); Edward und seine Gastgeberin nutzten am 17. Dezember 1936 die guten Wetterbedingungen zu einem Ausflug auf den Golfplatz der Rothschilds (unten).

Der Herzog von Windsor

Eduard, Herzog von Windsor, hat seine erste Reise, die er als Privatmann antrat, nach Oesterreich unternommen. Am vergangenen Sonntag abends traf er mit dem Arlberg-Expreß in Wien ein und setzte von hier per Auto die Fahrt nach Enzesfeld im Triestingtal nächst Leobersdorf fort, wo das Haus Rothschild, dessen Gast er ist, einen Besitz und ein Schloß hat. Schon die Fahrt durch Oesterreich hatte die ganze internationale Presse auf die Beine gebracht. Der Exkönig reiste in einem eigenen Sonderwagen, in den anderen Waggons aber herrschte ein geradezu babylonisches Sprachengewirr, da dort die Journalisten aus aller Herren Länder ihre Quartiere aufgeschlagen hatten. Es war allerdings vergebliches Bemühen, wenn man den König sehen wollte, denn sein Wagen hatte die Fenster dicht verhängt. Hingegen schloß er in seiner liebenswürdigen Art mit den Pressephotographen ein „Gentleman-agreement", demzufolge er sich ihnen bei seiner Ankunft in Wien zur Aufnahme stellen würde, falls sie ihn während der Reise unbehelligt ließen. Auf dem Bahnhof in Wien wurden auch

Eduard, Herzog von Windsor verläßt in Begleitung des britischen Gesandten Sir Walford Selby nach seiner Ankunft in Wien den Westbahnhof, um sich per Auto nach Enzesfeld zu begeben.

Links: Eine Flugaufnahme von Schloß Enzesfeld, wo Herzog Eduard Aufenthalt genommen hat. Das mit einem Pfeil bezeichnete Fenster gehört zum Wohnzimmer des Exkönigs.

Eingang zur Hauptstiege.

Der Schloßteich mit dem Golfplatz.

Das Arbeitszimmer, das zum Appartement des Herzogs gehört.

Links oben: Das Schloß Enzesfeld, in dem sich der Herzog von Windsor aufhält, ist von Photoreportern, die Aufnahmen für die internationale Presse machen sollen, belagert. Die Zufahrtsstraßen zum Schloß werden durch Gendarmen kontrolliert und gesperrt.

Links unten: Der Zugang zum Zwinger des Schlosses führt durch ein schmiedeeisernes Gittertor.

Rechts oben: Der Eingang zum Schloßpark. Das Tor trägt die Jahreszahl 1718.

Rechts unten: Im Schloßpark steht dieser Brunnen, der aus Wasserspeiern von St. Stephan in Wien zusammengesetzt ist.

Schloss Enzesfeld wurde für den Aufenthalt des Herzogs von Windsor in aller Eile fit gemacht und zusätzliches Personal angestellt, darunter ein Koch aus Paris. Edward bewohnte fünf Gemächer im linken Flügel des Schlosses.

L'illustré du Petit Journal

50 centimes

DIMANCHE 13 JUIN 1937

Le duc et la duchesse de Windsor, après leur mariage à Candé ont été réfugier leur bonheur dans le château de Wasserleonburg, en Autriche.

(Voir l'article page 5)

Nach der Hochzeit am 3. Juni 1937 auf Schloss Candé diente das Kärntner Schloss Wasserleonburg als Rückzugsort für das Paar.

Journalisten und Adabeis schon bewirken? Die Zeitungsleute mussten sich mit jenen Nachrichten begnügen, die ihnen von Leuten, die im Schloss ein- und ausgingen, zugetragen wurden. Trotzdem harrte die Weltpresse in Enzesfeld weiter der Dinge, die die Zukunft bringen werde. Wird auch Mrs. Simpson nach Enzesfeld kommen? Wird es zu einem Krach kommen? Für die Ortsbevölkerung war die Anwesenheit eines Königs, auch wenn es ein abgedankter war, das Ereignis des Jahrhunderts. Der Dorfchor, die Schulkinder und eine Blaskapelle machten ihm ihre Aufwartung. Von den Bauernburschen wurde dem Herzog ein Ständchen mit Passagen aus dem 1933 gedrehten Schubertfilm *Leise flehen meine Lieder* dargebracht, für das sich dieser bei jedem mit zehn Schilling bedankte.[118] Am 31. Dezember konzertierte ein Bläserquartett im Schlosshof. Der Herzog äußerte sich sehr lobend über das gediegene Können der Musiker und erbat sich als Zugabe den *Kaiserjäger-Marsch* und das Lied *Ich muß wieder einmal in Grinzing sein.* Im Anschluss lud er sie zu einem Imbiss ins Schloss.[119] Es bewährte sich, dass Kitty mit der Dorfwelt so familiär war. Edward liebte die einfachen Leute und die Unterhaltung mit ihnen. Bei den kleinen Ausflügen in die Umgebung wurden mit Vorliebe die kleinen Dorfwirtshäuser aufgesucht.

Baron Fugen Rothschild hatte für den Herzog fünf Gemächer im linken Flügel des Schlosses, ein Schlafzimmer, einen Rauchsalon, einen weiteren Salon, eine Bibliothek und ein Badezimmer bereitgestellt. Aus allen diesen Räumen gewährten die Fenster einen prachtvollen Fernblick. Kitty hatte genug zu tun, um das Schloss für einen König fit zu machen, auch wenn er nur mehr ein gewesener König war. Sie heuerte Putzpersonal aus der Umgebung, Dienstpersonal aus Wien und einen Koch aus Paris an. Die Autos wurden aufgetankt, das Silber poliert, die Bediensteten in neue Livreen gesteckt. Edward saß inmitten der vielen Koffer. Sollte er sie gar selber auspacken? „Ich bin nicht sehr gut in solchen Angelegenheiten“, sagte er zu Eugen. „Sie sehen, ich habe das nie selber getan.“ Es gab schnell ein Problem, weil weder Sir Piers Walter Legh, der Stallmeister des Königs, noch der Detektiv oder der Kammerdiener Deutsch sprachen und Kitty ihre Diener nicht danach ausgewählt hatte, Englisch zu verstehen.

15 KALTE WOCHEN IN ENZESFELD

Edward schlief mit 16 Bildern von Wallis ein und klammerte sich an einen kleinen Polster mit ihren Initialen. Er hatte Ohrenschmerzen. Eugen sagte der *New York Times* am 16. Dezember: „Der Herzog ist nicht besonders krank ... Er kann aber unter den gegebenen Umständen auch nicht ganz gesund sein ..." Das Wetter war furchtbar. An Golf war nicht zu denken. Es war ja mitten im Dezember. Als Kitty ihn zu einer Bowling-Runde herausforderte, verlor er. Nichts freute ihn wirklich, nicht einmal die fangfrischen Forellen, die die Einheimischen brachten. Die Geschenkpakete häuften sich: Truthähne, Kuchen, Weine und Pasteten. Eugen war interessiert, als der Herzog andeutete, ein Buch zur Verteidigung der Juden zu schreiben. Edward verbrachte Tage in der Bibliothek des Schlosses, aber seine Fortschritte gingen nicht weit über das Design des geplanten Einbands in blauem Marokkoleder hinaus. Das Buch blieb ungeschrieben. Ob Edward seine Zeit tatsächlich damit verbrachte, alte Filme von den Feierlichkeiten zum diamantenen Thronjubiläum Kaiser Franz Josephs zu betrachten, sei dahingestellt. Solche Filme gab es nämlich gar nicht. Mehr beschäftigten ihn die Mickey-Mouse-Filme, die ihm die Rothschilds in großen Rollen bestellten.

Die Rothschilds organisierten Dinnerpartys. Edward sorgte für zwei Innovationen in Enzesfeld: weiche statt gestärkte Krägen am Abend zum Dinner und Brunch statt Breakfast und Lunch am Vormittag. Er trank den österreichischen Glühwein, wie er an den Punschständen zur Erwärmung angeboten wurde. Zu Weihnachten wurde das Schloss festlich geschmückt, mit Tannenreis und Christbäumen. Pariser Künstler kamen zur Unterhaltung, und als Weihnachtsgeschenk hatte Kitty einige Saphirsteine von Cartier auf dem Frühstücksteller platziert. Edward bedankte sich mit einem signierten Foto.

Der Herzog verbrachte den Heiligen Abend inkognito in Wien, besorgte Einkäufe und suchte das Dianabad auf. Am Abend nahm er am festlichen Dinner auf Schloss Enzesfeld teil, zu dem auch der Ortspfarrer von Enzesfeld, der Bezirkshauptmann von Baden und der lokale Gendarmeriekommandant geladen waren, den der Herzog von seinem früheren Besuch in Österreich anlässlich einer Jagd in Trumau kannte.[120] Bei der üblichen Kinderweihnachtsfeier im Schloss, an der auch der Herzog teilnahm, wurden von Kitty 88 Kinder mit vollständiger Kleidung und Schuhen sowie Zuckerwerkpaketen beschenkt.[121]

Am Christtag war der Herzog wieder in Wien und besuchte die zum Bersten gefüllte kleine anglikanische Kirche auf der Landstraße.[122] Die Zeitungen berichteten, wie enthusiastisch der abgedankte König die Epistel las, in Anbetracht dessen, wie ungern er sonst bei Gottesdiensten dabei gewesen war. Es war das einzige und wohl auch letzte Mal in seinem Leben, dass er Trost in der Bibel fand.[123] Erstmals wurde in den Fürbitten der neue König George genannt. Edward zuckte nicht. Er schien wie von einer Last befreit, ganz abgesehen davon, dass es ihm in Enzesfeld materiell an rein gar nichts fehlte. Es war ja ein Rothschild-Schloss. Und so etwas konnte nicht schlecht sein. Täglich erhielt er hunderte Briefe und Telegramme. Nie habe man einen verliebteren Mann gesehen. Er telefonierte täglich mit Wallis in Cannes, manchmal bis zu zwei Stunden lang.

Wallis hatte sich mit ihren Freunden nach Cannes in die Villa Lou Viei zurückgezogen. Das Weihnachtsfest verbrachte sie in W. Somerset Maughams Villa Mauresque in Cap Ferrat. Während bei Edward in Enzesfeld Erleichterung und Vorfreude überwogen, war Wallis' Befinden in Cannes von Trauer und Bedauern geprägt. In Edwards erstem Brief nach der Abdankung schrieb er: „Es ist alles so schön, Wallis, und so lieb und süß und heilig ... und ich bin zum ersten Mal in meinem Leben wirklich glücklich."[124] Aber am 22. Dezember überwog der Trennungsschmerz: „Mein Schatz, der Gedanke an die nächsten Monate der Trennung ist eine Qual und einfach nicht zu denken. Ich zwinge mich, so zu tun, als wäre ich nur von dir weg, weil ich in diesem Land einen Job habe und du aus geschäftlichen Gründen nicht hierherkommen kannst! Sonst wäre ich schon wahnsinnig geworden ..."[125] Wallis hingegen fühlte sich müde und überfordert. An Kitty schrieb sie: „Ich bin erschöpft von dem Kampf, diese große Tragödie zu verhindern."[126] Obwohl sie die Lage weit weniger romantisch sah als Edward, versuchte sie ihren Verlobten aufzuheitern und zu trösten: „Mein Herz ist voller Liebe für dich und die Qual, dich nach allem, was du durchgemacht hast, nicht sehen zu können, ist erbärmlich. Im Moment haben wir die ganze Welt gegen uns und unsere Liebe ..."[127] Und: „Es hätte niemals so sein sollen wie jetzt."

Es war ein kalter Winter. Der Herzog ging später nicht mehr golfen, sondern Schi fahren, begleitet von einem Adjutanten, einem Wiener Polizeikommissär und zwei Kriminalbeamten. Als Schilehrer wurde der berühmte nordische Skiläufer Walter Delle Karth engagiert, der damals die Schischule des mondänen Südbahnhotels am Semmering leitete. Der Herzog fuhr vom 11. Februar bis zum 8. März fast täglich in einem privaten Buick von Schloss Enzesfeld nach Spital am Semmering, wo er in der Regel um elf Uhr eintraf, um auf der sogenannten Schieferwiese mit Delle Karth seine Fahrkünste zu perfektionieren. Gegen 14 Uhr 30 wechselte er gerne nach Steinhaus und übte dort auf dem sonnigen Gelände bis zum Sonnenuntergang. Auf der Rückreise nach Enzesfeld deponierte er die Schier im Hotel Erzherzog Johann. „Die polizeiliche Überwachung wurde laut Dienstauftrag von drei Gendarmeriebeamten in ziviler Wintersportausrüstung durchgeführt", heißt es im Bericht des Gendarmeriepostenkommandos Expositur Mürzzuschlag, dem der Personenschutz auf der Piste oblag und das darüber ausführliche Berichte verfasste. Die mitgekommenen Wiener Kriminalbeamten konnten mangels Ausrüstung an der Überwachung nicht teilnehmen. Nur einmal habe es ein Fotograf als Bauer verkleidet geschafft, sehr dicht an den Herzog heranzukommen. Aber einer der Gendarmeriebeamten erkannte die Situation und beschlagnahmte die Kamera, beklagte sich eine holländische Zeitung, während die Gendarmen von keinerlei Vorkommnissen berichteten. Die Übungsfahrten fanden auf den Wiesen der Familie Handler vulgo Wagenbauer statt. Gelegentlich benutzte der Herzog nach höflicher Anfrage auch das Plumpsklo der Bauersleute neben dem Schweinestall, das von der Besitzerfamilie noch jahrzehntelang später humorvoll als „Herzogliche Toilette" bezeichnet wurde.[128]

Edward galt als leutselig und den jungen Damen der Region gegenüber sehr kontaktfreudig. Noch 50 Jahre später berichtete Frau Hilda Glaser aus Spital, dass der Herzog sie und ihre Schwester Fini, eine exzellente Schifahrerin, in den Spitaler Gasthof Delitz zu Kaffee und Kuchen eingeladen habe. Vor allem den Apfelstrudel habe der charmante Ex-König und vormals berüchtigte Playboy geliebt. Aber auch das Schifahren ging von Tag zu Tag besser, sodass Edward es sich bald zur Gewohnheit machte, vom Hotel Erzherzog Johann auf der Passhöhe die drei Kilometer lange Abfahrt nach Steinhaus zu nehmen.

Zur Einnahme der von ihm mitgebrachten Jause schaltete er täglich eine halbe Stunde Pause ein, besuchte in Steinhaus das Hotel Post und in Spital das Gasthaus Delitz. Er legte Wert auf besonders einfache Behandlung und verzichtete, wie in Sportkreisen üblich, sogar auf ein Tischtuch. Im Gasthof wollte er Hitlers Rede vor dem Reichstag am 30. Jänner 1937 vier Jahre nach der „Machtergreifung" hören: „Er verlangte vom Wirt die Einschaltung des Radioempfängers und setzte sich zu diesem, um einen Teil der Rede zu hören."[129] Der Herzog interessierte sich auch lebhaft für die Besitzungen des ehemaligen Bundespräsidenten Michael Hainisch, an denen man zufällig vorbeikam und die wegen ihrer fortschrittlichen Bewirtschaftungsweise internationale Beachtung fanden.

Nach außen also eine schöne Zeit: Der Ex-König freute sich am Dudelsack und Pokerspiel, traf sich in Wien mit Freunden und Diplomaten, besuchte Museen, das Schloss Schönbrunn und die Wiener Kaffeehäuser, ging spazieren und fand sogar Zeit, die großen Weinvorräte des Schlosses zu inventarisieren. Doch die Oberfläche täuschte. Der Herzog hatte nur wenig Kleidung bei sich, nicht länger als für eine Woche. Es wurden fünfzehn kalte Wochen, und für Edward wurden sie zu einem Albtraum. Was zunächst wie ein einigermaßen angenehmes Exil für den Ex-König ausgesehen hatte, entpuppte sich als wahrer Schiffsbruch, wie der König später meinte, als „unsagbar deprimierendes Erlebnis". Nichts als Warten, Warten und Warten. Er im winterlichen Enzesfeld, das ihm wie eine kalte Hölle vorkam, seine Geliebte im auch nicht sehr warmen Cannes, das ihr wie das Fegefeuer erschien.[130]

Edward füllte die Wände seines Schlafzimmers mit Dutzenden Fotos, telefonierte ohne Rücksicht auf die Kosten und fluchte über die schlechten Verbindungen. Unzählige konnten offensichtlich mithören, das Personal ebenso wie die Geheimagenten, die englischen und die amerikanischen und auch die deutschen und österreichischen.

Und auch in Cannes war es einsam. Wallis musste erkennen, dass der Schutz des königlichen Namens fehlte und alles viel schwieriger geworden war.

Eugen reiste noch im Jänner ab: Er befinde sich derzeit in München, von wo er nach Paris weiterführt, berichteten die Zeitungen. Kitty werde im Februar ebenfalls ihre Pariser Stadtwohnung beziehen. Sie war entnervt. Jeder Tag, wo der ganze Rummel zu Ende war, war ihr der liebste: „Soweit es mich betrifft, kann ihn jeder jederzeit haben“, schrieb sie nach London. („As far as I am concerned, anyone can have him anytime“).

Aus Enzesfeld erfuhr man, dass das dortige Postamt den Einlauf an Briefen und Warensendungen für den Herzog von Windsor kaum bewältigen konnte. Das Gewicht der einlangenden Briefpost erreichte täglich an die zehn Kilogramm, dazu die vielen Pakete und Warensendungen. Die Telefonkosten summierten sich. Nicht so sehr die stundenlangen Gespräche mit Wallis nach Südfrankreich, sondern vor allem die teuren Überseeverbindungen gingen ins Geld. Das war selbst für einen Rothschild viel Geld. Um seine Post zu erledigen, benötigte der Herzog auch außerordentlich viel Schreibmaterial. „Wie kleinlich! Telefonrechnungen!“ Kitty belästigte den Herzog nicht „mit so etwas ...“

Edward, der ein Reich, fast halb so groß wie die ganze Welt, aufgegeben hatte, konnte sich mit seinem neuen Status nur schwer abfinden. Er war eben nicht mehr König. Die Höflichkeitsbezeugungen seiner Umgebung waren nicht mehr so königlich. Auch sein Budget war nicht mehr königlich. Er erlebte viel Ernüchterung: „Du kannst nicht abdanken und den Kuchen trotzdem essen“, meinte die viel praktischer denkende Wallis. Er lebte auf Kosten der Rothschilds, mit teuren, endlosen Telefonaten nach Cannes, London und ins britische Weltreich. In der plötzlichen Erkenntnis, dass seine Ressourcen als Ex-König nicht mehr unbegrenzt waren, entwickelte er einen geradezu kleinlichen Geiz. Er gab dem Personal keine Trinkgelder. Ein amerikanischer Journalist brachte ihm eine Schachtel teurer Zigarren. Edward sagte: „Keine Verschwendung! Wir werden die Zigarren des Baron Rothschild rauchen. Die kosten nichts.“[131] Er vergaß, dass er jetzt überall hätte zahlen müssen. Kitty meinte nonchalant, dass sie eigentlich einer ärmeren Linie der Rothschilds angehöre.[132] Und dann der schrecklichste Fauxpas: Als Kitty abreiste, kam Edward nicht zur Verabschiedung und vergaß, ihr zu danken. Sie war sehr betroffen. Edwards Sekretär fuhr ihr mit ein paar schriftlichen Zeilen zum Bahnhof nach. Aber Kitty blieb eine noble Gastgeberin und dementierte alle Gerüchte über unbezahlte Rechnungen oder etwaige Verstimmungen während des herzoglichen Aufenthalts.

Der Aufenthalt des Ex-Königs im Schloss des jüdischen Barons brachte die öffentlichen Kreise Österreichs in starke Verlegenheit. Die antisemitischen Zeitungen verschwiegen den Namen des Gastgebers und berichteten bloß vom „Besuch auf Schloß Enzesfeld“. Auch der Adel war eifersüchtig. Rothschild war ein Jude und und keineswegs von altem Adel. Es sei schwierig gewesen, den österreichischen Aristokraten zu erklären, warum der Herzog bei einem Juden zu Gast sei, und noch dazu bei einem Baron, der rangmäßig doch weit unter einem Grafen oder gar Herzog gelegen sei, notierte John Aird, einer der Begleiter des Ex-Königs, in sein Tagebuch.[133]

Dem Erzbischof von Canterbury wurde aller Tratsch über Kitty zugetragen. Mit doppelt rot unterstrichenen Zeitungsausschnitten und mehreren Rufzeichen. Bei einem Juden und dessen Frau, die zweimal geschieden war und angeblich zwei- oder gar dreimal die Religion gewechselt habe, evangelisch, als sie Spotswood heiratete, zur katholischen Kirche übergewechselt, als sie den Grafen Schönborn geheiratet habe, und zum Judentum bei der Hochzeit mit Eugen Rothschild! Das stimmte zwar ganz und gar nicht. Kitty ließ über Zeitungsannoncen verlautbaren, dass sie nie eine andere Religion als die katholische gehabt hätte und auch nie Grund oder Anlass gehabt habe, diese ihre Religion zu ändern.[134] Aber für konservative Kirchenleute war es so und so eine verwerfliche Konstellation.

Je länger Edwards Aufenthalt in Enzesfeld dauerte, desto gespannter wurde die Stimmung. Eugen war bereits abgereist. Und auch Kitty wollte wieder nach Paris. Und Edward wollte endlich Klarheit. Auch bei Wallis Simpson in Cannes kam immer mehr Misstrauen auf. Am 18. Dezember 1936 hatte sie Kitty noch brieflich ersucht, nett zu Edward zu sein: „He is honest and good and really worthy of affection.“

Aber Wallis' Empfindungen wechselten bald, als sie einige recht missverständliche Zeitungsberichte aus Enzesfeld zu lesen bekam: In der Silvesternacht umarmte der Herzog die Baronin, küsste sie herzlich und ging erst dann zum Telefon, um Mrs. Simpson in Cannes anzurufen, wussten die Presseleute. Wallis gewann daraufhin die Überzeugung, dass der Herzog „zu nett zu Kitty" sei. Sie verfiel in tiefe Depression: „You can imagine how much I want to kill Katherine by now ..."[135] Da nützten alle Beteuerungen nichts. Wallis blieb in ihren Briefen weiter dabei, Kitty zu misstrauen. Sie schrieb an Edward: „Ich kann nur zu Gott beten, dass Sie in Ihrer Einsamkeit nicht mit ihr geflirtet haben. Ich vermute das." Und gegenüber anderen deutete sie an, dass sie eine Menge mehr vermute als bloßes Flirten. Und die internationale Presse vermutete das noch umso ungenierter.

Wallis war eifersüchtig. Konnte sie Kitty vertrauen? Ihre Begleiter beruhigten sie: „Kitty ist eine glücklich verheiratete Frau." Wallis erwiderte: „Zum dritten Mal glücklich verheiratet. Wer sagt, dass sie nicht auf der Suche nach Nummer vier ist? Vor allem nach einem König!" Ihre Begleiter darauf: „Wallis! Edward ist nicht mehr König und Kitty muss fünfundfünfzig sein." „Umso gefährlicher", sagte Wallis: „Das Alter der Verzweiflung!" Wenn Kitty sich dazu entscheiden würde, ihn zu verführen, würde er einfach einknicken, glaubte sie.[136]

Nichts konnte falscher sein als das. Wir wissen aus den Briefen eines der ältesten Gefährten des Herzogs, des Majors Fruity Metcalfe, dass Kitty dem Ex-König zunehmend auf die Nerven ging.[137] Edward erwartete nichts sehnlicher, als dass sie abreise. Und auch Kitty ihrerseits war recht rasch der Situation überdrüssig geworden, am wenigsten vielleicht wegen der Kosten. Aber auch das spielte eine Rolle. Aber sie hielt Edward für egoistisch und wünschte, sie hätte nie zugelassen, ihn einzuladen. Als sie am 2. Februar endlich abreiste, hatte Edward das Schloss für sich allein. Doch Enzesfeld im Spätwinter hat wenig zu bieten. Nachdem die Schisaison Mitte März 1937 durch einen frühen Wärmeeinbruch vorzeitig zu Ende gegangen war, übersiedelte Edward aus dem längst langweilig gewordenen Schloss in das idyllisch gelegene Landhaus Appesbach am Wolfgangsee, das heute zu den Besitzungen des verstorbenen Multimillionärs Didi Mateschitz gehört.

Schnell noch ein formeller Abschiedsbesuch bei Bundespräsident Miklas und Bundeskanzler Schuschnigg. Der Volkswitz wusste natürlich, welche Empfehlungen der in Österreich so populär gewordene Ex-König für den steifen und unbeliebten österreichischen Diktator bereit hatte. Schuschnigg fragt den Herzog: „Wie machen Sie es bloß, dass Sie bei der Bevölkerung so beliebt sind?" Der Herzog darauf: „Machen Sie es so wie ich und treten Sie zurück!"

Viel herzlicher war die Verabschiedung bei der Enzesfelder Bevölkerung: Die Vereine des Ortes, die Schuljugend und eine große Zahl der Bewohner zogen mit Fackeln zum Schloss. Der Bürgermeister hielt eine pathetische Ansprache. Sichtlich gerührt nahm Herzog Edward die Adresse entgegen und versicherte, „dass er sich stets gerne an das liebliche Örtchen, das ihm nach ernsten Zeiten so angenehmen Aufenthalt bot, erinnern werde". Nach stürmischen Ovationen zog sich der Herzog in das Schloss zurück, von wo er am nächsten Morgen abreiste.[138] Im Laufe der nächsten Woche wird im hiesigen Schlosse Frau Baronin Kitty v. Rothschild aus Paris eintreffen, meldete das *Triestingtaler u. Piestingtaler Wochen-Blatt* kurz danach am 17. April 1937.

SCHÖNE TAGE AM WOLFGANGSEE

Die „Pension Appesbach" war eine aus einer kleinen Haar- und Brechelstube zu einem herrschaftlichen Haus umgestaltete Villa im englischen Landhausstil. Die für damalige Verhältnisse großzügigst mit Fließwasser, marmornen Bädern, Telefonanschluss und Jugendstil-Kachelöfen ausgestatteten Appartemens konnten „splendid isolation" bieten. Statt Schi zu fahren, konnte nun wirklich Golf gespielt werden. Der Herzog blieb vom 29. März bis 3. Mai. Er war froh, sein „Gefängnis" in Niederösterreich, das in Wahrheit ein goldener Käfig gewesen war, verlassen zu haben. St. Wolfgang war als Ort, obwohl kleiner als Enzesfeld, durch die berühmte Wallfahrtskirche, durch die Lage am schönen See und durch die Nähe zu Bad Ischl zweifellos attraktiver als der niederösterreichische Industrieort, und das Publikum war viel internationaler als im Industrieviertel. Die Gegend vermittelte das Gefühl, sich an einem noblen Schweizer See zu befinden. Edward schrieb von der friedvollen Schönheit des Ortes und der kleinen Wallfahrtskirche, die auch von seiner Begleitung sehr geliebt wurde. Auch auf dem Golfplatz, einem der schönsten weitum, waren der König und seine englischen Freunde häufige Gäste.[139]

Das Appartement 5 des Nobelhotels, die sogenannte Windsor-Suite im ersten Stock, ist bis heute unverändert geblieben: die Möbel, der Kachelofen und das Badezimmer mit einer in den Fußboden eingelassenen römischen Wanne. Wer hier nächtigt, verspricht der Hotelprospekt, schläft im selben Bett wie der Herzog und hängt seine Kleider in denselben weißen Schleiflackkasten. Der Butler wurde im Zimmer 4 untergebracht. Als Bodyguard stellte die Gemeinde St. Wolfgang dem Herzog den Gendarmen Peter Pfarl zur Verfügung, der ihn meist zum Golf- und zum hauseigenen Tennisplatz begleitete. Eine alte Schwarz-Weiß-Fotografie zeigt den Herzog lässig an die Brüstung der Terrasse des Herrenhauses gelehnt.

Dr. Herzog kannte das Landhaus. Er war bereits eineinhalb Jahre davor schon einmal in Appesbach gewesen, auch wenn es im September 1935 unter strengster Geheimhaltung geschehen war und erst lange nachher durch einen Zufall offenbar geworden ist: Damals war er schon in Begleitung von Wallis Simpson dort gewesen, über deren Existenz zu diesem Zeitpunkt öffentlich noch niemand Bescheid wusste. Es war der britische Botschafter Sir Walford Selby, der Edward das Landhaus als diskreten Rückzugsort empfohlen hatte. Der Beweis für die verschwiegene Anwesenheit des Paares sind einige Schmuckstücke, die damals angefertigt und im Jahr 1987 versteigert wurden. Auf einem mit Gold und Edelsteinen verzierten Rubinanhänger befindet sich die eingravierte Datumsangabe mit der Inschrift: „22. September 1935 David – Wallis St. Wolfgang." Das lässt sich entschlüsseln: Auf dem Weg von Wien nach Paris weilte der Prinz vom 20. bis 24. September 1935 mit Wallis Simpson geheim im Landhaus zu Appesbach. Auch eine Goldkette mit einigen Diamanten und einem Saphir-, Aquamarin- und Rubinanhänger in Kreuzform und der Inschrift „David – Wallis St. Wolfgang, Sept. 1935 and god bless WE" von Cartier in Paris befand sich auf der Versteigerungsliste bei Sotheby's (Ausrufungspreis 22.000–30.000 Schweizer Franken).

Edward schrieb am 2. April 1937 von seinem neuen Quartier in St. Wolfgang an Wallis: „Liebste, hier sind einige Fotos von Pookie." Gemeint war ein junger kleiner Hund. „Der Wechsel des Gefängnisquartiers", geht der Text weiter, „ist eine große Erleichterung und es ist sehr friedvoll und einsam hier und ich vermisse Dich so verzweifelt, mehr von Tag zu Tag. Du hattest so eine schreckliche Verkühlung. Es ist so großartig sagen zu können, ‚diesen Monat' werden wir uns wiedersehen, aber es macht mich zornig, wenn ich denke, dass ein ganzes Drittel dieses Jahres damit vergeudet wurde, dass wir nicht zusammen sein durften und konnten." Edward war glücklich: „Ich sprach ein inniges Gebet für WE (Wallis und Edward) in unserer geliebten kleinen Wallfahrtskirche gestern Abend. Ich liebe Dich so sehr, meine einzig Geliebte. Dein David."[140]

Als am 3. Mai 1937 Wallis Simpsons Scheidung endlich rechtskräftig geworden war, fuhr Edward sofort zu ihr. Es heißt, dass Kitty vor ihrer Abreise aus Enzesfeld dem dort zurückbleibenden Herzog den Vorschlag gemacht habe, die Vermählungszeremonie in der Enzesfeldener Schlosskapelle vornehmen zu lassen. Der Herzog soll diesem Plan nicht ablehnend gegenübergestanden sein, doch scheint Frau Simpson die Trauung in einer anglikanischen Kirche angemessener erschienen zu sein.[141]

Inzwischen war der neue König Georg VI. am 12. Mai 1937 in Westminster Abbey durch Cosmo Gorden Lang, den Erzbischof von Canterbury, mit der Edwardskrone gekrönt worden. Wie gerne wäre Wallis in der goldenen Kutsche gesessen, die von den acht Schimmeln gezogen wurde. Sie wollte eine königliche Hochzeit. Aber wie geht das ohne Schloss und ohne Hofstaat? Der französisch-amerikanische Multimillionär Charles Bedaux, der mit Geschäften mit dem Deutschen Reich einen Großteil seines Gelds gemacht hatte und später als Nazi-Kollaborateur im Gefängnis verstarb, hatte ein Schloss, das Château de Candé, das er großzügig zur Verfügung stellen wollte. Aber einen Hofstaat hatte er nicht. Wallis stellte hohe Anforderungen. Es sollte nicht so sein wie in Enzesfeld. Sie verlangte einen „bedeutenden" Koch, zwei Nachtwächter, Männer für die Security von Scotland Yard, einen Konditor, einen Sous-Chef, einen Küchenjungen, einen

Butler, vier Dienstmädchen, zwei Aufwartefrauen, fünf Wäscherinnen, zusätzliche Gärtner, eine Telefonistin und Betreuer für den Golfplatz, dazu Zimmer für ihr Dienstmädchen und ihren Chauffeur, einen Safe für den Schmuck und sichere Räume für das viele Gepäck. Das war völlig unrealistisch. Unsanft wurde man in die Realität befördert.

Es gab zwei Zeremonien – die französische Zivilzeremonie in der Bibliothek, gefolgt von einem „Hochzeitsgottesdienst" im Musikzimmer, wo ein behelfsmäßiger Altar aufgestellt worden war. Anwesend waren nur 16 Gäste, darunter Eugen und Kitty de Rothschild. Das englische Königshaus boykottierte die Feier. Ebenso die anglikanische Kirche. Mit Mühe fand man einen Reverend, der den gesellschaftlichen Anforderungen entsprach und bereit war, die Trauung vorzunehmen. Fünf Reporter waren zugelassen, über das Ereignis zu berichten. Der offizielle Fotograf war Cecil Beaton. Nach Kuchen, Hummer und Brathähnchen, die auf einem Picknicktisch serviert wurden, brach man zur Hochzeitsreise auf, die wieder nach Österreich führte. Frau Simpson wollte sie eigentlich nach England unternehmen, während der Ex-König die Vereinigten Staaten bevorzugt hätte. „Ich habe geradezu den Wunsch", soll er sich geäußert haben, „Amerika einmal als freier Bürger zu erleben." Dann wurde es doch wieder Österreich.

EINE VERHÄNGNISVOLLE REISE

Diesmal beehrte man mit dem Grafen Paul von Münster nicht nur den wirklichen Adel auf dem Kärntner Schloss Wasserleonburg, sondern zum Abschluss der Reise auch Adolf Hitler auf dem Obersalzberg. Vergeblich hatte Kitty vor dieser Reise gewarnt. Seither spekuliert man über das Ausmaß der NS-Kollaboration des Ex-Königs und seiner Gattin. Die Geschichte von den 17 Nelken oder Rosen, die Ribbentrop Wallis geschickt haben soll, eine für jede Nacht, in der sie miteinander geschlafen hätten, ist zwar mit ziemlicher Sicherheit ein Fake der amerikanischen Geheimdienste. Dass Edward aber einem Journalisten sagte, „es wäre eine Tragödie für die Welt, wenn Hitler gestürzt würde", ist schon viel wahrscheinlicher, und eine Reihe weiterer ähnlich unglücklicher Aussprüche und Handlungen des Herzogspaars sind dokumentiert.

Die Medien ereiferten sich über die 266 Koffer, Hutschachteln und sonstigen Gepäcksstücke, mit denen das Paar reiste. Zuerst nach Venedig, wo der Zug mehrere Stunden Aufenthalt hatte und der Herzog und die Herzogin eine Bootsfahrt machten und durch die Gärten des Hotels Excelsior am Lido schlenderten. Ihr Rückzugsort vom 5. Juni bis 7. September 1937 war das Kärntner Schloss Wasserleonburg. Wallis schrieb an ihre Cousine: „Endlich sitze ich mit meinem König auf einem Berg in Österreich – wo es wirklich hübsch und friedlich ist – hier wollen wir Kraft für zukünftige Schlachten sammeln."[142] Vom 21. Juli 1937 gibt es einen handgeschriebenen Brief von Schloss Wasserleonburg an Kitty: „Liebe Kitty, ich dachte, ich sollte dir so schnell wie möglich schreiben und sagen, dass du deine Pläne für deine Herbstwochen in Enzesfeld direkt weiterverfolgen kannst."

Seinen 43. Geburtstag am 23. Juni 1937 – den ersten außerhalb Englands und nach der Abdankung – feierte der Herzog wieder in Wien. Zur Gratulation ins Bristol kamen die Baroninnen Clarice und Kitty Rothschild, das Hotel war von einer großen Menschenmenge umlagert, in der Halle des Bristols konnte man sich in eine Gratulationsliste eintragen. Zur gleichen Zeit war auch der Maharadscha von Bhopal mit einem Gefolge von elf Personen im Hotel und hatte 14 Zimmer belegt.[143] Das Herzogspaar hatte nur zwei zur Verfügung. Am Dienstagabend, dem 22. Juni 1937, war man beim Ehepaar Alfons und Clarice Rothschild in der Theresianumgasse eingeladen. Nach Enzesfeld kamen sie nicht. Kitty warnte noch einmal vor einer Reise nach Deutschland. Eine solche könne weder im Interesse Edwards und Englands noch im Interesse der Rothschilds und Österreichs sein.

Es lässt sich nur spekulieren, wie sehr der Herzog und die Herzogin vor und während des Zweiten Weltkriegs mit Hitler und dem Faschismus sympathisierten. Zweifellos stand Edward für eine explizit deutschfreundliche, ja vielleicht sogar nazifreundliche Politik Englands. Der Herzog tat alles, um diesen Eindruck zu verstärken.[144] Jedenfalls war die britische Besatzungsmacht nach dem Krieg eifrig bemüht, mögliche Spuren nazifreundlicher Aktivitäten des Herzogs, insbesondere die Windsor-Akten des deutschen Außenamts, aus den Archiven sorgfältig, aber letztlich doch vergeblich zu tilgen, wie Andrew Morton in seinem 2015 erschienenen Bestseller *17 Carnations* überzeugend nachweisen konnte.[145]

Die Nationalsozialisten setzten große Hoffnungen auf den Herzog. Albert Speer zitierte Hitler direkt: „Ich bin überzeugt, dass durch ihn dauerhafte freundschaftliche Beziehungen zustande gekommen wären. Wäre er geblieben, wäre alles anders gekommen."[146] Ian Kershaw, der wohl anerkannteste englische Kenner des Nationalsozialismus und herausragende Hitler-Biograf, sieht in der Abdankung Edwards VIII. eine der großen diplomatischen Niederlagen Hitlers.[147] Die Frage ist: Wäre Englands Eintritt in den Weltkrieg bei einem König Edward unterblieben oder wäre, wie Hitler bei Edwards Besuch auf dem Obersalzberg meinte, Wallis Simpson die bessere Königin gewesen? War es die Macht der großen Liebe oder stand dahinter auch die Macht der politischen Interessen und Strategien? Hat diese Liebe der Welt vielleicht sogar den Sieg des Faschismus erspart? Ob das 20. Jahrhundert ohne diese Liebe anders verlaufen wäre, kann die Geschichtsforschung nicht beantworten. Wenn es dabei jemals um die große Liebe gegangen war, so war sie längst von der großen Politik überdeckt worden.

Eine unerschrockene junge Frau mit einem Faible für das große Abenteuer:
Clarice Rothschild, geborene Montefiore-Sebag.
Foto des Ateliers Edith Barakovich, 1920.

DIE ABENTEURERIN

CLARICE ROTHSCHILD

Clarice war eine Montefiore. Auch wenn sie keine Rothschild war, so erfüllte sie doch die Erwartungen der Rothschilds für eine standesgerechte Heirat. Achtmal hatte es in England im 19. Jahrhundert Hochzeiten zwischen den beiden Familien bereits gegeben. Daraus war ein enges Netzwerk entstanden. Die aus Livorno stammenden Montefiore, die in den 1790er Jahren nach England eingewandert waren und mit dem Import italienischer Strohhüte die Grundlage ihres Vermögens geschaffen hatten, waren mit Börsen- und Handelsgeschäften schnell in die höchsten Kreise der englischen Finanzwelt aufgerückt. Das große Vermögen und hohe Ansehen der Familie hatte Moses Montefiore begründet, der 1846 als erster britischer Jude zum Baron erhoben wurde. Als Sir Moses im Alter von 100 Jahren starb, hinterließ er zwar keine legitimen Söhne. Aber wie jeder viktorianische Magnat führte er ein geheimes Leben mit Geliebten und unehelichen Kindern, und im Alter von 81 Jahren zeugte er mit einem 16-jährigen Hausmädchen noch einen Sohn. Die Baronie ging an seinen Großneffen Sir Francis Montefiore, während das Vermögen sein marokkanischer Neffe Joseph Sebag-Montefiore erbte, von dem auch Clarice Montefiore-Sebag abstammte.

Die Montefiore waren liberale Juden. Die Halacha wurde befolgt, zumindest wenn man beobachtet wurde. Über seinen Großvater erzählt der aus der Familie stammende bekannte Historiker Simon Sebag-Montefiore: „Er war ein typischer englischer Landedelmann mit großem Haus, Rennpferden, Fuchsjagden, Butler und dem ganzen Kram. Ich erinnere mich, wie er einmal zu meinem Vater sagte: ‚Wenn die Dienerschaft ihren freien Tag hat, darfst du Schinken essen. Aber nie, wenn das Personal im Haus ist. Du bist schließlich ein Montefiore!'"[148] Der Schein wurde gewahrt. Aber geglaubt wurde er schon lange nicht mehr.

Im 20. Jahrhundert funktionierte die Rothschildsche Hausordnung zwar immer weniger. Die Familien aßen, was sie wollten. Und die Kinder heirateten, wen sie wollten. Aber bei Alfons Rothschild und Clarice Montefiore-Sebag war die Welt noch in Ordnung: „Die beiden berühmtesten und reichsten israelitischen Familien der Welt sollen durch Heirat vereint werden", berichtete der *Washington Herald* am 19. September 1912.[149]

Clarice war erst 18 Jahre alt, als sie am 20. November 1912 den um 16 Jahre älteren Baron Alfons Rothschild heiratete. Sie war aber bereits damals eine füllige Schönheit, ein Rubens-Typ, ganz im Sinne des klassischen Schönheitsideals der traditionellen Oberschichten, meinte etwas uncharmant ihre enge Freundin, die Gräfin Sternberg.[150] Über viele Spalten hinweg berichteten die Zeitungen über die große Hochzeit in der mit weißen Chrysanthemen, Lilien und Orangenblüten übersäten Londoner Zentralsynagoge. Clarice trug keinen Schmuck. Eine jüdische Braut muss ohne Ringe und Ketten unter dem Hochzeitsbaldachin stehen. Dafür türmten sich auf dem Gabentisch die prächtigen Diamant-, Rubin- und Perlenpräsente des Bräutigams und anderer Familienmitglieder umso höher. Es macht müde, die langen Listen der in den Zeitungen ausführlich erwähnten Hochzeitsgeschenke zu überfliegen und die sich stets wiederholenden Beschreibungen der Roben, Hüte, Diademe und Colliers der Gäste Revue passieren zu lassen.

Nach der Verlesung der Ehepakte schloss Baron Rothschild die Zeremonie mit dem schönen jüdischen Segensspruch, bei dem er traditionsgemäß einen gläsernen Becher zerschmetterte: „Eher werden diese Glassplitter alle wieder zusammenwachsen, ehe unser Bund sich löst."[151] Man weiß nicht, ob Clarice ihrerseits den alten jüdischen Brauch befolgte, ihren zukünftigen Gatten sieben Mal zu umrunden, um ihn damit als neuen Mittelpunkt ihres Lebens anzuerkennen. Man könnte aber annehmen, dass sie diese Zeremonie ausgelassen hat. Es gab jedenfalls von Anfang weg keinen Zweifel, wer das Heft in dieser Ehe in der Hand hatte. Alfons war klein von Wuchs, still und bescheiden bis zur Selbstverleugnung, weise und gelehrt wie ein alter Rabbi und ein scharfer und zugleich humorvoll-nachsichtiger Beobachter.[152] Nur wenn er die Brille aufsetzte und einen nach dem anderen ruhig ansah oder besser gesagt durch ihn hindurchsah, dann wusste man, dass es zur Ordnung ging. Alfons hatte drei Lieben: die Philhippie, die

Liebe zu den Pferden, die Philologie, die Liebe zu den antiken Sprachen, und die Philatelie, die Liebe zu den Briefmarken. Er besaß einen der größten Reitställe Österreichs, eine der größten altphilologischen Spezialbibliotheken Wiens und eine der berühmtesten Briefmarkensammlungen der Welt.

Clarice war da ganz anders. „Sie ist, wie ich mich aus Wien gut erinnere, jemand, der unbedingt seinen Willen haben muss", charakterisierte die Gräfin Sternberg ihre alte Freundin.[153] Sie hatte alles, was das Herz begehrt: Aussehen und Reichtum, Paläste, Landsitze, schöne Kunstwerke und fabelhaften Schmuck. „Von der Mehrzahl der Wiener Gesellschaft umworben und von Schmeichlern umgarnt, war es da ein Wunder, dass Clarice", wie die Gräfin Sternberg meinte, „in späteren Jahren recht herrschsüchtig und verwöhnt geworden war?"[154]

Am 10. Juli 1913 veranstaltete Alfons für Clarice zur Einführung in die Wiener Gesellschaft ein Sommerfest im prachtvollen Garten seines Palais in der Theresianumgasse. Die gesamte Wiener Aristokratie war geladen. 250 Gäste waren gekommen. Das Opernballett tanzte zu Mendelssohnschen Liedern. Auf Tischchen wurde das Souper serviert. Eine standesgemäße Unterkunft war ohnehin vorhanden: das von Nathaniel Rothschild errichtete Palais, das Alfons geerbt hatte. Alles vergoldet, überall Spiegel, überall schwere Stoffe, überall dunkles Holz. Ein ausladender und überbordender Prunk, wie ein teures Bordell, pflegte ihr neuer Schwager Louis zu sagen. Sein eigenes Palais in der Prinz-Eugen-Straße war allerdings auch nicht viel anders, nur noch viel größer.

Clarice kam aus England und sorgte dafür, dass die Österreicher das nie vergaßen. Sie war nicht jüdisch aufgezogen worden, sondern nach den Normen der aristokratischen englischen Oberschicht. Doch in Wien akzeptiert zu werden, war für Clarice nicht leicht: als Jüdin, als Engländerin mit einer italienischen Herkunft, als reiche Frau und als Mitglied der Familie Rothschild. Die vielen Vorurteile, die es schon vor dem Krieg gab, hatten sich im Krieg noch einmal massiv verstärkt. Groß, schlank, blond und sehr zurückhaltend, eine passionierte Reiterin, Golferin und Jägerin, mit Faible für den Pferde- und Autorennsport, eine rasante Autofahrerin, eines der ersten Mitglieder des Wiener Countryclubs, in dem das Golfspiel gepflegt wurde – das war eine aufreizende und gleichzeitig anregende Mischung.[155] Dass man sie weniger von künstlerischen Aktivitäten her kannte als von ihrer Teilnahme an sportlichen Konkurrenzen, war nicht weiter auffällig. Das entsprach ihrer Jugend: Auf dem Rücken der Pferde – im Rahmen des Poloplatzes –, am Volant ihres Autos – bei den Rennen –, mit Gewehr – bei den vielen Jagden.[156] Vor allem zum Jagen gab es für Rothschilds genug Gelegenheiten: in den riesigen Revieren, zirka 20.000 Hektar in der niederösterreichischen Langau und 14.000 im mährisch-schlesischen Schillersdorf, Rehe, Hirsche und Gemsen im Gebirge, Rebhühner, Fasane und Wildschweine im Flachland.[157] Ihre Vorliebe für den Sport hatte sie aus ihrer Heimat mitgebracht. Sie gehörte nicht nur zu den passioniertesten Reiterinnen, sondern kümmerte sich auch um den Rennstall ihres Gatten. Jeder, der einmal auf einem Rennplatz gewesen war, kannte die Farben: Blau-Gelb.

Sie war unbekümmert und gegenüber Freunden wenig distanziert. „Wenn wir Clarice auf ihren verschiedenen Landsitzen besuchten oder sie zu uns kam", erzählte die Gräfin Sternberg, „ignorierte sie souverän, dass man vielleicht dann und wann auch allein sein oder eigene Pläne verwirklichen wollte." Die Gräfin Sternberg störte es, dass sie morgens, mittags und auch in der Nacht ungeniert, ohne anzuklopfen in die Schlafzimmer kam, sich auf den Betten ausstreckte und mit Leopold, ihrem Gatten, zu plaudern, zu lachen und Witze zu machen begann, als wenn sie als Ehefrau gar nicht da wäre.[158] Da schwingt auch mit, dass die Gräfin immer wieder vom Verdacht geplagt war, dass hinter dem lockeren Verhalten mehr dahinterstecke als bloße Distanzlosigkeit.

Clarice war für ihre Unerschrockenheit bekannt. Manche hätten das auch Härte genannt. Als Sportslady und passionierte Jägerin wagte sie sich auf große und gefährliche Reisen. Sie durchquerte Amerika und Australien, sie besuchte das gerade neu entdeckte Grab Tutanchamuns und begab sich auf eine fünf Monate dauernde Jagdexpedition nach Afrika, die sie von Ostafrika über Äthiopien bis Khartum führte. Sie erlegte Löwen, Leoparden, Rhinozerosse, Tiger und Elefanten — es machte auf alle Beteiligten Eindruck, wie eine Frau mit solcher Unerschrockenheit an gefährlichen und sehr anstrengenden Expeditionen teilnahm.

Clarice erwies sich auf der Afrika-Expedition 1927/28 als außerordentlich mutige und treffsichere Jägerin: Gleich 157 Wildtiere wurden von ihr erlegt, darunter vier Löwen, ein Nashorn und zwei Leoparden.

Gatte Alfons, im Bild „sinnend" vor dem Zelt sitzend und an der Jagd eher desinteressiert, brachte es auf immerhin 135 Tiere, darunter einige Elefanten und zwei Nashörner.

SOCIETY SMALL-TALK

"To speak no slander; no, nor listen to it!"

Two Wealthy Families.

THERE is sure to be a tremendous gathering of the clans when Miss Clarice Sebag-Montefiore marries the Baron Alphonse de Rothschild early in November.

The bride and bridegroom belong to the two wealthiest and most important of Jewish families, and the Rothschilds and Montefiores have been fellow-workers and friends ever since the days when their respective ancestors arrived on our shores to conquer and win success.

Miss Sebag-Montefiore's father is a nephew of the famous Sir Moses Montefiore, who probably gave away more money in charity than any other known philanthropist.

He was a pious, practising Jew, and the eldest of seventeen children. His parents were Italian, but settled in London long ago.

In England in those days a strong prejudice against all Jews still existed, which at the outset of his career Sir Moses found very hard to overcome.

Hard Work and Straight Dealing.

THE boy was first apprenticed to a provision merchant, then he went into a counting-house in the City, afterwards he became a broker, and by sheer hard work and straight dealing slowly worked his way up the ladder to success and fame.

He didn't keep his money to himself after he had made it, but gave immense sums away, not only to Jews, but to Christians, too. In fact, it didn't matter who or what anybody was, if they wanted relief and appeared to deserve help, that was a sufficient "Open Sesame."

When he retired he and his wife went to live in Ramsgate in a house with beautiful grounds. And when, in 1834, Queen Victoria —then, of course, only Princess—was staying at Broadstairs with her mother, they accepted his courteous offer, and used his grounds during their stay at the seaside town.

Sir Moses and Lady Montefiore had no

AN AUTUMN BRIDE AND BRIDEGROOM.

Miss Clarice Sebag-Montefiore and Baron Alphonse de Rothschild, who are to be married some time during the autumn. The bride is a great-niece of the famous Sir Moses Montefiore, the great philanthropist, while the bridegroom belongs to the Austrian branch of the Rothschild family. [*Val L'Estrange.*

„A tremendous gathering of the clans": Die Verlobung von Alfons Rothschild mit Clarice Sebag-Montefiore wurde in den Zeitungen ausgiebig kommentiert. Bericht in der britischen Frauenzeitschrift „Home Chat", 14. September 1912.

Die Sportslady beim Society-Event: Clarice im Familienschmuck bei der Wiener Opernredoute 1929. Die Frisur stammte vom Friseursalon S. Pessl. Foto von Georg Fayer, Die Bühne, Heft 224, 21. Februar 1929.

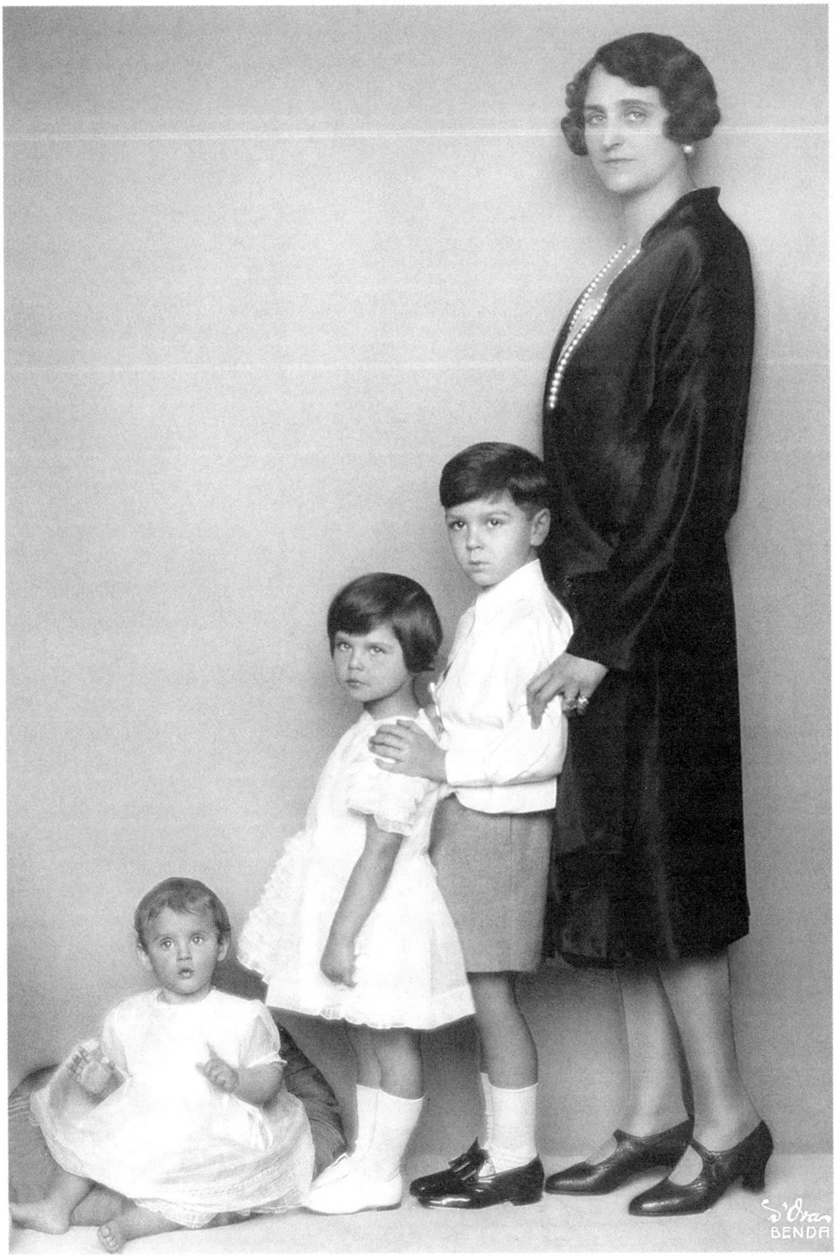

Für ihre drei Kinder Albert, Bettina und Gwendoline (von rechts nach links) blieb Clarice nur wenig Zeit. Foto von Arthur Benda, Studio Madame d'Ora, um 1928.

Ein Meisterwerk der Porträtkunst von Alexius Philip de László. Die Sitzungen zu diesem Gemälde von Clarice fanden 1925 im Palais in der Theresianumgasse statt. Museum of Fine Arts, Boston.

Sport und Action – Clarice ist immer dabei: beim Golfen in Lainz am Platz des Internationalen Country Clubs (oben links), beim Polospiel mit dem Maharadscha von Kapurthala 1927 im Poloklub und als Beobachterin beim Tennis (rechts Mitte), bei der Jagd in der Langau mit Schwager Louis und am Steuer des von Hans Ledwinka konstruierten Tatra-Nesselsdorfer Kleinautos, das ihr in einer Luxusausführung zur Verfügung gestellt wurde (rechts unten).

Wien, 24. August 1912. 15. Jahrgang, Nr. 35. Erscheint jeden Samstag.

SPORT & SALON

ILLUSTRIRTE ZEITSCHRIFT FÜR DIE VORNEHME WELT.

Abonnement ganzjährig
Gewöhnliche Ausgabe
28 Kronen = 30 Mark
Luxus-Ausgabe
40 Kronen = 40 Mark
Pracht-Ausgabe
100 Kronen = 100 Mark

Miß Clarice Sebag-Montefiore, die Braut des Freiherrn Alfons v. Rothschild.

Ganz Wien war neugierig auf die 18-jährige Engländerin: Das Gesellschaftsblatt „Sport & Salon" berichtete schon im August 1912 über die bevorstehende Hochzeit im Hause Rothschild.

Der ganze Stolz seiner Eltern: Albert Anselm, genannt „Buster", der Sohn von Clarice und Alfons Rothschild, im Alter von fünf Jahren. Porträt von John Quincy Adams, 1927. Albert starb knapp 16-jährig im Herbst 1938 an Kehlkopfkrebs. In seinem Testament von 1936 hatte ihn Vater Alfons als Universalerben eingesetzt.

DIE ENGLÄNDERIN IN WIEN

Clarice blieb auch in Wien Engländerin. Obwohl sie Deutsch fließend beherrschte, sprach sie nur dann nicht Englisch, wenn es nicht anders ging. Das hatte zweifellos seine Vorteile. Damit umschiffte oder vermied man die im Deutschen wichtigen, subtilen und oft recht gefährlichen Unterschiede zwischen dem Sie und dem Du. Alle Adeligen sprachen sich untereinander mit Du an. Alle Nichtadeligen, wie angesehen oder berühmt sie auch waren, wurden durch das „Sie" diskriminiert. Aber auch innerhalb des Adels gab es feine Unterschiede der Anrede. Gegen Ältere war das Du bisweilen unangemessen, und Mitglieder des Kaiserhauses mussten ohnehin mit Sie angesprochen werden. Es bedurfte großer und intimer gesellschaftlicher Erfahrung, um Blamagen zu vermeiden. Gegen Untergebene hingegen wurde oft das „er" verwendet. Mit Englisch konnte es ihr nicht wie der amerikanischen Starjournalistin Dorothy Thompson ergehen, die zwar ein fließendes, aber grammatikalisch sehr fehlerhaftes Deutsch sprach und den Reichskanzler Joseph Wirth mit Du und seinen Hund mit Sie anredete. Sprich Englisch, es hilft, Fauxpas zu vermeiden! Clarice befolgte den Rat.

Nicht nur beim Derby und bei allen großen Rennen repräsentierte die Baronin mit gesellschaftlichem Pflichtbewusstsein, sie wusste auch ein Haus zu führen und war das treibende Element einer Geselligkeit, die sich um die neuen und exklusiven Sportklubs herum entwickelte. Am nächsten stand ihr Graf Ulrich Kinsky, der als ein treibender Motor „im etwas schläfrig zuckenden eleganten Wiener Leben" beschrieben wurde, ein passionierter Polospieler, und wie behauptet wurde, auch ein passionierter Liebhaber, dem auch Clarice nicht widerstanden habe. Eng befreundet war sie mit der blonden Baronin Aline Ringhoffer, mit den beiden Damen Habig, mit der Gräfin Sternberg und zunächst, bis diese sich anschickte, in die Familie Rothschild einzudringen, auch mit Kitty Schönborn.

Mag sein, dass Clarice, die von Kindheit an Indien oder Australien so gut als Heimatland empfand wie Großbritannien, sich auf den weiten Reisen und an den Plätzen der internationalen großen Welt wohler fühlte als in ihrer Loge in der Freudenau.[159] Wann immer sich eine Gelegenheit eröffnete, ging sie auf Reisen, die sie möglichst weit wegführten. Dass die Hochzeitsreise im Spätherbst 1912 nicht nach Österreich, sondern nach Südfrankreich ging, mag man verstehen. Im Winter 1914 folgte dann eine ausführliche Ägyptenreise. Hätte es ein besseres Ziel geben können? Osmanischer Orient, pharaonische Hochkultur und britisches Kolonialreich in einem. Durch die britische Herrschaft war Ägypten ein komfortables Reiseland geworden, mit geregeltem Postverkehr, englischem Lebensgefühl und westlichen Hotels. Spektakuläre archäologische Funde – die Büste der Nofretete in Amarna im Jahr 1912 und die Zugänglichmachung zahlreicher Pharaonengräber – hatten die Ägyptenbegeisterung nicht nur bei Clarice und Alfons geweckt. Ägypten boomte. Rainer Maria Rilke, der kurz vorher dort war, behauptete, vor lauter Touristen den Anblick von Sphinx und Cheopspyramide kaum mehr genießen zu können. „Es ist schwer an jener Stelle allein zu sein“, schrieb er. „Sie ist völlig zum Gemeinplatz geworden, die nebensächlichsten Fremden werden in Massen hingeschleppt.“[160] Nun ja, Clarice und Alfons waren keine nebensächlichen Fremden. Alfons war ein belesener Experte der alten Kulturen, und Clarice war unternehmungs- und abenteuerlustig. Für Juden kam bei einer Ägyptenreise noch ein anderes Ziel dazu: Palästina, das Land ihrer Väter.

Man reiste auf Nildampfern, per Bahn und auf Kamel- oder Eselsrücken. Clarice tauchte ein in das bunte Gewühl aus Arabern, Türken, Persern, Beduinen und Fellahs, von Kolonialbeamten und reichen Hotelgästen. Es gab die eleganten Geschäfte, die bunten Märkte, die mondänen Hotels, die eilfertigen Diener, die geschäftigen Führer und die aufdringlichen Händler. Und vor allem: Welch ein Klima! Im Jänner wie bei uns im Mai. Clarice trug Tropenhelme, weiße Schals und grün oder blau getönte Sonnenbrillen. Alexandria mit seinem zentralen Platz, auf dem man statt pittoresker Fellachen nur europäische Kleidung und elegante Läden wie auf einem Pariser Boulevard fand, war ihr viel zu langweilig. Sie suchte das Abenteuer. Ob sie die Cheopspyramide selbst bestiegen oder von bereitwilligen, nach Bakschisch jagenden Helfern hinaufgezogen wurde, weiß man nicht, noch weniger, ob sie vielleicht sogar ihren Namen eingekratzt hat. Sicher saß sie im berühmten Speisesaal des alten

Katarakt-Hotels in Assuan und genoss den spektakulären Ausblick von der Nilterrasse. Hier konnte man wie zu Hause Bridge, Kricket, Golf, Tennis und Polo spielen und die Esel- und Kamelrennen der Einheimischen mit bequemem Abstand miterleben.

Am 22. Jänner 1914 hatten Alfons und Clarice die sechswöchige Reise angetreten. Im März waren sie wieder in Wien. Alles schien seinen gewohnten Gang zu nehmen, nicht nur für Clarice und Alfons, und nicht nur für die Rothschilds, sondern für die ganze Welt. Man pendelte zwischen Paris und Wien, zwischen den Bädern und den Jagdschlössern, von einem Event zum nächsten. Im April wurde Clarice im Privatsanatorium Löw in der Mariannengasse am Blinddarm operiert. Am 8. Juni, dem traditionellen Derby-Tag, traf man sich im Prater. Die Veranstaltung glänzte mit ungewohnt reichem und illustrem Besuch: Erzherzog Franz Ferdinand mit seiner nicht standesgemäßen Gattin, zahlreiche weitere Erzherzoge, Fürsten, Grafen, die Barone Alfons, Eugen und Louis Rothschild, Hofräte, Bankiers, Adabeis. Ausführlich wie immer wurden die Kleider der Damen beschrieben: Baronin Clarice Rothschild in brauner Libertytoilette mit Gazetaille auf weißem Fond, dazu ein dunkelbraunes Seidencape und ein schwarzer Hut mit Paradiesreiher und Baronin Valentine Springer-Rothschild mit einem Chinchillamantel und rotem Hut mit schwarzen Federn.[161] Nach dem Derby reiste Clarice nach Franzensbad in das Hotel Königsvilla und ihr Gatte Alfons begab sich nach Karlsbad ins Hotel Savoy, wo ihm Juwelen im Wert von 10.000 Kronen gestohlen wurden. Louis Rothschild begab sich für einige Tage in sein Jagdhaus Unterleiten bei Groß-Hollenstein und Eugen auf sein Schloss nach Enzesfeld zu den Kottingbrunner Rennen. Alles wie gewohnt!

Wie aus heiterem Himmel und doch lange vorausgeahnt kam am 28. Juli 1914 die Kriegserklärung Österreich-Ungarns an Serbien, nachdem der Thronfolger Franz Ferdinand am 28. Juni bei einem Attentat serbischer Terroristen ums Leben gekommen war. Binnen weniger Tage war aus einer begrenzt gedachten Strafexpedition ein Weltkrieg geworden. Alfons und Eugen hatten sich am 1. August sofort zum Dienst gemeldet und waren an den nördlichen Kriegsschauplatz eingerückt, beide als Oberleutnante im nobelsten Regiment der

Monarchie, den 6er-Dragonern. Alfons war im Generalstab, wo ihm wirklich gefährliche Einsätze erspart blieben. Er diente bis zum bitteren Ende, was ihm am 4. November 1918, da war der Waffenstillstand schon unterzeichnet, noch mit der kaiserlich ottomanischen Kriegsmedaille gedankt wurde.[162] Eugen hingegen führte eine Kompagnie und wurde sofort verwundet, mit einem Schuss ins Bein.[163] Er hatte es trotz der Verletzung und der bleibenden leichten Invalidität dennoch besser erwischt als sein englischer Verwandter Geoffrey Sebag-Montefiore, der Bruder seiner Schwägerin Clarice. Dieser war am 9. September 1914 an die französische Front abgereist: „Er freut sich colossal und ist in dem besten Zustand. Er ist sicher, dass alles mit ihm gut gehen wird", erfuhr Clarice aus einem Brief des Vaters.[164] Doch schon am 18. Oktober 1914 kam die Nachricht von Geoffrey: „Ich bin schwer verwundet, aber doch nicht gefährlich, von zwei Kugeln im linken Unterarm. Es wird zweifellos ein wenig Erleichterung für Dich sein, dass ich für mindestens sechs, wahrscheinlich sogar neun Monate nicht im Feld sein werde, und da kann der Krieg längst vorbei sein." Am 3. Dezember 1914 folgte ein weiterer Brief. Der Krieg war längst noch nicht vorbei: „Es wird eine lange Zeit dauern, bis ich wieder in Ordnung bin, und dann ist sehr wenig oder keine Wahrscheinlichkeit mehr, dass ich wieder in den Krieg gehe. Ich habe eine Menge Freunde verloren." Er rügte Clarice, die ihm stolz von einer an Alfons verliehenen Auszeichnung berichtet hatte: „Bitte gratuliere Alfons für mich, aber sage ihm: Jeder, der sagt, er mag diesen Krieg, ist ein Lügner oder Narr!!!"[165] Welch drastische Ernüchterung! Geoffreys Arm konnte zwar gerettet werden, aber der Ellbogen war kaputt und blieb steif. „Du erzählst von den Grausamkeiten der Russen", schrieb er Clarice: „Sie sind Wilde, aber die Deutschen, von denen man annimmt, dass sie hochzivilisiert seien, sind genauso schlecht. Ich habe fürchterliche Sachen gesehen. Sie haben keinen Respekt vor der Weißen Fahne oder dem Roten Kreuz."[166]

Auch im Hinterland sah man bald die schrecklichen Folgen: Schon im Dezember 1914 hatte Clarice der Fürstin Metternich-Sandor 10.000 Kronen zur Beschaffung künstlicher Gliedmaßen in der Poliklinik zur Verfügung gestellt.[167] Aber was war das mehr als ein Tropfen auf den heißen Stein, wenn sich mit dem Fortschreiten des Krieges die Zahl der Verwundeten und Kriegsversehrten rasch in den Millionenbereich erhöhte und man bald an jeder Straßenecke die Bein- und Armamputierten, die Kriegsblinden, die grässlich entstellten Körper und Gesichter der Verwundeten und die nervlich völlig erledigten Kriegszitterer sah? Clarice beteiligte sich an zahlreichen Wohlfahrtsaktivitäten, was in den Zeitungen jeweils penibel vermerkt wurde.[168] Die große Stiftung am Rosenhügel, die Nathaniel Rothschild für Nervenkranke hatte errichten lassen und deren Präsident dessen Neffe Alfons war, wurde zu einem Rekonvaleszentenheim umgewidmet.[169]

Aber man wollte allem Elend zum Trotz nicht auf die Normalität verzichten. „Das zweite Kriegsderby", schrieb die *Neue Freie Presse* am 13. Juni 1916, „war wieder ein großer Event für den Jockeyclub, die Rennstallbesitzer, das Publikum und die Mehrheit der Wettenden." Alle konnten zufrieden sein. Das Wetter war glänzend, und was es noch an Automobilen und Pferdewagen in Wien gab, war unterwegs, die Straßenbahnen waren überfüllt, die Salonwagen ausgebucht: „Es dürfte kaum ein Besucher weniger zu verzeichnen gewesen sein, aber das Derby aus Friedenszeiten war es doch nicht", meinte man. Nicht nur die Kleidung war einfacher, es fehlten auch zahlreiche vertraute Gesichter. „Baron Alfons Rothschild", liest man, „welcher zur Zeit Kriegsdienste leistet, war nicht auf der Rennbahn." Aber sein Pferd war da. Clarice konnte kaum alle Hände schütteln, die sich ihr zum Sieg seines Pferdes entgegenstreckten. Karl Kraus konnte sich einen sarkastischen Kommentar nicht verkneifen. Dem glücklichen Derbysieger Alfons wurden die Glückwünsche telefonisch ins Feld übermittelt. Den Derbypreis von 100.000 Kronen widmete Clarice der Kriegsfürsorge, je 25.000 Kronen dem Roten Kreuz, dem Conrad von Hötzendorf-Fonds, dem Kriegsblindenfonds des Ministeriums des Innern und dem Komitee der Heimstätten für Kriegswaisen.[170]

Clarice blieb den ganzen Krieg über in Wien, als so loyale Österreicherin, wie sie es als geborene Engländerin eben sein konnte. Sie arbeitete für das Rote Kreuz, gab generöse Spenden und bemühte sich um Verwundete. Doch wirklich zur Geltung kam ihre Rolle erst, als der

Krieg zu Ende und die Monarchie gestürzt war, als die österreichische Kronenwährung zusammenbrach und das englische Pfund stabil blieb. Jetzt konnte sie wirklich helfen. Österreich war plötzlich so klein geworden! Wird es überhaupt lebensfähig sein? Es war ein Kampf ums Überleben. Die Rothschilds bemühten sich um ausländische Hilfe. Clarice setzte ihre englischen Verbindungen ein, um Lieferungen von Kindernahrungsmitteln, chirurgischen Instrumenten und Medikamenten für die Wiener Spitäler und Fürsorgeanstalten zu organisieren. Im Palais richtete sie eine Nähstube ein, von der Wäsche und Kleider an Wiener Kinder unentgeltlich zur Verteilung gelangten.[171]

AUF REISEN UND ABENTEUERN

Nur langsam schien wieder Normalität einzukehren. 1921 gab es wieder einen Faschingsball bei Alfons und Clarice in der Theresianumgasse, und im Juni ein Gartenfest. Man ging auf Kur nach Baden-Baden und Karlsbad, zur Jagd in die Langau und nach Schillersdorf und zu Verwandtenbesuchen in Frankfurt und London. 1923 stand wieder Ägypten im Mittelpunkt der Weltöffentlichkeit. Im Dezember 1922 waren in den Zeitungen die ersten Berichte über den spektakulären Fund eines ungeplünderten Grabs eines ägyptischen Pharaos durch den Archäologen Howard Carter erschienen.[172] Königliche Häuser und andere hohe Würdenträger drängten auf Exklusivführungen. Wer es tatsächlich geschafft hatte, einen Fuß in das Grab Tutanchamuns hineinzusetzen, prahlte voll Stolz: Sultana Malak, die Witwe von Sultan Hussein Kamel, als erste ägyptische Frau, König Fuad und seine Mutter, ein paar reiche Amerikaner. Die *Times* ergatterte Exklusivrechte für die Sargkammer.[173] Auch Clarice wollte dabei sein. Sie wollte unter den Ersten sein. War nicht Tutanchamun ein goldener Rothschild? So viel Gold wie der tote Pharao mitten in der Wüste konnte nicht einmal ein Rothschild aufhäufen. Den Februar 1923 verbrachte Clarice in Ägypten. Sie wollte die Schätze sehen. Viel davon hat sie wohl nicht gesehen. Denn sie waren erst zu einem kleinen Teil freigelegt und zugänglich.

Immer wieder zog es Alfons und Clarice nach Ägypten: 1925 wollten sie nach einem kurzen Kuraufenthalt in Ägypten an der Universitätseröffnung in Jerusalem mit den drei Fakultäten Mikrobiologie, Chemie und Jüdische Studien teilnehmen.[174] Orientalische" Sprachen, Jüdische Literatur und Archäologie sollten zu den ersten Fachgebieten gehören, auf denen an der neuen Universität geforscht wurde. Das war Alfons' Metier und Kompetenz. Der Aufenthalt war nur kurz. Am 1. April waren die Eröffnungsfeierlichkeiten. Zu Ostern waren sie wieder in Wien.

Im Jänner 1926 brach Clarice allein zu einer Reise nach Australien auf, um ihren dort weilenden Bruder zu treffen. Australien war für die Montefiore ein familiäres Terrain. Sie waren an der Gründungsgeschichte des Kontinents maßgeblich beteiligt gewesen. In Südaustralien, wo sie in allen Belangen des Wirtschaftslebens aktiv waren, verdienten sie nicht nur in der Landwirtschaft, sondern auch im Wollgeschäft. Mehrere Mitglieder waren auch dort und in Neuseeland begraben.

Australien war damals wirklich eine Weltreise, dauerte doch allein die Schiffspassage von einem der italienischen oder französischen Mittelmeerhäfen bis zu einem der australischen Zielpunkte ungefähr sechs Wochen, auch wenn es an Bord des Luxusdampfers bei Decktennis, Shuffleboard, Schiffsgolf, Kricket, Baccara und Roulette nicht an Unterhaltung mangelte. Die Begegnungen mit den Mitreisenden und mit deren auffälligen Gewohnheiten und Verhaltensweisen interessierten Clarice: Die Damen unterhielten sich mit Champagner und Tee, mit Bridge und Smalltalk und mit wechselnden Amouren. Clarice flirtete mit den unentwegt Whisky trinkenden Männern, mit den Offizieren in bunten Uniformen und mit den Stewards, die sie mit weißen Glacéhandschuhen bedienten. Ob sie auch die ausgemergelten und barfüßigen indischen „deck hands" bemerkte, die die Schiffsböden schrubbten und den Abfall besorgten?

Es war eine Reise durch drei Kontinente: Vom Start in Marseille zuerst nach Port Said. Die nächste Haltestelle: Port Sudan. Dann das endlose Meer und die stürmische Überfahrt entlang der südaustralischen Küste. Die Ankunft in Fremantle, dem Hafen von Perth, übersah sie beinahe. Den Nationalfeiertag am 26. Januar mit der Festtagsstimmung in Sydney und der Regatta im Hafen versäumte sie. Die Zeitungen berichteten im Unterschied zu Clarice' vorhergehenden und nachfolgenden Orient- und Afrikareisen über diese Reise fast nichts. Anders als bei der Löwen- und Elefantenjagd in Afrika war das Interesse an den australischen Kängurus in Wien noch recht gering. Es gab für Clarice dort auch kaum Jagderlebnisse. Aber sie teilte die Begeisterung der Australier für den Pferderennsport, dessen Tradition dem englischen Epsom Derby nicht nachstand. Sie teilte auch die Leidenschaft für das Kricket, das im Zuge der Kolonisierung auch in Australien eingeführt worden war und wie im englischen Mutterland den Status eines Nationalsports genoss. Erst im Lauf des Monats Mai war Clarice wieder in Wien eingetroffen, wo sie sofort der Mittelpunkt zahlreicher vornehmer festlicher Veranstaltungen, besonders im Polo-Klub und im Palais Rothschild sein werde, berichteten die Zeitungen. Die Derbysaison, sowohl das Derby selbst wie die rundum arrangierten Festlichkeiten wollte sie sich nicht entgehen lassen.[175]

Im nächsten Jahr entschlossen sich Alfons und Clarice Rothschild zu einer fünfmonatigen Jagdexpedition nach Kenia und in den Sudan.[176] Begleitet wurden sie von Miss Joanne Montefiore, der Schwester von Clarice, und Graf Franz A. Nostitz, die Führung der Expedition übernahmen die erfahrenen Großwildjäger und Afrikakenner Captain George Wood und Graf Franz „Ferry" Khevenhüller. Man reiste mit Bahn, Schiff und Auto. Flüge wie der Afrikaflug, den Louis ein Jahr später im Winter 1929/30 unternahm, waren damals noch extrem ungemütlich. Sie waren kalt und laut. Pelzgefütterte Stiefel und Watte in den Ohren waren ratsam. Eine Schiffsreise hingegen versprach allen Komfort, natürlich nur in der ersten Klasse.

Es war eine lange und aufwändige Reise, von Dezember 1927 bis Mai 1928: Mit dem Zug nach Marseille, per Schiff weiter nach Port Said und durch den Suez-Kanal und das Rote Meer bis Mombasa, dann weiter per Bahn nach Nairobi und durch das Rift Valley bis zum Viktoriasee, von dort mit acht Automobilen in die Serengeti und in den Südsudan und zurück auf einem Nildampfer bis Khartum und weiter per Eisenbahn nach Alexandria und auf gewohnten Routen nach Wien. Vier prall gefüllte Fotoalben, die 2008 im Auktionshaus Holts versteigert wurden und sich wohl bis 1938 im Besitz der Rothschilds befunden haben dürften, dokumentieren die 6.500-Meilen-Reise.[177] Vier ähnliche Alben mit ähnlichen Fotoabzügen und mit humorvollen, bisweilen recht sarkastischen Bildunterschriften, wohl aus dem Besitz des Grafen Nostitz, sind erst jüngst im Wiener Dorotheum versteigert worden. Zwei besonders charakteristische Fotos zeigen einerseits Clarice als stolze, geradezu triumphierende Leopardenjägerin und andererseits ihren Gatten Alfons als müden Philosophen vor einer Strohhütte sitzend. Bildunterschriften: „Alfons sinnend" und „Clarice mit ihrem Leopard".[178]

Die Zugfahrt von Mombasa über Nairobi nach Kisumu, dem ehemaligen Port Florence, vom Indischen Ozean durch das Rift Valley zum Viktoriasee, 930 km lang, mitten durch das Massailand, hinauf bis auf 2.300 Meter Höhe, gehört noch immer zu den klassischen Bahnreisen: mit dem Stil und der Eleganz der Kolonialzeit, mit Stoffservietten auf den Tischen des Speisewagens, mit Kellnern in weißen Handschuhen und mit Zebras und Antilopen, Elefanten und Giraffen, die an den Fenstern vorbeiziehen. Von Abenteuern konnte vorerst nicht die Rede sein. Alles war bestens organisiert. Man wohnte in den besten Hotels, speiste in den besten Restaurants, nahm die besten Verkehrsmittel. Man fotografierte die Weiten der Savannen, die Flusspferde unter den Mimosenbäumen, die Elefanten ganz aus der Nähe, die Massai und Kikuyu in ihren Folkloreshows, die koloniale Oberschicht im Smalltalk bei Whisky und Gin, die dienstbaren Boys mit ihren Traglasten und die stolzen Jägerinnen und Jäger mit ihren erbeuteten Trophäen. Die Abende unter den schattigen Feigen- und Ebenholzbäumen waren angenehm klar und kühl, die Nächte bisweilen sogar kalt. Nach allen Seiten war die Aussicht weit und unendlich. Alles in dieser Natur strebt nach Freiheit, Größe und hohem Adel. Das kennt man aus *Jenseits von Afrika.* Man besuchte die Farm der Baronin Blixen, am Fuße der Ngong-Berge, wo ein halbes Jahr später auch der englische Kronprinz und spätere König Edward VIII. zu Gast war. Ob Clarice etwa auch den berühmten Trinkspruch „Rosenlippenmädchen – leichtfüßige Jungs!" ausbrachte, als sie als berühmte Großwildjägerin und europäische Millionärin in den elitären Männerklub eingeladen wurde?

An nichts wurde gespart, um das Abenteuer in potenziell ungastlichen Regionen so angenehm wie möglich zu machen. Nichts war halb. Jeder denkbare Luxus war vorhanden: Porzellan und Kristall, Parfum und Lippenstift, Whisky und Cognac, Film- und Fotoausrüstung, Wein und Champagner, Korkenzieher und Dosenöffner, Dinnerjacket und Handschuhe, Zigarren und Zigaretten, Tischwäsche und Hygieneartikel: Eine hochpreisige Zivilisation prallte auf die Wildnis Afrikas. Auch ein Grammophon war dabei. Ob Alfons wie Denys Finch Hatton in der Savanne ebenfalls Mozart auflegte? Man reiste mit einem speziell adaptierten Mercedes 400S, war am Abend im Zelt auch mitten in der Wildnis dinnermäßig gekleidet und trank ausgesuchte Weine, die für die Reise mit eigens entworfenen Etiketten beklebt worden waren. Der Aufwand für die Transporte muss immens gewesen sein: die Autos, die Nahrungsmittel, das Benzin, die Ausrüstung, die Zelte, Kochgeräte, Medikamente, die Chauffeure, Köche, Träger, Butler und alle sonstigen, stets dienstbereiten Geister. Der berühmte Filmgraf Sascha Kolowrat-Krakowsky hatte seinen besten Kameramann mitgeschickt und man hatte die besten Großwildjäger und Afrikakenner als Begleitung.

Im Südsudan, wo Graf Franz „Ferry" Khevenhüller, der am Roten Meer nach Haien gefischt hatte, zu der Gruppe gestoßen war, wechselte die Reise vom Himmel zur Hölle. Das Klima lebensfeindlich: 42 Grad im Schatten. Und der Nildampfer, bei Gott kein Luxusliner! Von Gondokoro nahe dem heutigen Juba, wo die Berglandschaft in die riesige Ebene übergeht, fuhr man den träge in die Sümpfe des Sudd sich verästelnden Weißen Nil 1.800 Kilometer flussabwärts, über Malakal und Kusti bis Khartum. Alles war heiß, von oben die gnadenlose Sonne Afrikas, von unten die Kessel der Maschinen des Raddampfers. Mit den Automobilen, die auf dem Schiff mitgeführt wurden, wurden weite Ausflüge in das Innere des Landes unternommen, was namentlich an die beiden Damen in Bezug auf Ausdauer, Couragiertheit und Geistesgegenwart ziemlich hohe Anforderungen stellte.[179]

Südlich des 12. Breitengrads ist der Nil nur schwer zu befahren. Im endlosen Schilfgewirr des Sudd, wo es nur Wasser, Papyrus und Himmel gibt, können sich auch erfahrene Navigatoren verirren und hoffnungslos verheddern. Man litt unter Hitze, Feuchtigkeit, Mücken und gefährlich schnappenden Krokodilen. Gut zwei Wochen keuchte der Flussdampfer von der Äquatorialprovinz bis Khartum durch nichts anderes als durch eine undurchdringliche Papyruswildnis – und das nicht nur, weil der Kapitän alle zehn Minuten einmal rückwärts drehen musste, um die zähen Wasserhyazinthen und Schilfgräser loszuwerden, die sich um das Schaufelrad des Dampfers geschlungen hatten. Der Nil, der im Sudd mehr als die Hälfte seines Wassers durch Verdunstung verliert, durchfloss hier ein nahezu unberührtes Tierparadies, mitten unter Krokodilen, Nilpferden, Geiern, Kranichen, Elefanten, Büffeln, Löwen, Leoparden, Giraffen, aber auch Stechmücken, Heuschrecken und Fröschen, immer begleitet vom vielfältigen Konzert der Tiere und dann und wann vom fernen Klang der Trommeln der Einheimischen.

Nach den 50 Grad Hitze im Sumpf kommt man in eine traumschöne Parklandschaft, bevor die gelbe Endlosigkeit der Wüste beginnt. Man jagte die „Big Five“: Elefant, Nashorn, Löwe, Leopard und Büffel. Natürlich waren auch Flusspferde, Kudus, Impalas, Thompson-Gazellen, Elenantilopen und Gnus begehrte Trophäen, oder der schnelle Gepard. Alfons schoss 135 Tiere, Clarice 157, alle Expeditionsteilnehmer zusammen 514 Stück: Alfons zwei Elefanten, Clarice einen, Alfons zwei Rhinozerosse und Clarice eines. Bei den Nilpferden war hingegen Clarice mit drei deutlich erfolgreicher als Alfons, der nur eines erlegte. Bei den Löwen kamen Alfons und Clarice auf je vier, und Clarice erlegte auch zwei Leoparden.[180] Alfons Rothschild freute sich, auch ein riesiges Krokodil und einen sehr schönen Sitatunga, einen überaus seltenen Sumpfbock, zu seinen Trophäen zu zählen. Am Schluss der Expedition wurden von Alfons und Clarice noch einmal fünf Elefanten erlegt. Bei einer Tagespirsch gelang es Clarice, zusätzlich noch eines jungen Leoparden habhaft zu werden, der sich in einen hohlen Baum geflüchtet hatte und, wie von der Zeitung berichtet wird, von der Jägerin „auf recht drollige Weise lebend eingefangen“ werden konnte.[181] Außer den Elefanten, Leoparden, Rhinozerossen, Büffeln und Steinböcken wurden – als begehrteste aller Jagdtrophäen – im Verlaufe der Expedition auch 18 Löwen erlegt. Zuletzt sah man noch einmal eine Herde von zirka 500 Elefanten. Da das Schießen jedoch an eigene Jagdkarten gebunden war, wurden immer nur die besten Stücke ausgesucht. Die Jagdgäste mussten sich bei den Behörden im Sudan durch Ehrenwort verpflichten, nur eine bestimmte Anzahl von Elefanten abzuschießen.[182]

Sie jagten nicht mehr nach Sklaven und Elfenbein, sondern nach Trophäen und Altertümern. Clarice kaufte den Holzschmuck, den einer der eingeborenen Begleiter im Ohr stecken hatte, aber auch Schnitzereien und andere einheimische Erzeugnisse. Sie war nicht nur eine schöne, sondern auch eine außerordentlich mutige Frau. Im Expeditionsbericht wird erzählt: „Die Wiener Gesellschaft befand sich sehr oft in Lebensgefahr, insbesondere bei den Elefantenjagden, da es mitunter erst in der letzten Sekunde gelang, verwundete Dickhäuter zur Strecke zu bringen. Mit leidenschaftlichem Interesse und mit bewundernswerter Kühnheit betätigte sich insbesondere Baronin Rothschild, die zum ersten Male an einer afrikanischen Großwildjagd teilnahm. So schoss sie gleich wie ihr Gatte zwei Elefanten, Graf Khevenhüller gelang es, ein herrliches Löwenexemplar zur Strecke zu bringen. Auch Baronin Rothschild hatte das Glück, einen Wüstenkönig aufs Korn zu nehmen. Ein seltsamer Zufall fügte es, dass sie den Löwen an der gleichen Stelle schoss, an der 1927 Graf László Hunyady bei der Löwenjagd ums Leben gekommen war."[183]

Die Jagdbeute war außerordentlich groß. Es wurde außer auf Elefanten und Löwen auch auf Büffel, seltene Antilopen und Gazellen gejagt. Baron Alfons Rothschild konnte auch ein Riesenexemplar eines 1,15 Meter breiten und 4,40 Meter langen Nilkrokodils erbeuten, das später ins Wiener Naturhistorische Museum kam und 2021 mit weit aufgerissenem Maul und einer drohenden Doppelreihe scharfer Zähne den schwer verständlichen oder sogar missverständlichen Blickfang der Rothschild-Ausstellung im Wiener Jüdischen Museum bildete: Die Rothschilds als Krokodile oder Haie?[184] Insgesamt wurden nicht weniger als 53 Stück Großwild erlegt. Graf Khevenhüller gelang es, einen Elefanten, der durch einen Schuss des Grafen Nostitz schwer verwundet niederfiel, im selben Momente mit der Kamera festzuhalten. Graf Khevenhüller brachte einen lebenden Leoparden für die Menagerie Schönbrunn mit. Auch das von Clarice eingefangene Jungtier kam sicher in Wien an. Mit reichen Trophäenschätzen, einigen dicken

Fotoalben und mehreren Rollen Filmaufnahmen, die leider verschollen sind, kam man zurück. „Die Kosten der Expedition beliefen sich auf annähernd 10.000 englische Pfund. Sie soll im nächsten Jahr wiederholt werden", schloss die *Wiener Sonntags- und Montags-Zeitung* ihren Bericht.[185]

Clarice machte das dann doch nicht. Aber vielleicht hätte sie gerne die abenteuerliche Flugreise mitgemacht, die ihr Schwager Louis im nächsten Jahr in dieselbe Gegend unternahm. Stattdessen unternahmen Clarice und Alfons 1933 noch einmal eine Orientreise, in die sie wiederum auch Jerusalem einbezogen und der Universität einen Besuch abstatteten.[186] Viel hatte sich dort gegenüber dem ersten Aufenthalt im Jahr 1925 geändert. Das Hotel war keine elende Bruchbude mehr. Viel war elektrifiziert, kanalisiert, entwässert und bepflanzt worden. Jerusalem war westlicher geworden. Die Universität war erfolgreich gestartet. Immer mehr Zuwanderer kamen. Man hoffte auf eine friedliche Entwicklung, zu der Rothschild einen wesentlichen Beitrag liefern wollte.

Clarice war immer auf Reisen. Sie pendelte nicht nur zwischen London und Wien, der Langau, Schillersdorf und den mondänsten Kurorten Europas, sondern bereiste den Orient, Zentralafrika und Australien. Sie ertrug die Hitze des Südsudans, genoss die Höhenlage Kenias und nahm die Weiten einer Südseereise auf sich, immer auf der Suche, wo es noch schöner oder exklusiver ist, wo man noch Abenteuer finden oder Neues entdecken kann. Warum nicht auch zum ewigen Eis, wo es noch Kühle, Stille und letzte Abenteuer gibt? Wo reist man hin, wenn man schon überall in der Welt war? In den Weltraum, würde man heute sagen. Damals auf den Nord- oder Südpol. Clarice war natürlich nie am Nordpol. Aber das renommierte Nobelblatt *Die Bühne* erfand für Clarice und Kitty einen Ort, an den sie noch hätten reisen können: ein Palast-Hotel am Nordpol, wo jeder erdenkliche Komfort zur Verfügung stehe, aber doch noch neue Abenteuer geboten würden. Die Jagd auf Eisbären, Polarfüchse, Seehunde und Narwals sei vortrefflich organisiert, stand da in einem aufwändig mit Fotos und Zeichnungen illustrierten mehrseitigen Bericht zu lesen. Eislaufplätze und Schigelände stünden in weiter Ausdehnung zur Verfügung. Schlittenfahrten mit Hunden und Motor- und Segelschlittenrennen seien sehr beliebte Sportzweige. Im Spielkasino: Bakkarat und Roulette. Als Gäste namentlich erwähnt werden Kitty und Clarice Rothschild, dazu noch Marietta Sturzea-Piccaver, geborene Marietta Johanny, die verschwenderisch-schöne Pfarrerstochter und teure Gattin des Wiener Opernlieblings Alfred Piccaver, und einige weitere schöne Frauen, denen man derartige Abenteuer zutrauen wollte.[187] Eisgekühlte Geister, eisgekühlte Körper, eisgekühlte Weine, eisgekühlte Erotik?? Es war eine Satire auf die neue globale Reiseindustrie, die sich für mondäne Frauen aufgetan hatte. Aber weil man sich auch in der Zeitung nicht so ganz sicher war, ob alle Leser den Scherz durchschauen würden, fühlte sich die Autorin der Story, Grete Müller, am Ende des Beitrags in einer kleinen Notiz doch verpflichtet, darauf hinzuweisen, dass alles nur ein Fake sei. Denn wer wusste damals schon Genaueres vom Nordpol? „Diese Ansichtskarten, Prospekte und Berichte vom Nordpol sind natürlich nur Witz – Bluff – Traum – Utopie. Wer aber kann behaupten, dass sie nicht einmal, in irgendwelcher Form, Wahrheit werden können?"[188] Dass die Polkappen bedroht sein oder das „ewige Eis" vielleicht einmal wegschmelzen könnte, dafür konnte es damals noch nicht einmal das verrückteste Gedankenexperiment geben.

KINDER UND KEGEL

Wann blieb angesichts dieser nahezu ununterbrochenen Reisetätigkeit überhaupt Zeit für Kinder, möchte man fragen. 1925 saß Clarice dem Maler Philip Alexius László Modell. Das Bild wurde ein Meisterwerk der Porträtkunst: „Es wird Sie interessieren zu hören, dass ich erst gestern die letzte Sitzung der Baronin Alphonse Rothschild aus der Theresianumgasse hatte. Ich habe ihr Porträt gemalt, das Du in der Frühjahrsausstellung des Künstlerhauses sehen wirst – und er war auch dabei. Sie ist, wie Sie wissen, eine geborene Montefiore und eine sehr intelligente und sympathische Dame – er ist weniger interessant …", schrieb der Maler an den Journalisten und Schriftsteller Sigmund Münz.[189] Ihm war klar, dass sie es war, die in dieser Ehe das Heft in der Hand hatte.

Alfons war tatsächlich, je älter er wurde, immer schwermütiger geworden. Sein Zimmer: eine Anhäufung von Familienporträts, von

Stößen von Zeitungen und Briefen, von Pfeifen und Rauchutensilien, von Glücksbringern und Souvenirs und von Fotos, Todesanzeigen und Glückwunschtelegrammen. Er warf nichts weg. Wo sind die Notizbücher hingekommen, die er stets bei sich führte? Wo sind seine Briefe und seine persönlichsten Dinge? Es ist nicht viel geblieben, obwohl so viel davon vorhanden war. Ein großer Liebhaber war Alfons sicher nicht. Lieber sortierte er seine seltenen Briefmarken oder blätterte in Büchern antiker Autoren. Die Liebe zu den Pferden gehörte ohnehin zum Statussymbol dieser Schicht. Aber Alfons war nicht nur ein großer Philatelist und Philologe, sondern auch ein großer Philanthrop und Humanist.

Erst zehn Jahre nach der Hochzeit, am 28. November 1922, kam das erste Kind: Albert Salomon Nimrod. Zwei weitere folgten bis 1927 noch nach: Bettina Jemima am 30. Oktober 1924 und Gwendoline Charlotte am 19. Jänner 1927. Über ihre Väter ist hinter vorgehaltener Hand viel geredet und getuschelt worden. Nach Meinung manch Wissender seien es drei verschiedene Väter, und keiner davon Alfons, weil alle drei Kinder nicht nur so wenig Ähnlichkeit mit ihrem gesetzlichen Vater, sondern auch so wenig Ähnlichkeit untereinander hatten.

Clarice hatte viele Freunde und Verehrer. Es wurden ihr mehrere Liebschaften nachgesagt, vor allem mit Fürst Ulrich Ferdinand Kinsky, der mit Louis Rothschild im gleichen Poloteam spielte und die Begeisterung für Pferde, aber auch für Automobile und die Jägerei mit ihr teilte. Ulrich Kinsky war eine glamouröse, aber umstrittene Persönlichkeit: ein großer Polostar, bewunderter Flugpionier und wagemutiger Automobilrennfahrer, der sich allerdings im Gegensatz zu vielen seiner adeligen Verwandten und Freunde auf die Seite der Nazis geschlagen hatte. Er begrüßte das Münchner Abkommen und freute sich, dass sein Hof in der Nähe von Česká Kamenice Teil des nationalsozialistischen Deutschlands wurde. Mitzuerleben brauchte er das schreckliche Ende nicht mehr. Er starb in Wien vor Beginn des Zweiten Weltkrieges.[190]

Auch Leopold Graf Sternberg zählte zu Clarice' Verehrern, der aber gegenüber seiner Gattin, die oft genug Grund hatte, auf Clarice eifersüchtig zu sein, stets bestritt, dass es mehr als Freundschaft gewesen sei. Leopold Sternberg war im Unterschied zu Kinsky ein dezidierter

Antifaschist, aber auch ein Antikommunist, der nach der Machtergreifung der Kommunisten im Jahr 1948 ins Exil getrieben wurde und alle seine Güter verlor. In Amerika trafen sie wieder zusammen: Clarice und ihr einstiger Verehrer. Und seine Gattin war immer noch ein bisschen eifersüchtig.

Ob hinter der von Adrienne Gessner angedeuteten Beziehung zwischen Clarice und Johannes Hollnsteiner, dem „Priester in Almas Salon", wirklich mehr als eine freundschaftliche Bewunderung und mehr als eine gemeinsame abendliche Heimfahrt im Automobil steckte, weiß man nicht. Am 12. Juni 1937 hatte Alma Mahler-Werfel zu einem Gartenfest in ihre Villa auf der Hohen Warte geladen. Ein lauer Juniabend, Heurigenmusik, gepflegte Getränke. Eine Schrammelkapelle brachte melancholische Wienerlieder. Und doch lag so etwas wie Endzeitstimmung in der Luft. „Wir dachten alle nicht an Gefahr, an Krieg, an Hitler ... Später erschien es uns wie Sodom und Gomorrha ..."[191] Man blieb lang. Das Fest dauerte von acht Uhr abends bis zwei Uhr nachmittags am nächsten Tag. Am Ende fiel Franz Werfel betrunken in den Gartenteich und Carl Zuckmayer übernachtete in der Hundehütte. „Sex war das Hauptgesprächsthema, und meistens wurden lärmend die sexuellen Gewohnheiten von Freunden und Feinden analysiert, wobei Werfel eine ernste und intellektuelle Note einzubringen versuchte, indem er sich feierlich über die Weltrevolution verbreitete."[192] Bei der Heimfahrt bemerkte Adrienne Gessner, „dass Clarice und der Theologe Hollnsteiner Hand in Hand mit ihrem Auto nach Hause fuhren ..."[193] Hollnsteiner, dem „Beichtvater" Schuschniggs und einem der „Chefideologen" des „Ständestaats", wird jedenfalls beträchtliche Anziehungskraft auf Frauen zugeschrieben. Er, der vielen Frauen als „Inbegriff eines Priesters" erschienen war, war zweifellos einer der Hauptvertreter des politischen Katholizismus der 1930er Jahre und hatte mit seiner Unterscheidung zwischen dem „kranken" und dem „gesunden" Antisemitismus eine besonders hinterhältige Form der Judenfeindschaft kreiert.[194] Eine Beziehung zwischen der jüdisch-aristokratischen Engländerin und dem katholisch-antisemitischen Geistlichen wirkt jedenfalls noch aufreizender als zwischen dem Priester und der *femme fatale* Alma Mahler, die zur fanatischen Katholikin und Antisemitin geworden war. Es war der Ausdruck einer neuen sozialen Freiheit der Frauen: Sie gehen in die Stadt, rauchen, tanzen, treiben Sport, fahren Auto, unternehmen Ausflüge, stellen außereheliche Beziehungen bewusst zur Schau, leben offen Liebschaften aus, machen vielleicht sogar ihre Bisexualität oder Homosexualität für alle öffentlich und das über viele Schranken hinweg.

Ihre Kinder liebte Clarice wirklich, auch wenn der Anschein anderes vortäuschen mochte und sie sie kaum viel gesehen haben konnte. Die vielen Reisen, die öffentlichen Verpflichtungen und die aufwändigen Vergnügungen ließen jedenfalls wenig Zeit für familiäre Zuwendungen. Ihre besondere Liebe galt dem einzigen Sohn. Sie ließ ihn von John Quincy Adams gleich zweimal porträtieren: Der fünfjährige Baron Albert stehend, mit kurzer brauner Hose, Langstrümpfen, weißem Hemd und blauer Krawatte, die rechte Hand in der Hosentasche und in der linken Hand ein weißes Spielzeugtier mit schwarzen Ohren.[195] Dazu existiert auch ein Kopfstudie: Mit großen Augen blickt der Fünfjährige in die Welt. Mit ihren Kindern ließ sie sich immer wieder fotografieren. Meisterhafte Kinderfotos!

Einen berührenden und zugleich beklemmenden Kommentar ihrer Jagderfolge und Safarigeschichten, aber auch der familiären Sozialisation bildet ein Bündel Briefe der beiden Kinder Albert, genannt Buster, damals sechs Jahre alt, und Betty, vier Jahre, geschrieben in kindlich naivem Englisch und in ungelenken Großbuchstaben mit hingekritzelten Zeichnungen und bunten Aufklebern: „Have you shot a lot of things? ... Do you love the lions and leopards? ... I am so glad you have shot so many animals. ... Do you like the little niggers and the naughty lions? ... Are you having a nice time with the lions? ... Are you having a nice time sleeping in a tent, listening to the lions roaring and have you ridden on a camel yet? ... I am so glad you have shot a hippo ...?“[196] Von Gwendoline, dem jüngsten der drei Kinder, die im Jänner gerade erst ein Jahr alt geworden war, hörten Vater und Mutter während der Afrikareise fünf Monate lang nichts.

Der „Stammhalter“ Albert Anselm Baron Rothschild, der mit einem Kosenamen liebevoll auch ‚Buster‘ genannt wurde, war der ganze Stolz von Clarice. Mit zehn Jahren wurde er auf das deutsche Gymnasium in Oderberg (Bohumín) an der Grenze zu Polen geschickt.

Er erhielt seine Vorbereitungen in der Privatschule Ujhelyi und legte die Prüfungen hierüber an der öffentlichen Schule mit ausgezeichnetem Erfolg ab.[197] Warum man ein Internat brauchte und warum man sich gerade für dieses in dem kleinen, aber als Bahnknotenpunkt wichtigen Ort mit weniger als 2.000 Einwohnern entschlossen hatte, ist nicht ganz verständlich. Vielleicht war es die Nähe zu Schillersdorf. Später wechselte man auf eine Schweizer Schule. Zum Zeitpunkt, als der damals Fünfjährige von Adams porträtiert wurde, konnte niemand sein tragisches Schicksal vorausahnen: An Kehlkopfkrebs erkrankt, starb Albert nicht einmal 16-jährig im Herbst 1938 in der Schweiz, wo er im Internat war. Zu diesem Zeitpunkt war seine Familie bereits im Exil, sein Onkel Louis in Gestapo-Haft und der ganze Besitz von den Nationalsozialisten geraubt.

ALFONS' TESTAMENT

Alfons hatte am 2. April 1936 ein Testament verfasst. Als Universalerben hatte er seinen einzigen Sohn Albert Anselm eingesetzt. Die beiden Töchter Bettina und Gwendoline wurden mit dem Pflichtteil bedacht, die Gattin mit dem lebenslangen Fruchtgenussrecht von zwei Kuxen in Witkowitz bzw. bei der damals geplanten Umwandlung in eine AG mit dem entsprechenden Aktienanteil. Sollte der Ertrag der zwei Kuxen weniger als 75.000 Schweizer Franken bzw. 5.000 Pfund oder 25.000 Dollar betragen, so sollte der Erbe den Fehlbetrag vergüten. Die Verwaltung der Kuxen sollte allerdings ausschließlich dem damals noch unmündigen Sohn Albert als Erben zustehen, nicht der Gattin. Diese erhielt neben den Wertpapieren noch Häuser bzw. Wohnrechte in Wien und Schillersdorf.

Als Vormund der Kinder hatte Alfons seine Gattin Clarice und seinen Bruder Eugen vorgesehen, als Kollisionskurator Dr. Walter Konirsch und als Testamentsvollstrecker Dr. Rudolf Franz Singer. Später hatte Alfons in einem Nachtrag auch für Bettina und Gwendoline noch je ein Haus gewidmet und wurde auch die Nutzung von Schillersdorf genauer spezifiziert: Dabei stellte er der Gattin anheim, in welchem Ausmaß sie die Räumlichkeiten des Schlosses sowie die darin befindlichen Einrichtungsstücke, Kunstgegenstände, Tafelserviceteile etc. in Anspruch nehmen wollte. Mit dem Wohnrecht war auch die Benutzung der Parkanlagen, von Wagen und Pferd sowie die Jagdausübung verbunden, dies alles in dem den Bedürfnissen seiner Gattin und ihres Hausstandes entsprechenden Ausmaß: „Durch die vorstehenden Verfügungen will ich meiner Gattin eine standesgemäße Heimstätte in Schillersdorf gewährleisten. Es ist mein Wunsch, dass meine Gattin von jedermann im Schloss als Hausfrau respektiert werde, und ich vertraue darauf, dass mein Erbe von seinem Recht, die Naturallieferungen einzuschränken oder einzustellen, wie auch durch Veräußerung der Herrschaft Schillersdorf das Wohnungsrecht meiner Gattin zum Erlöschen zu bringen, nicht ohne Notwendigkeit Gebrauch machen wird", heißt es im Anhang zum Testament vom 22. April 1936.[198]

In einem weiteren Anhang definierte Alfons eine Reihe von Gegenständen, die sich explizit im Eigentum seiner Gattin befanden: sämtlicher Schmuck, das Altwiener Porzellanservice, welches er seinerzeit aus dem Besitz der Fürstin Pauline Metternich zurückgekauft habe, der es damals von Nathaniel vermacht worden sei, ferner sämtliche Kupferstiche, die er seinerzeit von Baron Georg Bees gekauft habe, und zwei Frauenbildnisse des an sich nicht sonderlich bedeutsamen österreichischen Historien- und Porträtmalers Josef Mathias Grassi, die ebenfalls aus dem Besitz dieses Barons stammten.[199] Von den Aufenthalten im Ybbs- und Erlauftal und in der nach dem Krieg für Clarice so wichtig gewordenen Langau war in diesem Testament merkwürdigerweise gar keine Rede. Im Unterschied zum feudalen Schloss in Schillersdorf herrschte bei den Bergbauern und Kleinhäuslern im Ybbstal bitterste Weltferne und soziale Abgeschiedenheit. Clarice lernte das österreichische Voralpengebiet erst im Alter zu schätzen.

Das Testament wirkt wie ein Abschied: ein Abschied von Österreich, ein Abschied von seinem Sohn, ein Abschied von seiner Familie. Am 12. März 1938 marschierte Hitler in Österreich ein. Alfons und Clarice waren in London und Bettina und Gwendoline konnten im letzten Augenblick über die Grenze gebracht werden. Schillersdorf hat Clarice nie mehr gesehen, Albert „Buster" erlag am 28. Oktober 1938 im

Schweizer Villars-sur-Ollon seinem Leiden. Sein Begräbnis muss für Clarice schrecklich gewesen sein: Allein. Umgeben von lauter Gefahren. Umgeben von lauter Feinden. Kann es weitergehen? Wie wird es weitergehen? Vielleicht hätte sie sich mehr um ihn kümmern sollen, nicht monatelang auf Reisen gehen, ihn nicht jahrelang in Internate und fremde Schulen wegstecken, vielleicht länger bei sich behalten? Adrienne Gessner traf sie einige Wochen später auf der Flucht vor den Nazis in Paris: „Sie saß stundenlang bei uns und redete kein Wort."[200]

EIN FEST DER DIPLOMATIE UND WIENER GESELLSCHAFT

Baronin Clarisse Rothschild, Baronin Ringhoffer und Graf Coudenhove-Kalergi

Links: Der französische Geschäftsträger Vicomte de Montbas mit dem amerikanischen Gesandten Mr. Messersmith

Photos Ing. Norbert Kraus

Rechts: Staatssekretär Baron Karwinsky im Gespräch

Prinz Dietrichstein und Graf Coudenhove-Kalergi

Rechts: Frau Nany Habig und Gräfin Coudenhove-Kalergi (Ida Roland)

35 *Die Bühne*

Ball in der französischen Gesandtschaft 1935: Clarice und Aline Ringhoffer unterhalten sich bestens mit dem Grafen Richard Nikolaus Coudenhove-Kalergi (Bild rechts oben), man bewegt sich in einem Kreis von Freunden und Bekannten und steuert sehenden Auges auf den Untergang zu. Fotos von Norbert Kraus, Die Bühne, Heft 397, April 1935.

Sie galt als ausnehmend schön und machte in der Wiener Gesellschaft Furore:
Aline von Seybel, ab 1916 verheiratete Baronin von Ringhoffer.

DIE GELIEBTE

ALINE RINGHOFFER

Aline Ringhoffer oder „Liny", wie sie von Freunden genannt wurde, ist vergessen. Auch ich habe sie vergessen und bin erst nach Erscheinen meines Rothschild-Buchs von ihrem Enkel Emanuel Ringhoffer auf diese verborgene Rothschild-Frau aufmerksam gemacht worden. Das liegt nicht nur daran, dass Frauen von der Geschichtsschreibung generell vernachlässigt wurden und werden, sondern auch an den diskreten Traditionen des Hauses Rothschild. Die langjährige Freundschaft und Beziehung zwischen Aline „Liny" Ringhoffer und Louis Rothschild wurde vor der Öffentlichkeit strengstens abgeschirmt. Die österreichischen Zeitungen hielten sich zurück. Nur in der US-Presse wurde darüber berichtet, als es um die Erpressungsversuche des nationalsozialistischen Deutschen Reiches gegen Louis ging. Wie viel realer Kern und wie viel Propaganda oder Sensationsgier der Zeitungen dahintersteckt, lässt sich nicht abgrenzen. In den österreichischen Akten und im Familienarchiv der Rothschilds gibt es jedenfalls keine Evidenz dafür.[201]

Die Partnerschaft zwischen Aline und Louis war zweifellos heikel. Louis Rothschild war mosaisch, Liny Ringhoffer evangelisch, war aber mit Baron Friedrich Ringhoffer katholisch verheiratet. Eine Scheidung hätte die streng katholische Familie Ringhoffer auf keinen Fall dulden wollen. Für Katholiken waren Scheidungen nach österreichischem Recht bis zum Jahr 1938 ohnehin nicht oder nur mit komplizierten Umgehungslösungen möglich. Noch heikler wurde die Angelegenheit, als die Nationalsozialisten Liny 1938 als Geisel zu benutzen versuchten, um Louis zu erpressen und zur Herausgabe seiner Vermögen zu zwingen.

Die Sache war von Anfang weg kompliziert. Liny war zerrissen zwischen protestantischen Traditionen, katholischem Milieu und jüdischen Beziehungen. Sie stammte aus der aus Berlin zugewanderten, aber ursprünglich aus dem württembergischen Öhringen kommenden evangelischen Wiener Industriellenfamilie Seybel, die zur Gründergeneration der chemischen Industrie Österreichs zu rechnen ist. Sie war das jüngste Kind und die einzige Tochter von Paul v. Seybel und seiner Gattin Aline, die ihrerseits wiederum aus einer der berühmtesten Industriellenfamilien Österreichs stammte, der Familie Schoeller. Linys Mutter Aline, geborene Schoeller gehörte zu den führenden Mitgliedern der evangelischen Kirche im katholischen Wien. Einen Wechsel ihrer Tochter in die katholische Kirche oder gar einen Übertritt zum Judentum hätte sie wohl nur schweren Herzens dulden wollen. Nicht nur Linys früh verstorbener Großvater mütterlicherseits Gustav Adolph von Schoeller, der von 1867 bis zu seinem Tode 1889 als Presbyter der evangelischen Gemeinde fungierte, hätte das nie und nimmer akzeptiert, sondern erst recht nicht seine Witwe Marianne, Linys Großmutter, die erst 1932 im Alter von 98 Jahren starb und bis zu ihrem Tod zu den angesehensten Mitgliedern der evangelischen Gemeinde Wiens zählte.

Die Seybels waren die Eigentümer eines der größten Chemieunternehmen der Habsburgermonarchie, der Wiener Aktiengesellschaft Wagenmann, Seybel & Co., die auf den 1787 in Scharnhausen im Herzogtum Württemberg geborenen Chemiker Dr. Carl Christian Wagenmann zurückging, der eine Reihe von Patenten für die Produktion wichtiger Chemikalien (Essig, essigsaure Salze, Schwefelsäure und Kali) erworben und 1832 die ersten Schritte zur Anlage einer chemischen Fabrik in Wien-Liesing gelegt hatte. Der eigentliche Aufstieg des Unternehmens begann mit seinem Stiefsohn Emil Seybel (1816–1882), der 1838 die Fabrikleitung übernommen hatte, und mit dessen drei Söhnen Otto, Paul und Georg, die 1880 in das zu einem Großbetrieb gewordene Unternehmen einstiegen.[202]

1910/1911 zählten die drei Brüder mit jeweils etwa 200.000 Kronen Jahreseinkommen zu den reichsten Industriellen der Habsburgermonarchie. Das war wohl auch maßgeblich dafür, dass sie 1912 für ihre Verdienste in den Adelsstand aufgenommen wurden.[203] Durch das berühmte Architekturbüro Fellner & Helmer, das vor allem als Schöpfer zahlreicher Theaterbauten in den Ländern der Österreichisch-Ungarischen Monarchie bekannt geworden ist, ließen sich die

Brüder im Jahr 1889 im 3. Wiener Bezirk, Reisnerstraße 50, ein repräsentatives Familienpalais erbauen. Am Semmering kamen mehrere Villen dazu: insbesondere die Villa Seybel in herrlichster Lage an der Fahrstraße in der Nachbarschaft des berühmten Südbahnhotels mit ungehindertem Ausblick auf Rax, Schneeberg und Sonnwendstein.[204]

Otto, der als Präsident der Wiener Börsenkammer zahlreiche wichtige Positionen im Bankwesen der Habsburgermonarchie einnahm, war der führende Kopf des Brüdertrios, nicht aber der reichste. Das war Paul, Linys Vater, weil er durch seine Ehe mit Aline Schoeller auch am Vermögen des Schoeller-Clans partizipieren konnte. Nach der Umwandlung des Unternehmens in eine Aktiengesellschaft im Jahr 1908 fungierte er als dessen Vizepräsident und hatte wie sein Bruder eine Reihe anderer gehobener Positionen inne, u. a. als Präsident der Allgemeinen Verkehrsbank, als Vizepräsident der berühmten Möbelfabrik Portois & Fix und der Hotel Imperial AG sowie als Ausschussmitglied des Vereins österreichischer Chemiker und des Wiener Eislaufvereins.[205]

Aline, die, um einen Unterschied zu ihrer gleichnamigen Mutter herzustellen, als Liny bekannt und gerufen wurde, wurde am Heiligen Abend 1891 als Pauls jüngstes Kind und einzige Tochter geboren. Über ihre Kindheit und Jugend wissen wir nicht viel. Zusammen mit ihrer Cousine Elise Buschman wurde sie in einem exklusiven Mädcheninstitut in Lausanne ausgebildet – auf Initiative ihres einflussreichen Onkels Paul Schoeller. Sie sprach sehr gut Französisch und Englisch, spielte hervorragend Tennis, brillierte im Eislaufverein und galt als ausnehmend schön.

Zwei Bilder der kleinen Liny aus der Hand des spätbiedermeierlichen Genre- und Kindermalers Carl Fröschl zeigen eine behütete Kindheit. 1906 wurde Liny von Philip Alexius de László als junger Rotschopf porträtiert. Da war sie gerade 14 Jahre alt: fast halblang im Dreiviertelprofil nach links, ihr rotes Haar oben auf dem Kopf zu einem Knoten gebunden, mit einer Bernsteinkette und einer weißen Chiffonstola, verziert mit einer weißen Rose mit einem Hauch von Rosa. Das Porträt wurde 1906 auf der Jahresausstellung im Künstlerhaus zur Schau gestellt. Linys Onkel Otto Seybel war ein wichtiger Mäzen des Künstlerhauses, aber auch ihr Vater Paul zählte zu den wichtigen Kunstsponsoren.

Liny betrieb viel Sport und verbrachte viel Zeit am Semmering. Nostalgisch blickte ihr Jugend- und auch wieder Altersfreund August Miller-Aichholz im Jahr 1957 auf diese sonnige Zeit mit Liny zurück: „Es war die Zeit der letzten Jahre vor dem Ersten Weltkrieg, als das Leben für uns nicht im Überschalltempo weiterging und die Portraits der schönen Frauen unseres Landes, die alljährlich auf der Wiener Frühjahrsausstellung von Malern wie László, Adams, Schattenstein, Torggler, Mehoffer und alle anderen ausgestellt wurden, noch nicht mit dem Beinamen ‚eigennützig' beschrieben wurden."[206]

Die geruhsame Zeit endete auch für Liny wie für so viele abrupt. Mitten im Sommer 1914. Die Männer mussten ins Feld. Liny wurde Krankenschwester. Ihr Vater Paul starb 1915. Sie selber heiratete im nächsten Jahr. Der Bräutigam war Freiherr Friedrich v. Ringhoffer, damals Oberleutnant der Reserve des k.u.k. Dragonerregiments Nr. 13 im Felde und Sohn des Großgrundbesitzers, Großindustriellen und Herrenhausmitglieds Freiherrn Emanuel Ringhoffer und der Freifrau Friederike, geb. Freiin Klein v. Wisenberg, beide aus dem vornehmsten böhmisch-mährischen Industrieadel der Habsburgermonarchie.

Von Anfang weg stand eine Trennwand zwischen den beiden Familien: die Religion. Auf der einen Seite die evangelischen Seybel und die noch viel stärker in der evangelischen Gemeinde verankerten Schoeller, auf der anderen Seite die streng katholischen Ringhoffer. Schon immer hatte der Katholizismus auf Liny eine besondere Anziehungskraft ausgeübt: die prächtigen Messgewänder, die feierliche Monotonie der Rosenkranzgebete und Litaneien, der Weihrauchgeruch, das Weihwasser, die festliche Musik ... Die Brautleute hätten sich verständigen können, aber für die Familien war das viel, viel schwieriger zu akzeptieren.

Die Hochzeitsmesse am 30. September 1916 wurde zweimal gefeiert, zuerst evangelisch in der Kirche A.B. in der Dorotheergasse, wo Linys Großmutter Marianne Schoeller eine einflussreiche Position einnahm, hernach katholisch ein paar Schritte weiter in der um die Ecke gelegenen tiefkatholisch-habsburgischen Augustinerkirche. Die erste Messe war juridisch ohne jeden Belang. Es gibt darüber auch keine Dokumente. Die zweite mit allem katholischen Prunk und mit staatsrechtlicher Gültigkeit war unauflöslich. So sagt es die Lehre der katholischen Kirche. Es war eine Mischehe. Die *Dispens a religione mixta* lag vor.[207]

Die beiden Trauungskirchen hätten unterschiedlicher nicht sein können: Die strenge, aus der Renaissance stammende Kirche des von Joseph II. aufgehobenen sogenannten Königinklosters, die dem Augsburger Bekenntnis nach dessen Tolerierung im Jahre 1781 übergeben worden war und die von einem übergroßen Kreuzigungsaltarbild dominiert ist, das von Franz Linder im Jahr 1783 als Kopie des berühmten Van-Dyck-Gemäldes „Christus am Kreuz“ angefertigt worden war. Ganz anders der hohe, hell durchflutete Kirchenraum der spätgotischen Augustinerkirche, der Trauungskirche vieler Habsburger. In der Dorotheergasse gab es feierliche Choräle auf der berühmten Orgel, die von Friedrich Deutschmann 1808 fertiggestellt worden war, und dazu Gemeindegesang und deutsche Lesungen. In der Augustinerkirche überwältigten der Prunk der liturgischen Gewänder, viel Weihrauch und Weihwasser und eine lateinische Messe mit Mozartmelodien. Liny konnte auf Antonio Canovas weißes Marmorgrab im rechten Kirchenschiff für Maria Theresias Lieblingstochter Marie Christine blicken: „Uxori Optimae“, der besten Gattin, liest man auf der Grabaufschrift. Ein Zug bekränzter Jungfrauen zieht in ein unbekanntes Dunkel. Die Todesfackeln, die weiße Urne und die dunkle Schwelle konnten nichts Gutes bedeuten. Ganz hinten folgt den Jungfrauen ein alter Mann: Ein Invalider? Ein Kriegsopfer? Was lag näher, als an die vielen Schrecknisse des gerade tobenden Weltkriegs und an die vielen im Feld stehenden Männer zu denken. Es war eine Kriegshochzeit. Was wird das Schicksal für das junge Brautpaar bringen?

An sich sprach alles für diese Verbindung zwischen den Familien Seybel und Ringhoffer, auch wenn die unterschiedlichen Religionsbekenntnisse Schwierigkeiten bereiteten. Aber Reichtum gesellte sich zu Reichtum. Und zwei der größten Unternehmen der Habsburgermonarchie, die in der Kriegswirtschaft eine wichtige Rolle spielten, mit verwandtschaftlichen Bindungen enger zusammenzuführen, konnte nur ein Erfolgsrezept sein.

Die Geschichte der Firma Ringhoffer, die 1769 mit der Einwanderung des jungen Kupferschmiedgesellen Franz Ringhoffer aus dem heutigen Burgenland, damals noch Ungarn nach Prag begonnen hatte und 1946 durch Enteignung und Tod von Hans oder Hanuš Ringhoffer im sowjetischen, in der späteren DDR gelegenen Speziallager Mühlberg endete, umspannt 177 Jahre glanzvoller Industriegeschichte. 1873, wenige Wochen vor seinem Tod, war der Unternehmensgründer Franz Ringhoffer von Kaiser Franz Joseph in den erblichen Freiherrnstand erhoben worden. Aus einer Werkstätte mit kaum mehr als drei Dutzend Mitarbeitern hatte er einen Industriebetrieb von Weltruf geschaffen, der Brennereien, Brauereien, Mühlen und Zuckerraffinerien ebenso mit Apparaturen belieferte wie die internationalen Eisenbahngesellschaften mit fahrendem Material. Seine 1852 gegründete Waggon- und Tenderfabrik mit angegliederter Maschinen- und Metallwarenfabrik, Eisengießerei und Kesselschmiede beschäftigte vor dem Krieg 3.500 Personen. Der Bau des Kaiserzuges aus acht Salon- und Küchenwagen im Jahr 1892 stellte der Firma ein glänzendes Zeugnis aus. Im Lauf von 75 Jahren bis zum Ende der Habsburgermonarchie wurden in Smichow (Smíchov) annähernd 140.000 Eisenbahnwaggons produziert. Die Schwerpunkte der unternehmerischen Tätigkeit dieses größten Industriekonzerns der späteren Tschechoslowakischen Republik lagen im Maschinen-, Waggon- und Automobilbau. Aber auch eine Biermarke gehörte zum Industrieimperium. Die Familie war Teil des habsburgischen Wirtschaftsadels, der sich durch einen feudal-repräsentativen Lebensstil auszeichnete und seine Stellung durch Heirat und Landbesitz zu untermauern versuchte.[208]

Doch es war eine zwiespältige Wahl, die Liny getroffen hatte: Der fesche und charmante Fritz Ringhoffer war ebenso sportlich und ebenso autobegeistert wie sie.[209] Als sich Baron Ringhoffer in die junge Aline verliebte und sich erfolgreich um sie bewarb, wurde das Paar von allen Seiten beglückwünscht und beneidet. Aber Fritz Ringhoffer hatte auch eine dunkle Seite: seine Spielsucht. 1914 hatte die amtliche *Wiener Zeitung* die Verhängung der Verschwendungskuratel über den dreißigjährigen Unternehmersohn verlautbart. Seit mehreren Jahren habe er auf ziemlich flottem Fuß gelebt.[210] Er sollte eine Stellung in einer Augsburger Maschinenfabrik antreten, um sich mit den neuesten Errungenschaften im Maschinen- und Fahrzeugbau vertraut zu machen. In Wahrheit aber war er gar nicht oder nur sporadisch dort, ging in Wien und Karlsbad seinen kostspieligen Vergnügungen nach und war nur ab und zu im Automobil nach Augsburg gefahren, um von dort ein telefonisches Lebenszeichen von sich zu geben und seine Angehörigen über seinen Aufenthalt in Augsburg zu beruhigen oder besser gesagt zu täuschen. Die Schulden des Barons wurden im Gerichtsakt auf mehr als eine halbe Million Kronen beziffert, obwohl sein Vater bereits im vorhergehenden Jahr alle damals eingestandenen Schulden bezahlt hatte. Jedenfalls kam der Tag, an dem der Vater handeln musste. Kein Vermögen, und wäre es noch so groß gewesen, konnte auf Dauer diese Extravaganzen aushalten. Als Kurator des Barons wurde sein Vater eingesetzt. Dieser stellte ein Ultimatum. Der Sohn wollte flüchten: „Baron Friedrich Ringhoffer wird in Kürze nach Amerika übersiedeln, um seinen Schulden zu entkommen", wusste die Zeitung zu berichten.[211]

Dazu war es allerdings nicht mehr gekommen. Es kam der Krieg. Die Übersiedlung nach Amerika, wenn sie überhaupt jemals geplant war, wurde hinfällig. Wie alle reichen Dragoneroffiziere rückte auch Fritz als Automobilist ein, machte seine bitteren Erfahrungen, erlangte Auszeichnungen und heiratete. Die Ehe, so schön sie auch geplant war, endete in einem Desaster. Als der Krieg zu Ende war, schien zwar mit der Geburt des Sohnes Ferdinand Wenzel am 28. September 1919 eine friedliche Zukunft anzubrechen, nachdem das erste Kind des Paares, ein Töchterchen namens „Fannerl", während oder kurz nach der Geburt verstorben war. Aber die Ehe scheiterte schon kurz danach, auch wenn sie auf dem Papier bis 1941 weiterbestand. Fritz war rückfällig geworden: Spiele, Alkohol, Morphium. Seine Exzesse amüsierten und schockierten das skandalsüchtige Wien.

Auch in der Unternehmensleitung war Fritz nicht mehr haltbar. 1919 war er in den Verwaltungsrat der Aktiengesellschaft aufgenommen worden. 1925 war er statutengemäß ausgeschieden und wurde für 1926 nicht mehr gewählt. Im Börsenbericht, der die Hintergründe verschleierte, las man: „Herr Ing. Fritz Ringhoffer hat mit Blick darauf, als er ständig im Auslande weilt, auf seine Stelle im Verwaltungsrat verzichtet und scheidet zu unserem Bedauern aus; derselbe hat durch eine Reihe von Jahren der Verwaltung angehört und sprechen wir demselben für seine Mühewaltung den besten Dank aus."[212]

Spätestens ab dem Jahr 1922 lebte das Paar getrennt. Am 7. Dezember 1926 verursachte Fritz einen schweren Autounfall. Er war, mit seinem Personenauto, von Mittenwald nach Zirl in Tirol fahrend, am Zirlerberg von der Straße abgekommen und fuhr gegen die Straßenmauer. Am Auto brach die Vorderachse. Fritz wurde derart verletzt, dass in der Folge ein Bein amputiert werden musste.[213] Es existiert ein kurzer Brief mit dem Satz: „Jetzt bin ich nur noch ein armer Krüppel." Im selben Jahr war nach neuerlichen Verschwendungs- und Spielexzessen die Trennung von Tisch und Bett ausgesprochen worden. Der noch vorhandene Notariatsakt legte die Rechte des Vaters im Umgang mit dem minderjährigen Sohn fest. Über die steuerliche Bewertung diese Trennung kam es zu einem Rechts- und Finanzverfahren, über dessen konkreten Inhalt und Ausgang wir leider nichts wissen.[214]

1929 gab es einen letzten Versöhnungsversuch: eine gemeinsame Silvesterfeier der Familie im Altvatergebirge.[215] Wiederholte Anstrengungen, die Partnerschaft zu kitten oder Friedrich von seiner Sucht zu lösen, scheiterten. Liny baute sich ihr eigenes Leben auf, mit ihrem Sohn, den sie inniglich liebte, und mit ihrer Mutter, zu der sie zeitlebens eine sehr enge Beziehung pflegte. Sie klammerte sich an die Mutter und den kleinen Sohn. Immer wieder fuhren die drei gemeinsam auf Kur und Sommerfrische, in die böhmischen Bäder, nach Gastein, auf den Semmering. Immer wieder wurde sie zusammen mit dem Sohn fotografiert oder auch gemalt. Es waren fast biblische Motive: Madonna mit Kind und Anna Selbdritt.

Ihren Salon im Palais Seybel in der Reisnerstraße machte Liny zu einem Sammelplatz der eleganten jungen Frauen der Wiener Gesellschaft.[216] Zu ihren Freundinnen zählten Johanna (Hanny) Freiin v. Buschman, ihre Cousine aus dem Schoeller-Clan, aber auch Clarice Rothschild und zuerst auch Gräfin Kitty Schönborn-Buchheim, die später als Baronin Eugen Rothschild die Schwägerin von Louis wurde. Die Kontakte Linys zu den Rothschilds – zunächst zu

Alfons und Clarice – hatten sich nach der Heirat von Hanny Buschman mit dem gleichaltrigen, ebenfalls 1891 geborenen Herbert Schey von Koromla ergeben, dessen Familie den Rothschilds und Ephrussis nahestand.

Bei Clarice in Schillersdorf machte Liny die Fahrprüfung. Die Prüfungskommission begab sich eigens vor Ort in das Rothschild-Schloss. Liny erhielt vom Ringhoffer-Konzern ein für sie maßgeschneidertes Tatra-Automobil. Was früher das Reiten war, war jetzt das Automobil. Sie stilisierte sich in ihrem offenen Coupé wie Tamara de Lempicka. Immer wieder war sie zu Gast in Schillersdorf. Mit Clarice machte sie flotte Ausfahrten. Von einem Chauffeur oder gar vom eigenen Gatten ausgeführt zu werden, war altmodisch und langweilig. Die moderne Frau chauffierte selbst. Der Wagen musste fesch sein, das Kostüm musste fesch sein, der Hund musste fesch sein. Alles musste aufeinander abgestimmt sein. „Männer denken, Frauen lenken", schrieb die *Frauenwelt* 1927.

Über Clarice hatte Liny auch Kitty Schönborn und Louis und Eugen Rothschild kennengelernt. Mit Kitty war das Verhältnis anfangs sehr eng, kühlte sich aber ab, als die Beziehung Eugens zu Kitty enger wurde und der Wiener Gesellschaft so zu riesigen Erörterungen Anlass gab. Man erzählte, dass Eugens Schwägerin, die geborene Montefiore und deren Freundin, Baronin Ringhoffer (geborene Seybel), der Verbindung des Barons Eugen sozusagen das Agreement verweigern würden.[217] Kitty war über diese Intrigen sehr erbost.

Obwohl nicht geschieden, wurde Liny die geheime Gefährtin von Louis Rothschild, des Chefs des Wiener Bankhauses S.M.Rothschild & Söhne. Vor der Öffentlichkeit blieb das streng verborgen. Es passt dazu, dass bekanntlich nicht nur die Hofburg verborgene Tapetentüren besitzt, durch die seinerzeit der Kaiser nahezu unbemerkt kommen und verschwinden konnte und durch die noch heute der Bundespräsident wie von Geisterhand vor seinen Gästen erscheint, sondern dass auch das alte Rothschild-Bankhaus in der Renngasse solche geheimen Verstecke und Zugänge hatte, in die man sich zu vertraulichen Gesprächen, aber auch zu verborgenen Stelldicheins zurückziehen und durch die man unbemerkt kommen und gehen konnte.

Warum das alles so abgeschirmt wurde, darüber mag man rätseln. Die Wiener Gesellschaft rätselte ohnehin über den notorischen Junggesellen Louis. Einerseits dichtete man ihm zahlreiche Liebschaften und amouröse Abenteuer an, andererseits eine auffallende Scheu vor Frauenbekanntschaften. Aber in sein großes Junggesellenpalais in der Prinz-Eugen-Straße oder in sein in dunkelroter Seide tapeziertes Büro in der Renngasse seien die schönsten Frauen Wiens gekommen, geheim, unregistriert und unbemerkt. Es mag ein Maß für die Diskretion des Mannes sein, dass dieses private Büro drei Eingänge hatte, von denen einer so gut getarnt war, dass nur er, seine Sekretärin und ausgewählte Besucher seinen Standort kannten. Als er von den Nazis im Hotel Metropol, dem Gestapo-Hauptquartier, eingesperrt wurde und jegliche Sympathiebezeugungen für ihn hochriskant waren, seien die Mutigsten seiner Freundinnen unter dem Gefängnisfenster auf- und abgegangen.[218] Die Namen konnte oder wollte aber auch seine Nichte Bettina Looram gegenüber dem Journalisten Thomas Trenkler nicht nennen. Wenn das stimmte, dann war Liny sicher dabei.

Was hatte man nicht alles über Louis Rothschild getuschelt. So reich und immer noch unverheiratet! Zu reich, um zu heiraten? Wollte er nicht heiraten? Wollte er vielleicht gar keine Frauen? Waren es religiöse Skrupel, die Liny und Louis davon abhielten, eine Heirat in Erwägung zu ziehen? War es das alte Familiengebot der Rothschilds, über das sich zwar Eugen mit seiner Heirat hinweggesetzt hatte, an das sich aber Louis immer noch gebunden fühlte? Oder war es der Druck der Ringhoffer, der für Liny eine Scheidung unmöglich machte? Es bedurfte jedenfalls erst der nationalsozialistischen Ehegesetzgebung, die für Fritz und Liny 1941 eine Scheidung möglich werden ließ.

Louis hatte zugunsten Linys jede andere Bindung verweigert und sich erst im amerikanischen Exil zu einer Heirat entschlossen, aber nicht mit Liny, die in Österreich verblieben war, sondern mit Hilda Auersperg, die er im amerikanischen Exil wieder getroffen hatte.[219] Eine Verbindung zwischen Rothschild und Ringhoffer, zwischen Witkowitz und Ringhoffer/Tatra, den beiden größten Industriekonzernen der Tschechoslowakei, hätte wirtschaftlich ja durchaus Charme gehabt, auch wenn Liny ja eigentlich keine Ringhoffer war und keinen Einfluss

Die Ehe mit Fritz von Ringhoffer endete in einem Desaster – spätestens ab dem Jahr 1922 lebte Liny mit ihrem 1919 geborenen Sohn Wenzel getrennt von ihm. Koloriertes Foto, um 1926/27.

Ein lebenslustiges, fröhliches Mädchen: Aline, genannt „Liny", im Alter von zwölf Jahren. Zur Schule ging sie in einem exklusiven Mädcheninstitut in Lausanne. Foto, um 1903.

Liny als junger Rotschopf im Alter von 14 Jahren. Gemälde von Philip Alexius de László. Das Bild wurde 1906 auf der Jahresausstellung im Künstlerhaus gezeigt.

Ein Paar, das von allen beneidet wurde: Friedrich „Fritz" Freiherr von Ringhoffer und Aline von Seybel. Die Hochzeitsmesse am 30. September 1916 wurde gleich zweimal gefeiert: zuerst in der evangelischen Kirche A. B. in der Dorotheergasse, dann in der katholischen Augustinerkirche.

Mitten im Sommer 1914 endete auch für Aline Ringhoffer die geruhsame Zeit: Die sportbegeisterte junge Frau wurde Krankenschwester.

Die ganze Aufmerksamkeit und Zuwendung Linys galt ihrem Sohn Wenzel (1919–1991), der nach dem „Anschluss" zum Dienst in der deutschen Wehrmacht eingezogen wurde (Bild oben).

Eine Beziehung, die vor der Öffentlichkeit streng abgeschirmt wurde und später in den Strudel der politischen Ereignisse geriet: Liny und Louis Rothschild, Foto aus Familienbesitz, um 1930.

„Eleganz, Geschwindigkeit, Sicherheit und Komfort – das sind die Autos von Tatra", lautete ein Werbeslogan des Unternehmens Ringhoffer-Tatra. Liny erhielt einen eigens für sie gefertigten Wagen zur Verfügung gestellt (Bild unten).

auf das Unternehmen hatte, und auch das aus ihrer eigenen Familie stammende Unternehmen Wagenmann, Seybel & Co nur mehr den Namen der Familie trug.

Während wie bei vielen großen österreichischen Industriebetrieben auch bei Wagenmann, Seybel & Co mit dem Ende des Ersten Weltkrieges die Glanzzeit vorbei war und 1920 die Aktien um 11,5 Millionen Reichsmark knapp vor der Hyperinflation an die Skodawerke-Wetzler AG verkauft worden waren, ging Ringhoffer in der neuen Tschechoslowakei vorerst einer glanzvollen Zukunft entgegen: Die Unternehmensleitung übernahm nicht der psychisch und physisch zunehmend schwerer angeschlagene Friedrich, sondern dessen Neffe Johann, der sich Hans oder Hanuš nannte. Seine größte Leistung war die Fusion der Ringhoffer-Werke mit den Mährisch-schlesischen Fahrzeugwerken und weiteren Firmen zum Ringhoffer-Tatra-Konzern, die im Jahr 1926 eingeleitet und 1936 abgeschlossen wurde.

Ringhoffer hatte seit 1907 begonnen, unter dem Markennamen *Praga* Automobile zu bauen und war damit in Konkurrenz zur größten und traditionsreichsten Automobilfabrik der Tschechoslowakei, der Nesselsdorfer Wagenbau-Fabriks-Gesellschaft, geraten. In der schwierigen Situation der Weltwirtschaftskrise und mit Blick auf den kleinen tschechischen Binnenmarkt entschied sich die Familie Ringhoffer für einen Zusammenschluss. Das Nesselsdorfer Werk firmierte jetzt als Tatra Werke Automobil- und Waggonbau AG, blieb aber noch selbstständig. Die Ringhoffer Werke AG erhielten 51 Prozent der Aktien. Die eigene Autoproduktion bei Ringhoffer wurde schrittweise stillgelegt. Erst 1936 wurden beide Werke zu einem gemeinsamen Unternehmen, der Ringhoffer-Tatra Werke AG, fusioniert. Franz Ringhoffer IV. übte die Funktion des Aufsichtsratsvorsitzenden aus, sein Bruder Dr. Hans Ringhoffer war Generaldirektor beider Werke.

Die Modellpalette der Tatra-Fahrzeuge wurde von dem berühmten Automobilkonstrukteur Hans Ledwinka entwickelt. Die Innovationen des T11, die als Tatra-Wagenkonzeption in die Automobilgeschichte eingegangen sind, waren ein luftgekühlter Zweizylindermotor, ein Chassis mit zentralem Tragrohr und eine Hinterachse mit flexibler Pendelachse, in die unabhängig gefederte Räder eingehängt wurden.

Das Fahrzeugkonzept des T11 war revolutionär, da es sich um einen leicht zu bedienenden und wartungsfreien Kleinwagen für breitere Käuferschichten handelte. Die Modelle T11 und T12 waren enorm erfolgreich. Zwischen 1923 und 1936 wurden 10.787 Fahrzeuge verkauft. Weitere erfolgreiche Modelle waren der T57 mit 26.500 verkauften Einheiten und der Tatra 75 mit 4.114 Einheiten. Die Produktion wurde allerdings im Jahre 1939 durch die deutsche Militärverwaltung eingestellt.

Ferdinand Porsche besuchte in den 1930er Jahren mehrmals die Nesselsdorfer Fabrik. Seine Arbeit am Volkswagen war wesentlich von Tatra beeinflusst. Die tschechischen Autobauer überraschten dann die Konkurrenz mit einer wahren Sensation: 1934 brachten sie den T77 auf den Markt, der auf der Berliner Autoschau am 8. März 1934 erstmals der Öffentlichkeit vorgestellt wurde. Es war das erste Auto mit stromlinienförmiger Karosserie. Seine Konstruktion war im Wesentlichen das Kind von Hans Ledwinka und des österreichischen Aerodynamik-Spezialisten Paul Jaray. Das innovative Modell mit Hinterradantrieb, 2,9 Liter Hubraum und 60 PS starkem luftgekühltem V8-Motor bot mühelos sechs Passagieren Platz, erreichte eine Höchstgeschwindigkeit von 145 km pro Stunde und war im Verbrauch weit sparsamer als Autos vergleichbarer Größe. Es war schneller und komfortabler als die meisten Autos seiner Zeit. Aber auf dem großdeutschen Automarkt, der ganz auf den Volkswagen ausgerichtet werden sollte, war kein geeigneter Platz für einen Tatra-Volkswagen.[220] In der Diktatur zählten auch Patentrechte wenig, vor allem, wenn sie aus einem unterworfenen Land stammten.

Fast zwei Jahrzehnte hatten Aline und Louis aufeinander gewartet. In einer Freundschaft, die vor der Öffentlichkeit streng verborgen blieb, die in den Familien mehr geduldet als begrüßt worden war und die 1938 abrupt in den Strudel der politischen Ereignisse hineingerissen wurde: Ein „21-Millionen-Dollar-Liebeskampf", lauteten die Schlagzeilen der amerikanischen Zeitungen. Der Reporter Frank Niessen schrieb eine rührselige Story, Joseph Kneisel illustrierte sie: Wie hoch sei der Preis, den ein Mann für eine Frau bezahlen wolle, wenn er unermesslich viel, ja unbegrenzt Geld habe? Louis Rothschild hatte viel Geld. Von allen großen Liebesgeschichten des 20. Jahrhunderts sei das die tragischste, lautete die dramatisch aufbereitete Geschichte.[221]

Louis Rothschild war unmittelbar nach dem „Anschluss" verhaftet und von der Gestapo in Geiselhaft genommen worden. Sein Vermögen – die Palais, Besitzungen und Kunstschätze – wurde beschlagnahmt und von ihm selbst 21 Millionen Reichsmark Reichsfluchtsteuer verlangt. Aber seine wichtigste Trumpfkarte war die Kontrolle über Witkowitz, das größte Industriekonglomerat der Tschechoslowakei, dessen rüstungswirtschaftliches Potenzial für das Deutsche Reich fast unersetzlich war und das als zentrale Perle des expandierenden Hermann-Göring-Konzerns fungieren sollte. Seine mehr als einjährige Haft im Hotel Metropol, dem Hauptquartier der Gestapo, wurde zu einem Albtraum aus subtiler Folter und unterschiedlichsten Erpressungsversuchen und Lockangeboten. Stefan Zweig hat sie in seiner *Schachnovelle* verdeckt, aber umso eindrucksvoller beschrieben.[222] Ein ganzes Jahr wurde ergebnislos verhandelt. Erst als mit der Besetzung der „Resttschechei" und der Errichtung des Protektorats Böhmen und Mähren militärische Fakten geschaffen worden waren und mit den Witkowitz-Eigentümern ein scheinlegaler Verkaufsvertrag zustande gekommen war, kam Louis frei und reiste sofort aus. Aber nun ging es auf beiden Seiten um die Durchsetzung der Übereinkunft. Die Rothschild-Seite wollte die in New York und London lagernden Witkowitz-Anteile nicht herausgeben, weil das Reich nur mit auf den Devisenmärkten vergleichsweise wertlosen Reichsmark-Scheinen zahlen wollte. Liny Ringhoffer wurde zur Geisel. Was hätte sie tun können?

Mit der Beschlagnahme ihres Passes war ihr klar gemacht worden, dass sie sehr rasch in einem Konzentrationslager landen könne, sollte man an der vom Hause Rothschild erwogenen Anfechtung des erpressten Verkaufsvertrags und der Nicht-Herausgabe der Witkowitz-Anteile festhalten. Gleichzeitig informierten die Nazi-Behörden den Baron, der sich in Paris von den 14 Haftmonaten erholte, dass seine Freundin als Geisel gehalten werde, bis sein Teil des Lösegeldabkommens vollständig erfüllt sei. Das Problem erledigte sich mit dem Ausbruch des Krieges. Denn nun waren Devisentransaktionen zwischen England und Deutschland ohnehin nicht mehr möglich und Witkowtz war Teil der deutschen Rüstungsindustrie. Aline Ringhoffer wurde nicht verhaftet, hätte aber wegen des Krieges auch nicht mehr ausreisen können.

Dr. jur. Hans (oder Hanns) Freiherr von Ringhoffer, der Generaldirektor der Ringhoffer-Tatra-Werke und Schwager Linys, war im nationalsozialistisch dominierten Protektorat in eine gespaltene nationale und berufliche Identität geraten. Er war ein Multifunktionär. Neben seiner Tätigkeit als Generaldirektor der Ringhoffer-Werke war er auch Generaldirektor der zum Ringhoffer-Konzern gehörenden Brauerei in Groß-Popowitz (Velké Popovice) und saß seit 1926 im Vorstand der Tschechoslowakischen Nationalbank (Národní banka Československá, NBČS), später sogar als deren Vizegouverneur.[223] In der zweisprachigen Prager Gesellschaft war er als Industrieunternehmer und geadelter Grundbesitzer mit politischen, wirtschaftlichen und kulturellen Funktionen nach allen Seiten hin eng vernetzt. Als Vizepräsident der tschechischen Nationalbank saß er mit der Protektoratsregierung in einem gemeinsamen Boot, in der Gemeinschaft Großdeutscher Waggonfabriken mit der deutschen Kriegswirtschaft und im Aufsichtsrat der Hermann-Göring-Werke mit einem der imperialistischsten Konzerne des Großdeutschen Reichs. Damit konnte er zwar erfolgreich verhindern, dass die Ringhoffer-Betriebe in diesem nationalsozialistischen Großkonzern aufgingen, machte sich aber auf der anderen Seite zum Erfüllungsgehilfen der Nationalsozialisten.

Die von ihm geleiteten Unternehmen waren für die NS-Wirtschaft noch wesentlich interessanter als die in den Göring-Konzern eingegliederten Witkowitzer Hüttenkombinate, auch wenn der Ringhoffer-Konzern kleiner war als die Witkowitzer Unternehmungen. Aber Ringhoffers Bedeutung im Waggon- und Automobilbau übertraf jene von Witkowitz in der Stahlindustrie. Der Tatra-Konzern hielt nicht nur eine Reihe von Entwicklungen, die für den von Ferdinand Porsche konstruierten Volkswagen maßgebend waren, vor allem das charakteristische windschlüpfrige Design und andere technisch revolutionäre Lösungen. Die Motorisierung war für das Dritte Reich und den Krieg ganz generell ein entscheidender Faktor.

Mit dem österreichischen Adel stand Ringhoffer durch geschicktes Einheiraten seiner Geschwister in den tschechischen Altadel der Nádhernys und Serényis in einer engen privaten Bindung und konnte seine Kontakte in verschiedene tschechische Kreise und Gesellschaftsschichten zur Durchsetzung seiner unternehmerischen Ziele nutzen: Er selbst war unverheiratet und kinderlos. 1943 adoptierte er die drei Söhne seiner Nichte Elisabeth Gräfin Serényi, der Tochter seines ältesten Bruders Franz IV., Franz-Gabriel, Hans und Anton Serényi-Ringhoffer. War er ein deutscher Tscheche oder ein tschechischer Deutscher?

Nach der Angliederung Tschechiens an das Deutsche Reich im Jahre 1939 hatte Hans Ringhoffer die deutsche Staatsbürgerschaft angenommen. Im April 1939 trat er in die NSDAP ein. Diese Mitgliedschaft wurde ihm 1944 allerdings wieder entzogen, als behauptet wurde, dass er verschwiegen habe, Ritter der französischen Ehrenlegion gewesen zu sein, und er von der Witwe des am 27. Mai 1942 in Prag bei einem Attentat durch tschechoslowakische Widerstandskämpfer schwer verletzten und wenige Tage später verstorbenen stellvertretenden Reichsprotektors und Chef des Reichssicherheitshauptamts Reinhard Heydrich beschuldigt wurde, heimliche Kontakte zu tschechoslowakischen Exilkreisen unterhalten zu haben.

Wirtschaftlich kooperierte Ringhoffer mit der deutschen Führung. Im Mai 1939 trat er in den Verwaltungsrat der Škoda-Werke ein. Er wurde Mitglied im Aufsichtsrat der Reichswerke AG für Waffen und Maschinenbau Hermann Göring, ehemals Škoda-Werke Pilsen. Dr. Karl Rasche, der Vorstandsvorsitzende der Dresdner Bank, wurde zum engen Bekannten der Familie. Hans Ringhoffer gewährte ihm einen Kredit in der Höhe von einer Million tschechischer Kronen für private Aktiengeschäfte. Darüber hinaus integrierte er Karl Rasche durch Ernennung zum Aufsichtsratsvorsitzenden der Ringhoffer-Tatra-Werke ins Unternehmen. Die Eingliederung des Ringhoffer-Tatra-Konzerns in die „Reichswerke Hermann Göring“ konnte er für den Preis der Einstellung des Pkw-Baus bei Ringhoffer verhindern. Andererseits versuchte er sich für den tschechischen Bevölkerungsteil einzusetzen und unterhielt auch Kontakte zur tschechischen Exilregierung unter Edvard Beneš in London und zu Gruppen des tschechischen Widerstands im

Untergrund. So hoffte er, darauf vertrauen zu können, dass auch nach dem Ende des Krieges und der deutschen Besatzung für ihn und für Tschechien ein Zusammenleben weiter möglich sein werde.

Es war auch für Liny eine gefährliche Gratwanderung: Ihr Sohn Wenzel in der Kriegsmarine an der Ost- und Nordsee, der Ringhoffer-Konzern im Würgegriff der nationalsozialistischen Großraumindustrie, der Schwager, der sich im NS-Protektorat zwischen einer Koexistenz mit den Nationalsozialisten und seiner eigenen Sympathie für die tschechoslowakische Idee durchzumanövrieren versuchte, und sie selbst zerrissen zwischen ihren langjährigen Beziehungen zu Mitgliedern der Familie Rothschild und der Sorge um ihre eigenen Interessen und die ihres Sohnes Wenzel bei Ringhoffer.

Liny erlebte den Zusammenbruch des Dritten Reichs in Wien. Vor den sowjetischen Besatzungstruppen flüchtete sie nach Salzburg. Ihrem 1941 von ihr geschiedenen Gatten Friedrich Ringhoffer blieb erspart, das grausame Ende der deutschen Bevölkerung Tschechiens erleben zu müssen. Sein körperlicher und geistiger Verfall war unaufhaltsam geworden. Nach langen Aufenthalten in Kuranstalten und einer schweren Krankheit war er zum unheilbaren Morphinisten geworden. Lange Zeit hatte er von seiner Apanage in Meran ganz gut gelebt. Als die Front in Italien von Süden her immer näher rückte und sich Friedrichs Gesundheitszustand immer mehr verschlechterte, wurde er nach Prag verlegt. Am 27. Februar 1945 starb er in der psychiatrischen Klinik im Prager Stadtteil Bohnice. „Ich lande noch in Bohnice!", sagte man in Tschechien, wenn man verrückt zu werden glaubte. Die Zustände dort in den letzten Kriegswochen sollen absolut katastrophal gewesen sein. Nach einem Besuch habe Elisabeth Gräfin Serényi ihren Onkel Hans aufgesucht – mit den Worten: „Du kannst ihn (Fritz) doch nicht dort verhungern lassen!" Seine angebliche Antwort: „Er hat uns immer nur sehr viel Geld gekostet."[224]

Hans Ringhoffer erwartete ein grausames Ende. „Gemeinsame Vernetzung bedeutete in seinem Fall auch gemeinsame Verstrickung", schreibt Halgard Stolte.[225] Hans Ringhoffer stand nach dem Zusammenbruch der NS-Herrschaft zwischen allen Fronten. Er war nicht geflohen, weil er darauf vertraut hatte, mit den Nationalsozialisten längst gebrochen zu haben und sich durch seine Tätigkeit nicht nur für die deutsche, sondern auch für die tschechische Bevölkerung auch in einem neuen tschechoslowakischen Staat genug Freunde geschaffen zu haben. Trotzdem wurde er im Mai 1945 festgenommen. Hans Ringhoffer stand zunächst in seiner Wohnung in Prag-Smíchov unter Hausarrest und wurde dann in das Lager Modřany im Süden Prags verlegt. Von dort wurde er auf bisher ungeklärten Wegen nach Dresden gebracht. Am 15. August 1946 wurde er von Dresden in das berüchtigte Lager Mühlberg des sowjetischen Volkskommissariats für Innere Angelegenheiten (NKWD) überstellt, wo Hans Ringhoffer am 31. Dezember 1946 verstarb – ein fiktives Todesdatum, das immer dann eingetragen wurde, wenn keine genaueren Aufzeichnungen über Todeszeit und Todesumstände vorhanden sind.

Die Haftbedingungen in diesem von der Sowjetunion unterhaltenen „Speziallager Nr. 1“ waren, was Verpflegung, Hygiene und Unterbringung betraf, so schlecht, dass mehr als die Hälfte der Insassen umkamen. Es war kein Arbeitslager, sondern ein Straflager mit völliger Absonderung von der übrigen Welt. Es gab keinen Briefverkehr, keine Benachrichtigung der Angehörigen über den Aufenthaltsort der Inhaftierten, auch keine Information im Todesfall. Daher wurden die wenigen Details über den Tod Hans Ringhoffers auch erst nach dem Ende der DDR bekannt.

Friedrichs Bruder Felix Ringhoffer (1891–1954) flüchtete völlig mittellos gemeinsam mit seiner tschechischen Frau aus Česká Kamenice zu Fuß nach Salzburg. Dort traf er auch mit Liny zusammen, die aus dem sowjetisch besetzten Teil Österreichs in den amerikanischen übersiedelt war. Die Ringhofferschen Besitzungen und Vermögen in Tschechien wurden entschädigungslos beschlagnahmt. Dass die Tiroler Jagdgebiete und Realitäten von der Familie im Jahr 1944 verkauft worden waren, wirkte sich tragisch aus, weil man damit auch in Österreich keinen Fluchtpunkt und keine finanzielle Stütze mehr hatte. Erst in den 1960er Jahren gab es von VW eine Entschädigung für die vom Deutschen Reich geraubten Patentrechte.

Während John Quincy Adams bei seinem Porträt Hilda Auerspergs (siehe Seite 177) ganz auf Luxus-Attribute verzichtete, wählte der Fotograf für diese kurz nach der Hochzeit mit Otto Pollack von Parnegg entstandene Aufnahme eine Inszenierung mit Perlenkette und kostbarer Polarfuchs-Stola. Das Foto erschien in der Berliner Frauen-Zeitschrift „Die Dame", 1923.

DIE EXZENTRIKERIN

HILDA AUERSPERG-ROTHSCHILD

Hilda Karoline Johanna Maria von Auersperg war eine Gräfin. Sie blieb auch eine Gräfin, als die Adelstitel abgeschafft wurden und verboten waren. Sie brauchte keinerlei Attribute. Schon der Name Auersperg war Klang genug. Und wer ihr von John Quincy Adams angefertigtes Porträt sieht, erkennt sofort die innere Noblesse. Das Bild ist in Malweise und Gestaltung in jeder Hinsicht bemerkenswert: Hilda brauchte keine Perlen und keine Diamanten, keine auffälligen Ringe oder Krönchen, keine Pelze und schweren Kleider und auch keine edlen Hunde als Statussymbole. Ein kleiner, kaum sichtbarer Diamantring an der linken Hand genügte. Die erlesene Leere des Hintergrunds, der transparente Farbauftrag und die mit wenigen Pinselstrichen auskommende Malweise unterscheiden ihr Porträt von der Überfülle der Accessoirs bei Kitty: ihrer bodenlangen Perlenschnur, den teuren Ohrgehängen, der berühmten Art-déco-Halskette, den großen Brillanten und den eleganten Windhunden.[226]

Die Auerspergs waren eine der angesehensten Familien der Habsburgermonarchie: Der Stammbaum so alt wie jener der Habsburger, das familiäre Netzwerk über die gesamte Habsburgermonarchie verteilt und die Schlösser in Slowenien, Böhmen und Österreich angesiedelt. Sie herrschten über Menschen und Gebiete. Sie stellten Ministerpräsidenten, Mitglieder des Herrenhauses, Generäle und Ordensritter. Doch Hilda passte nicht in diese Familie. Sie hatte von ihren Eltern Anton Graf Auersperg (20.7.1868–9.8.1924) und Valerie Schenk de Lédecz (7.1.1895–1945) zwar den klangvollen Namen der Auersperg und den Titel einer Gräfin geerbt, aber nicht wirklich einen bis in das Jahr 955 nach Christus zurückreichenden Stammbaum. Sie gehörte zu einer auch innerhalb des Familienverbands diskriminierten Nebenlinie.

Ihre Großmutter väterlicherseits Marianna von Neuwall (1831–1908) und ihre Mutter Valerie Schenk de Lédecz kamen beide aus jüdischen Familien.[227] Die Leidersdorf-Neuwall waren jüdischer „Uradel". Schon in der ersten Hälfte des 18. Jahrhunderts gehörte der wohlhabende Handelsmann und kaiserliche Hoffaktor Isak Leidersdorf (1673–1748) zu den tolerierten Wiener Hoffaktoren.[228] Die Schenk von Ledécz hingegen waren jüdische Aufsteiger. Die Familie war mit Geldgeschäften und Zementfabriken reich geworden. Adolf hatte in die reiche Familie Popper von Podhrágy eingeheiratet,[229] Seine Tochter Valerie (1875–1945) heiratete den Grafen Anton von Auersperg. Hilda wäre von den Nationalsozialisten als jüdischer Mischling eingestuft worden.

Vielleicht waren diese Brüche und Verwerfungen im adeligen Stammbaum für Hilda der Grund zu revoltieren und auszubrechen.[230] Sie kümmerte sich wenig um aristokratische Konventionen, was in ihrem extravaganten Lebensstil und ihren – aus aristokratischer Sicht unangemessenen – Ehen zum Ausdruck kam. Zwei ihrer drei Ehemänner, Otto Pollack-Parnegg und Louis Rothschild, waren geadelte Juden, einer ein französischer Millionenerbe, Lebemann, Amateurboxer sowie Kunst- und Frauenkenner. Gemeinsam war ihren Ehemännern der große Reichtum und die Bereitschaft, ihrer Partnerin nicht nur einen glamourösen, sondern auch einen alternativen Lebensstil zu finanzieren.

Über Hildas Kindheit und Jugend weiß man recht wenig. Durch ihren Vater wuchs sie in die Traditionen des alten Adels hinein. Groß geworden war sie in der feudalen Umgebung der Auersperg-Schlösser in Niederösterreich und im jüdischen Milieu der Villa der Lédecz in der Kurstadt Baden. Hier war vom fürstlichen Ambiente, das die Auerspergs auf den großen Besitzungen in Slowenien und im Wiener Palais umgab, weniger zu spüren. Die Kinder- und Jugendfotos zeigen ein vornehm behütetes Mädchen. Die Eltern sparten nicht bei der Ausbildung: Hilda lernte moderne Sprachen und klassische Bildung, aber auch Maschinschreiben und Stenographie. In den letzten Jahren vor Kriegsausbruch wird sie in den Zeitungen immer wieder genannt, wenn von schönen jungen Damen die Rede war.[231]

Alles bei Hildas drei Ehepartnern drehte sich um den Poloplatz. Dort hatte sie nicht nur ihren ersten Ehemann Otto von Pollack-Parnegg kennengelernt und wahrscheinlich auch ihren zweiten, den französischen Kaufhausmillionär Auguste-Olympe Hériot, sondern auch ihren späteren dritten, Louis Rothschild. Die Bekanntschaft und Freundschaft mit Louis Rothschild könnte sogar bis in die Jahre vor der Heirat mit Otto Pollack von Parnegg zurückgereicht haben.[232] Kurt Pfeiller, der als Kind eines Rothschild-Beamten in einem der Rothschild-Gebäude im 4. Bezirk wohnte, behauptete, dass die Beziehung zwischen Hilda und Louis sehr früh begonnen habe.[233] Ein 1924 angefertigtes, heute verschollenes Porträt von Louis Rothschild, das schon vor 1938 in Hildas Besitz war und das sie bei ihrer Flucht in Österreich zurückgelassen hatte, würde das bestätigen.

DIE POLLACKS

Aber Hildas erster Ehemann wurde nicht Louis Rothschild, sondern Otto Pollack, einer von Louis Rothschilds Polofreunden. Die Pollacks waren eine der präsentesten Familien Wiens. Man nannte ihre Namen in einem Atemzug mit Rothschild, Auspitz oder Miller-Aichholz. In den versteuerten Jahreseinkommen lagen sie im Jahr 1910 weit über jenen der Auersperg. Längst hatten sie auch schon das als jüdisch diskreditierte Textilviertel in der Wiener Innenstadt verlassen. Otto bewohnte eine Villa in Wien-Hietzing, Gloriettegasse Nr. 10, mit elf Zimmern, vier Kabinetten und zahlreichen Nebenräumen und besaß eine weitere repräsentative Wohnung auf der Wiedener Hauptstraße mit fünf Zimmern; sein Bruder Friedrich bewohnte in der Weihburggasse fünf Zimmer und der Schwager Baron Viktor Grödel das ihm gehörige, ehemals gräflich Sternbergsche Palais in der Ungargasse mit neun Zimmern.[234]

Otto Pollacks Vater Leopold hatte das Unternehmen „Hermann Pollacks Söhne“ zu einem der größten Textilkonzerne Mitteleuropas gemacht. 1904 war der gesellschaftliche Aufstieg mit der Adelserhebung für Leopold und seinen jüngeren Bruder Bernhard belohnt worden. Das Werk in dem zu Böhmisch-Trübau (Česká Třebová) gehörenden Dorfe Parnik in der Pardubitzer Region lieferte die Adelstitel: „Von Parnegg“ für Leopold und „von Parnau“ für Bernhard. Der Aufstieg war grandios. Von dem Anfang der 1830er Jahre gegründeten kleinen Zwischenhandel mit Textilien (auch Kurrentwarenhandel genannt) des Hermann Isak Hirsch Pollack zum Textilkonzern des Leopold Pollack, dem größten im ehemaligen Raum der Habsburgermonarchie nach dem Ersten Weltkrieg, lag nur eine Generation: Leopold starb 1922. Er hinterließ seinen fünf Söhnen Baumwollspinnereien und Webereien in Böhmen, Schlesien und Frankreich mit der Konzernzentrale im Wiener Textilviertel. Zur Zeit der größten Blüte beschäftigte HPS (Hermann Pollack's Söhne) zwischen 4.000 und 6.000 Mitarbeiter in mehreren Ländern und in gut einem Dutzend Fabriken. Als im Jahre 1918 die Monarchie zerfiel, befanden sich die Pollack-Betriebe auf dem Gebiet von vier Staaten.

Die Pollacks waren eine schrecklich reiche Familie. Neureich, würde man sagen. Bekannt ist sie bis heute über die „Frau-von-Pollack-Witze". Neben Pauline Metternich war „Frau von Pollack", die Pragerin Mathilde Gerstl, die seit 1867 mit Leopold Pollack verheiratet war, die wohl populärste Frau im Wien der Jahrhundertwende. Nicht so sehr wegen ihrer gesellschaftlichen Stellung, denn sie führte ein zurückgezogenes, ja für ihre materiellen Verhältnisse geradezu bescheidenes Leben, sondern wegen der auf viel Sprachwitz und dem Missverstehen aller Fremdworte beruhenden Aussprüche, die man ihr in den Mund legte. Natürlich hat sie die Ungereimtheiten, über die man sich so köstlich unterhalten konnte, wahrscheinlich nie gesagt. Dass sie selbst über all die vielen Witze herzlich lachen konnte und auch allen, die diese Witze erzählten, nicht gram war, spricht für sie, aber nicht für die Witze und für ihren versteckten oder oft auch offenen Antisemitismus.[235]

Miguel Herz-Kestranek hat ihnen ein ganzes Buch gewidmet: Die Frau von Pollak oder Wie mein Vater jüdische Witze erzählte: jüdische Witze, die von Juden handeln und von Juden erzählt wurden, böhmakelnd und jüdelnd, aufstiegs- und milieukritisch, dabei aber nicht frei von nationalistischen, antisemitischen und rassistischen Untertönen.[236] Meist geht es um Missverständnisse und um mehr oder weniger große Bildungslücken. Etwa: Frau Pollack zu ihrem schulpflichtigen Sohn: „Warum hast du heute nachsitzen müssen?" – „Ich hab' nicht gewusst, wo die Pyrenäen sind." – „Recht geschieht dir, das nächste

Mal wirst du dir merken, wo du deine Sachen hingetan hast!"[237] Oder: Frau von P. erzählt von einem ihrer Söhne: „Sie glauben gar nicht, wie fleißig mein Isidor ist, seit er Chemie studiert. Den ganzen Tag macht er in seinem Laboratorium nix wie Exkremente!" Und aufstiegskritisch: Frau Pollack von Parnegg, frisch geadelt, stellt den Gästen ihre Kinder vor: „Moische von Parnegg, Sara von Parnegg, Itzig von Parnegg ..." Sagt ein Gast: „Ganz schön. Aber sagen Sie: von Pollack ist keins?" Vielleicht merkte Otto Pollack von Parnegg, von dem die meisten und besten „Frau-von-Pollack-Witze" stammen sollen, gar nicht, wie sehr diese selbstironischen jüdischen Witze den Antisemitismus befördern konnten. Vielleicht wollte er es sogar. Denn er war 1909 aus dem Judentum ausgetreten und ein fanatischer Katholik geworden. Die neureiche Frau von Pollack zählt jedenfalls zum eisernen Bestand österreichischer Witzfiguren, ohne dass ihr antisemitischer Gehalt immer entsprechend reflektiert wird.

Die Geschäfte der Pollacks gingen glänzend. Doch das Glück stand nicht auf ihrer Seite. Otto Pollacks sechs Brüder waren für diese Welt nicht wirklich geschaffen: Alle starben sie frühzeitig, einer bereits im Säuglingsalter, Hermann im Alter von 17 Jahren, Walter einundvierzigjährig an einem Schlaganfall, Leo im Alter von 50 Jahren an einer Blutvergiftung. Friedrich erschoss sich 1930 wegen angeblicher Spielschulden in seinem Büro. Er hatte im Laufe von nicht ganz zwei Jahren mehr als drei Millionen Schilling im Roulette und Bakkarat verloren, insgesamt also mehr, wie eine Zeitung behauptete, als die damals fast 7.000 Beschäftigten des Konzerns in einem Vierteljahr verdienen konnten.[238] 1932 verübte auch der letzte seiner noch überlebenden Brüder, der damalige Firmenchef Felix im Urnenhain des Wiener Zentralfriedhofs direkt neben dem Krematorium Suizid. Die Gründe waren unklar. Naheliegend waren wirtschaftliche Probleme des Konzerns, die durch den Zusammenbruch der Credit-Anstalt, der größten Bank des Landes und zugleich Hausbank der Pollacks, ausgelöst worden sein dürften. Und auch Otto, dem letzten der sieben Brüder, der nach Felix zum Alleininhaber des Unternehmens aufgerückt war, war kein langes Leben vorgegeben: Er verstarb 1937 im Alter von 59 Jahren an einem Schlaganfall. Zu diesem Zeitpunkt stand der Pollack-Konzern schon vor dem Ende.

EIN LEBEN AUF DEM POLOPLATZ – BARON OTTO POLLACK VON PARNEGG

Otto war das jüngste Kind von Leopold Pollack von Parnegg und Mathilde Gerstl. Seine Eltern waren Juden und blieben es. Otto hingegen hatte sich am 29. September 1909 in der Wiener Karlskirche taufen lassen. Er war damals 31 Jahre alt. Otto war kein einfacher Charakter, sicher kein Geschäftsmann, sondern das, was man einen „Sportsman" zu nennen pflegte: ein Jäger, Ballonfahrer, Motorsportler und Pferdenarr. Er betrieb die exklusivsten Sportarten, die damals möglich waren: Poloturniere und Autorennen. Es waren nur eine Handvoll Leute, etwa 50 bis 100 Vereinsmitglieder und Besucher, die sich regelmäßig am Poloplatz in der Wiener Krieau trafen. Man kannte sich. Auch Frauen waren auf dem Platz willkommen, zwar nicht als aktive Sportlerinnen, aber sehr wohl zum traditionellen Glatttreten des von den Pferdehufen aufgerissenen Rasens.

Polo war Ottos ein und alles, sein Heiligtum. Er sah sich selber als Champion. Als ihn eine Zeitung nicht als Polospieler, sondern nur als Züchter von Poloponys titulierte, was er als Verspottung auffasste, führte er einen aufwändigen Presse- und Ehrenbeleidigungsprozess, der natürlich nichts brachte.[239] Um das ererbte Unternehmen, von dem das Geld kam, kümmerte er sich kaum. Die Führung des Familienkonzerns hatte er seinem Bruder Felix und nach dessen Tod seinem Schwager Baron Viktor Grödel überlassen.

Polo war in Wien schon vor dem Ersten Weltkrieg grandios. Zwischen den beiden Weltkriegen war es nicht nur grandios, sondern glamourös. Es bot die Spannung von großen Fußballmatches, aber erhöht durch die Noblesse der Pferde und ihrer Reiter. Fast alle Spieler kamen aus der Hocharistokratie: (Prinz) Ferdinand Auersperg, Erbprinz Karl Emil zu Fürstenberg, Fürst Alexander Albert Dietrichstein-Mensdorff-Pouilly, die Grafen Ulrich, Ferdinand und Rudolf Kinsky, Fürst Georg Fugger-Babenhausen, Baron Dr. Otto Parnegg, die Barone Carl Hugo Ludwigstorff und Louis Rothschild, Baron Viktor Groedel und die Engländer Mr. Pearce sen. und Captain James Pearce ...[240] Gute Polospieler waren weder Louis Rothschild noch Otto Parnegg. In Wien galt für die einzelnen Spieler folgendes Handikap: Baron Louis Rothschild und Baron Viktor Groedel je 0, Prinz Ferdinand Auersperg und Baron Dr. Otto Parnegg je 2, Graf Ulrich Ferdinand Kinsky, Captain Pearce, Major Watson, Captain Welsh je 3 und nur Col. Gannon besaß ein Handicap 6 in der bis 10 reichenden Skala.[241] In Wien war Polo eben doch noch recht neu. Louis Rothschild spielte in Ulrich Kinskys Polo-Team. Es war offensichtlich, dass er weder sehr gut ritt noch gut sah, da er eine Brille trug. Er traf nur selten den Ball, und der Ruf „Louis ist am Boden" war häufig zu hören. Doch er ließ sich davon nicht entmutigen, rappelte sich hoch, kletterte wieder auf sein Pony und nahm erneut am Spiel teil. Stets waren zahlreiche Mitglieder der Wiener Gesellschaft im reizenden Klubhaus zu treffen ...[242] Baronin Clarice Rothschild überreichte traditionell den Siegern die Preise.[243]

So war es eigentlich keine Überraschung, als am 9. September 1922 von der Hochzeit der 28-jährigen Hilda Auersperg mit dem 16 Jahre älteren Polospieler und Großindustriellen Dr. Otto Pollack Edler von Parnegg, dem Gesellschafter und zuletzt Alleininhaber der Fa. Hermann Pollack's Söhne, in der Domkirche zu Bratislava berichtet wurde. Man blieb im engen Zirkel der Polobegeisterten. Die Heirat mit einer Gräfin passte ins Denken des Otto Pollack, der sich in der neuen Republik seinem ehemaligen Adelstitel entsprechend, wenn schon nicht Baron von Parnegg, so doch Otto Parnegg nennen wollte, aber auf keinen Fall mehr Otto Pollack. Im Jahr 1918, im letztmöglichen Moment, bevor in Österreich alle Adelstitel abgeschafft und verboten worden waren, hatte es für die Pollacks ja sogar noch den Freiherrntitel gegeben. Auch ein standesgemäßes Ambiente musste her, das besser zur hochadeligen Gattin mit dem berühmten Namen passte als das Haus der Familie Pollack in der Kohlmessergasse im Herzen des Wiener Textilviertels. Im Jahr 1923, gleich nach der Heirat, pachtete und 1924 kaufte Otto von Baron Laudon Schloss und Herrschaft Hadersdorf: Das Schloss, ein Wasserschloss, das ab 1776 für den berühmten Feldherrn Ernst Gideon Freiherr von Loudon (volkstümlich Laudon) errichtet worden war, war riesig. Noch riesiger war der kurz vor 1790 angelegte Landschaftspark. Das

2.700 m² große Barockjuwel am Rande des Wienerwalds thront auf einer Insel, umgeben von Wassergräben und umrahmt von einem 84.000 m² großen Garten mit Mühle, Pförtnerhaus, Stallgebäuden, Tennisplätzen und einem Salettl auf einer kleinen Insel. Ziemlich viel Platz für ein kinderloses Paar! Das Schloss mit seiner spätbarocken Einrichtung wurde von Otto mit noch mehr Barockmöbeln und Barockfresken bestückt. Man konnte sich nicht sattsehen an der Überfülle von Gold und üppigen Formen.[244]

Nun war die Gräfin Hilda Auersperg, die verheiratete Baronin Parnegg, Herrin in einem Schloss, das den Fürsten Auersperg ebenbürtig war und das passende Ambiente für eine Gräfin bilden sollte, auch wenn die Adelstitel im republikanischen Österreich abgeschafft waren und die Gräfin sozusagen vom Grafen zum Freiherrn standesmäßig nach unten geheiratet hatte. Auch ein großes Porträt musste her. Bereits kurz nach seiner Heirat hatte Otto beim renommiertesten Porträtmaler der damaligen österreichischen Gesellschaft, John Quincy Adams, ein standesgemäßes Bild seiner gräflichen Gattin bestellt: Öl auf Leinwand. Überlebensgroß und wirklich gräflich.

Nur kurz konnte Hilda das fürstliche Palais mit dem großen Park genießen. Glücklich wurde sie nicht. Für sie war der schrecklich neureiche Baron sicher nicht der richtige Partner. Die Ehe kriselte schon nach kurzer Zeit. Jeden Sonntag auf den Poloplatz und nach dem Spiel aufs Feld und den Rasen glatttreten! Hilda suchte nach Ablenkung: im Reisen, in der Kunst und in einer eigenen Erwerbstätigkeit. Sie suchte nach Kunden, die eine Ausbildung in Auftreten und gesellschaftlichem Verkehr wollten, was gar nicht zum hochadelig-neureichen Gehabe im Barockschloss passte. Über ihre Ehekrise konnte ihr auch eine Ägyptenreise nicht hinweghelfen. Schon vor der offiziellen Trennung von Tisch und Bett bewohnte sie ein Schlösschen in der Hietzinger Maxinggasse, das sie von der Gräfin Marie Resseguier erworben hatte. Da die finanziellen Verhältnisse der Gräfin aber im Scheidungskrieg durchaus keine günstigen waren, machte das Gebäude einen etwas vernachlässigten Eindruck, was sie nach ihrer Rückkehr aus Kairo bestimmte, es wieder abzustoßen und an das Freylersche Mädcheninstitut um 150.000 Schilling zu verkaufen.[245] Im Juli 1928 wurde die Scheidung rechtskräftig.

Innere Noblesse, ganz gräflich: Hilda Auersperg im blauen Seidenkleid, darüber hauchzarter weißer Chiffon. Gatte Otto Pollack von Parnegg gab das Gemälde kurz nach der Hochzeit bei John Quincy Adams in Auftrag. Privatbesitz, 1924.

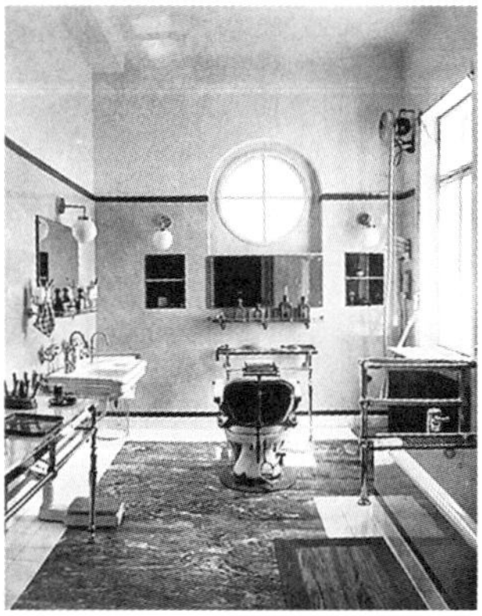

Bei der Umgestaltung der Villa von Auguste-Olympe und Hilda Hériot in der Rustenschacherallee 30 regierten das Bauhaus und der Luxus: Architekt Fritz Reichl verkleidete die Wände des Badezimmers (oben rechts) mit gelbem Gussglas und wählte Gummi als Bodenbelag, die Garderobe wurde mit exklusivem Zebranoholz vertäfelt (oben links) und die Bibliothek beeindruckte durch ihre symmetrisch aufgebauten Regalwelten.

Polo war sein ein und alles, dann kamen die Automobile, als Ehemann versagte er: Baron Dr. Otto Pollack von Parnegg. 1928 wurde die Scheidung von Hilda Auersperg eingereicht.

Wohl als Ausdruck der neuen Selbstständigkeit und als Symbol der Emanzipation machte Hilda den Führerschein und bestellte ein Auto.[246]

Für den streng katholischen jüdischen Konvertiten Otto war die Scheidung ein langes kirchenrechtliches Verfahren, das den päpstlichen Nuntius in Deutschland und den Papst in Rom beschäftigte.[247] Er heiratete am 4. Dezember 1934, nachdem die Ehe nicht nur standesamtlich getrennt, sondern vom Papst am 16. Mai 1933 auch kirchenrechtlich aufgelöst oder per päpstlichen Erlass für ungültig erklärt worden war, ganz unstandesgemäß die Tochter des Schneidermeisters Wenzel Vyhnánek, Frau Karoline Lydia Vyhnánek.[248] Als Hochzeitskirche wählte er wieder die Domkirche zu St. Martin in Pressburg. Die Eheschließung des reichen Barons mit der Tochter eines kleinen Wiener Schneidermeisters erregte größtes Aufsehen. „Obwohl Fräulein Kubelka“, berichtete *Der Morgen* (die Zeitung nannte die Braut irrtümlich Kubelka statt Vyhnánek), aus sehr kleinen Verhältnissen stamme, habe sie es durch ihr hervorragendes Auftreten, ihre Schönheit und ihre Intelligenz verstanden, in Wiener Gesellschaftskreisen eine Rolle zu spielen und sei bereits seit einigen Jahren eine bekannte Erscheinung bei den verschiedensten gesellschaftlichen Veranstaltungen gewesen.[249] Doch Ottos zweite Heirat war recht unüberlegt. Denn lang hielt die neue Ehe nicht. Schon im Sommer 1936 war beim Wiener Zivillandesgericht (Vorsitz OLGR. Dr. Zothe) der Scheidungsprozess anhängig. Die Zeitungen berichteten: Dr. Otto Parnegg habe seine Gattin Lydia erst im Dezember 1934 geheiratet. Aber schon wenige Monate nach der Trauung habe Frau Lydia Parnegg eine Scheidungsklage gegen ihren Gatten eingebracht. Dr. Otto Parnegg reichte seinerseits eine Gegenklage auf Trennung der Ehe aus Verschulden seiner Gattin ein. Das Verfahren wurde unter Ausschluss der Öffentlichkeit durchgeführt.[250] Über die dabei getroffenen finanziellen Abreden weiß man nichts.

DER TRAURIGE MILLIONÄR – AUGUSTE-OLYMPE HÉRIOT

Hildas Scheidung und neue Heirat war hingegen eine recht formlose und rasche Angelegenheit, allerdings in Frankreich, wo das ohne kirchliche

Zustimmung und entsprechende Amtswege möglich war. Nur wenige Wochen später heiratete sie am 15. August 1928 den reichen Dandy und begeisterten Amateurboxer Auguste-Olympe Hériot. Otto hatte von einer hochadeligen Gräfin zu einer einfachen Schneiderstochter gewechselt. Hilda hingegen wechselte vom überladenen und kurvenreichen Barock zum schnörkellosen, nüchternen Bauhaus. Ihre zweite Ehe hielt zwar ein bisschen länger als die ihres Gatten, aber auch nicht ewig. Vor allem ging es nicht um Geld. Denn davon hatte Auguste-Olympe Hériot, bekannt als „Auguste II", genug. Er war der älteste Sohn von Olympe Hériot, dem Direktor und Besitzer der 1855 gegründeten Grands Magasins du Louvre. Der Amateurboxer, Degenfechter, Polospieler, Rudersportler und gut aussehende Mann mit schwarzen Haaren und kurz gestutztem Schnurrbart, der in der Öffentlichkeit exzentrisch, snobistisch und von gräflicher Abkunft auftrat (er nannte sich „Graf Romano"), privat aber von melancholischer und tieftrauriger Natur war, galt als eine der prominentesten Partien im Paris der Goldenen Zwanziger Jahre: „Eine Schönheit, die alles besitzt und deshalb nur noch unglücklicher ist."[251]

Dieser damals schon mehr als 40 Jahre zählende Playboy, der nach unglücklichen Liebesabenteuern ziellos durch die Welt zog, verfügte nach dem Verkauf der von seinem Onkel Charles Auguste Hériot (Auguste I) gegründeten Grands Magasins du Louvre, einem der berühmten neuen Pariser Warenhäuser, über ein riesiges Vermögen, das ihm einen Lebensstil fern aller Sorgen erlaubte: Theater, Reisen, Boxen und Frauen. Vor allem exzentrische Frauen: zuerst eine skandalöse Affäre mit der berühmten Edelkurtisane Liane de Pougy, die später zur Nonne wurde, dann die kurze Liebe mit Colette, eigentlich Sidonie-Gabrielle Claudine Colette, der radikal alle Grenzen damaliger Tabus sprengenden Schriftstellerin und Künstlerin, und nun die frisch geschiedene Hildegard Pollack-Parnegg, geborene Gräfin Auersperg.

Wann und wo die Gräfin Hilda Auersperg den Grafen Auguste-Olympe Hériot kennengelernt hatte, ist leicht zu erraten. Es muss der Poloklub gewesen sein, wo sie mit ihrem Gatten Otto Baron Parnegg oft zu treffen gewesen war und wo offenbar auch Graf Hériot gern verkehrte. Aber Hériot war nicht nur ein begeisterter Reiter und wagemutiger Polospieler, sondern auch ein ambitionierter Amateurboxer, Degenfechter und Rudersportler. Wien galt schon seit der Jahrhundertwende als „Stadt der starken Männer“, was sich allerdings in erster Linie auf Gewichtheber bezog, während öffentliche Boxkämpfe bis 1919 in Wien verboten waren. Aber zwischen den beiden Weltkriegen war Boxen auch in Wien rasch salonfähig geworden. Amerikanische Millionäre wie Henry Ford, die Vanderbilts oder die Astors waren das Vorbild. Der amerikanische Profiboxer Jack Dempsey war der berühmteste Sportler der 1920er Jahre. In Deutschland kämpfte sich Max Schmeling in die Herzen seiner Landsleute. Die Boxkämpfe waren die ersten Sportereignisse, die im Radio übertragen wurden. Auch in Wien wurden sie zu Besuchermagneten. Von 1929 bis 1938 erlebten die Wiener Box-Professionals ihre erste große Blütezeit. Poldi Steinbach wurde 1931 Europameister im Mittelgewicht, Heinz Lazek 1935 und 1938 Europameister im Halbschwer- und Schwergewicht und Ernst Weiss 1936 Europameister im Fliegengewicht. Boxen eröffnete den Männern der Faust den Zugang zu Akademikern, Künstlern und noblen Frauen.

Mehr noch als das Boxen faszinierte Hériot das Säbel- und Degenfechten. Er war einer der besten Fechter der Welt und sponserte auch in Wien Schaukämpfe, in denen er gegen ägyptische, spanische und italienische Meister antrat. Der Österreichische Fechtverband veranstaltete 1931 anlässlich der Wiener Festwochen im Wiener Athletiksportklub, in der Rustenschacherallee, ein Galafechten. Das Programm bestritt die österreichische und internationale Fechtelite. Als eines der interessantesten Gefechte wurde das Degen-Assaut des Grafen Auguste-Olympe Hériot gegen den österreichischen Fechtmeister Kurt von Oberleithner angekündigt, Österreichs jüngsten Säbelmeister.[252] Hériot führte auch gegen den ägyptischen Meisterfechter Baron Jacques Menasse ein Degengefecht auf acht Touchés. Aber er wurde in Wien nicht nur durch seine sportlichen Erfolge bekannt, sondern auch als einer der wichtigen Sponsoren des Wiener Fechtsports.[253]

Hériot war auch Rudersportler und Rudersponsor. Dem Wiener Ruderklub Triton spendete er zwei Rennboote. Taufpatin war Hilda Gräfin Hériot. Wahrscheinlich war es der Sport, der Hériot bewog, sich in Donaunähe im Prater anzusiedeln. Denn nach der Heirat bezog er mit Hilda ein zu ihren bisherigen Lebenswelten völlig konträres, aber nicht minder spektakuläres Domizil in der Rustenschacherallee, wo die Wege zu seinen bevorzugten Sportarten nicht weit waren.[254] Hériot hätte sich im biedermeierlich-neubarocken Hietzing neben dem Eingang zu den Schönbrunner Schlossanlagen sicher nicht wohlgefühlt. Er suchte ein Ambiente, wo er unkompliziert und rasch seinen sportlichen Ambitionen nachgehen konnte.

Auguste-Olympe Hériot war aus dem Weltkrieg mit vielen Tapferkeitsmedaillen, aber als gebrochener Charakter zurückgekehrt. Als ehemaliger, vielfach ausgezeichneter Kolonialoffizier hatte er aus Ostasien, Ägypten und Afrika nicht nur schöne Vasen und Stoffe, antike Skulpturen und exotische Plastiken, kostbare Möbelstücke und allerlei sonstige Kunstwerke mitgebracht, die einen Rahmen brauchten, um sie entsprechend zur Geltung zu bringen. Er hatte sich auch exotische Lebensgewohnheiten und Vorlieben angeeignet, die jedes konventionelle Ambiente gesprengt hätten. Hildas Haus in der eleganten, aber engen Hietzinger Maxingstraße direkt neben den Schönbrunner Schlossgärten entsprach sicher nicht Hériots Bedürfnissen nach Natur, viel Platz und großer Freiheit. Da war die zwar nicht ganz so noble, aber ins Grüne führende Rustenschacherallee im Prater nahe den Donauauen viel geeigneter. Er kaufte dort eine aus der Jahrhundertwende stammende Villa und ließ sie großzügig umbauen. Als „Sportsman" und Naturfreund wollte Hériot ein Haus mit großen Terrassen, einen Wintergarten mit versenkbaren Glaswänden und für die Autos eine elegante und bequeme Zufahrt. Dazu kommt, dass den sportlichen Bedürfnissen des Hausherrn entsprechend sowohl für ihn wie auch für die Gattin je ein großer Baderaum einzurichten war, der alle Möglichkeiten moderner Körperpflege berücksichtigen sollte, im Dachboden ein Fechtsaal, ein Billardtisch im Erdgeschoss und in der Küche die modernste elektrische Ausstattung. Wer kochte da? Die Stallungen wurden zu Garagen und die Dienerwohnungen vergrößert und verbessert. Vor allem aber war es der lebende Leopard, den man im Wohnraum haben wollte. Wie sollte man damit umgehen? Das um die Jahrhundertwende im „englischen Stil" errichtete Haus musste ein so radikales Facelifting und im Inneren eine so grundlegende Umgestaltung erhalten, dass nur die Außenmauern erhalten blieben.

Eva Maria Mandl widmet in ihrem wunderbaren Blog www.prater-cottage.at neben zahlreichen anderen Berühmtheiten und Exzentrikern und Exzentrikerinnen, die in der Rustenschacherallee wohnhaft waren, auch dem Ehepaar Hériot und seinem berühmten Gästehaus entsprechende Aufmerksamkeit. Den Lebensstil und die in den 1930er Jahren von Auguste und Hilda verwirklichten Wohnkonzepte hatte Colette in ihrem 1920 veröffentlichten Roman *Chéri* bereits vorweggenommen, dessen Titelfigur Fred Peloux ganz die Züge von Auguste-Olympe Hériot trägt. Peloux will „ein schwarzes Badezimmer, einen chinesischen Salon und ein mit Schwimmbad und Gymnastikraum ausstaffiertes Untergeschoß haben" und auf die Einwände des Architekten antwortet er: „Das ist mir ganz egal. Ich zahle, ich will bedient werden. Der Preis spielt keine Rolle." Doch zuweilen zerpflückt Colettes Romanheld einen Kostenvoranschlag und versichert, ihn könne man nicht übers Ohr hauen: „Er hielt lange Vorträge über Serienproduktion, Asbestzement und farbigen Stuck, und das mit überraschender Gewandtheit und einem exakten Zahlengedächtnis, was den Unternehmern Respekt abverlangte."[255] Genauso weltfremd und gleichzeitig höchst fachmännisch mischte sich auch Hériot in die Planungen seiner Architekten Friedl Dicker und Franz Singer für seine Villa und das zugehörige Gästehaus in der Wiener Rustenschacherallee ein.

Colette war trotz ihrer vielen Ehen und gleichgeschlechtlichen Liebesabenteuer niemals von ihrem Kurzzeit-Geliebten Hériot losgekommen. „Er wird niemals glücklich sein", meinte sie, „denn er ist auf traurigem Grund gebaut." Sein und auch ihr Lebensstil sprengten jedenfalls radikal die Grenzen aller damaligen Tabus. 1933 bemerkte Colette spitz: „Ich glaube, er lebt nun in Wien; einer seiner Freunde, der ihn dort traf, erzählte mir, dass ich die einzige gewesen wäre, die ihm das Gefühl gab, nicht nur an seinem Vermögen interessiert zu sein."[256] Bei einer anderen Gelegenheit kam sie auf Hériots verschwenderischen und exzentrischen Lebensstil zu sprechen: Er habe seinen Sekretär beauftragt, die gesamte Einrichtung seines Pariser Hauses nach Wien zu transportieren, sogar die Telefonkabel deswegen herausreißen lassen. „Ich kann mich sehr gut an sein Heim erinnern, mit all den Papageien und Tigerfellen."[257] In Wien kam dann ein lebender Leopard als Haustier dazu.

Bei der Neugestaltung des 1906 von Oskar Laske errichteten und 1931 von dem Architekten Fritz Reichl einem tiefgreifenden Umbau unterzogenen Hauses regierte das Bauhaus.[258] Der minimalistische Wintergarten wurde mit Stahlrohrmöbeln von Marcel Breuer bestückt. Die Möbel im „Großen Wohnzimmer" wurden mit einer altchinesischen Ruheliege aus vergoldetem Pappelholz ergänzt. Im Speisezimmer wurde eine Wandmalerei von Hilde Jesser platziert. Es gab einen aprikosenfarbigen Samtvorhang, einen amarantroten Bodenbelag und eine mit Zebranoholz vertäfelte Kleiderablage. Der Barschrank im Herrenzimmer war aus Rio-Palisander, die Couchgarnitur wurde mit tabakgelbem Kalbsleder überzogen und das „Badezimmer des Herrn" mit Wänden in gelbem Gussglas und Gummi als Bodenbelag ausgestattet. Es dominierten die Lieblingsfarben von Coco Chanel: Creme, Beige, Schwarz und Gold. Doch wie soll man diesen Mischmasch benennen? Art déco, Bauhaus, Neue Sachlichkeit oder doch Neuer Primitivismus, aber mit den teuersten und modernsten Materialien?

Das Haus wurde so prachtvoll und luxuriös ausgestattet, wie nur großer Reichtum und hervorragender Geschmack es zustande bringen konnten. Das Paar pflegte einen exzentrischen Lebensstil mit einem Leoparden (!), einem Papagei und mehreren Hundekäfigen mitten im Wohnbereich. Der Swimming-Pool war mit Unterwasserbeleuchtung ausgestattet, die Eingangshalle marmorgetäfelt, der kleine Wintergarten mit einer automatischen Bewässerung ausgerüstet und der Wohn-Schlafraum mit einem ausgeklügelten Dreh-, Klapp- und Schiebemobiliar, mit Massagebank, Klimaanlage, versenkbaren Fenstern und einem separaten Zugang zur großen Terrasse versehen. In den Wohnräumlichkeiten sah man Bauhaus-Freischwinger ebenso wie fernöstliche Plastiken, eine kubistische „Anna Selbdritt" von Friedl Dicker und Fresken von Hilde Jesser-Schmid. Und das Dachgeschoss verfügte über einen Fechtsaal.[259]

DAS GÄSTEHAUS

Die spektakuläre Innenausstattung der Villa wollte so gar nicht zu jenem ornamentalen Pomp passen, mit dem Hilda aufgewachsen war und sich bisher umgeben hatte. Das architekturgeschichtlich sowohl formal wie technisch wirklich herausragende Projekt, das das Ehepaar Hériot in Auftrag gab, war aber das Gästehaus, das man 1932/33 im großen Garten der Villa von den Bauhausarchitekten Friedl Dicker und Franz Singer verwirklichen ließ. Der Publizist, Redakteur beim *Neuen Wiener Tagblatt* und spätere Chefredakteur der *Presse* Milan Dubrović, der Dicker und Singer noch persönlich gekannt hatte, meinte sinngemäß: Wenn man modern und fortschrittlich war, dann hat man Dicker und Singer beauftragt.[260] Auf ein schon bestehendes Garagen- und Wirtschaftshaus wurde ein auskragendes Obergeschoß in Eisenskelettbauweise aufgesetzt. Der Grundriss des neuen Obergeschoßes umfasste 13 abgeschlossene Räume, die durch vor- und zurückspringende Wände miteinander verschränkt waren. Dieses Ineinanderschachteln von mehreren abgeschlossenen, relativ kleinen Zimmern schuf genug privaten Raum für die zu beherbergenden Gäste. Das Obergeschoß wurde von einem mit Glas verkleideten, zylinderförmigen Aufzug erschlossen, den eine Wendeltreppe umgab. Von der Terrasse führte eine freitragende Treppe auf die Dachterrasse mit einer eingebauten Laube mit wiederum halbkreisförmigem Dach.

„Das Innere nahm über den im alten Sockelgeschoss befindlichen Käfigen der Haustiere neben einer ‚Lounge', einem Bügelzimmer, einem ‚Office' und einem Gymnastikraum (Gymnasium) zwei Gäste-Appartements mit jeweils eigenem Diener- und Ankleidezimmer, kleinem Wintergarten mit automatischer Bewässerung und einem Wohn-Schlafraum mit ausgeklügeltem Dreh-, Klapp- und Schiebemobiliar, Massagebank, Klimaanlage, versenkbaren Fenstern und Zugang zur großen Terrasse auf", berichtet Iris Meder in *Offene Welten. Die Wiener Schule im Einfamilienhausbau 1910–1938.*[261] Die reichen Gäste fühlten sich von der Exotik der sparsamen Möblierung angezogen: aufklappbare Betten, in die Wand integrierte Tische und Stühle, wilde Farben und strenge Bauhausgeometrie. Ob das auch praktisch war?[262] Es war ein Programm, das auch für kleine und beengte Arbeiterwohnungen nutzbar sein sollte.

Das Gästehaus Auersperg-Hériot war in Bau und Möblierung als Gesamtkunstwerk entworfen worden. Junge Architekturstudenten und Studentinnen wie Leopoldine Schrom, die 1925 mit dem Studium begonnen hatte, fertigten für Dicker und Singer Planzeichnungen und erledigten im Detail viel von der Planungsarbeit. Der Wiener Architekt Georg Schrom hat viele Entwürfe gerettet. Ein so großer Auftrag war in dieser Notzeit die große Ausnahme. Dass er ausgerechnet am Höhepunkt der größten Auftragskrise und Arbeitslosigkeit erfolgte, brachte ihm eine Sonderstellung.

Spätestens im Jänner 1933 dürften die Arbeiten am Rohbau abgeschlossen gewesen sein. Singer schreibt am 14. Februar 1933 an Hilda: „Der Baufortschritt ist in den letzten Tagen wieder günstig. Es werden momentan die seitliche und rückwärtige Außenmauer verputzt, die Podien betoniert, die letzten Mauerteile im Inneren errichtet und der niedrige Dachteil über den Mädchenzimmern fertiggestellt."[263] In einer Collage in Form eines Leporellos wurden die Bauarbeiten vom Atelier dokumentiert.[264] In einem Jahr, wo wegen der Krise fast nichts gebaut wurde, wollte man maximale Aufmerksamkeit erreichen. Am 12. Juli 1933 gab es die Benützungsbewilligung des Hauses. In der Endabrechnung wurde die Bausumme mit insgesamt 433.500 Schilling angegeben. Unter Berücksichtigung der damaligen extrem niedrigen Lohnkosten wären das mindestens 20 Millionen Euro im heutigen Wert.

„Der Umbau musste wegen des Leoparden geschehen", erklärte Friedl Dicker. „Die Hériots konnten keine Gäste empfangen. Zu deren Sicherheit stellten wir ein zweites Stockwerk mit einer Außentreppe, die zu einem getrennten Eingang führte, auf das Gästehaus.... Hier wollten die Hériots ihre großen Feste veranstalten, ohne die sie nicht leben konnten." „Wir verglasten das Obergeschoß, was dem niedrigen Gebäude etwas Luftig-Schwebendes verlieh, und legten auf das Dach einen Garten mit Wegen und Blumenbeeten."[265]

Alles hatte etwas Surreales und Dadaistisches an sich. Hériot war ein auf genaue Baupläne und strikte Termine bedachter Bauherr. Friedl Dickers Biografin Elena Makarowa beschreibt die Stimmung, die bei den Baubesprechungen geherrscht haben muss: „Guten Morgen, Fräulein Dicker!", verbeugt sich Herr Hériot und zieht seinen Hut. Auch der Leopard setzt sich grüßend auf die Hinterpfoten und reißt das Maul auf. Die Hand im weißen Glacéhandschuh muss die Leine fest in der Hand haben."[266] Die Bauarbeiter reagierten verstört und drohten mit der Gewerkschaft und dem Arbeitsinspektorat. Die Hériots mussten versprechen, auf keinen Fall wieder mit dem Leoparden hier aufzutauchen, sonst würden die Arbeiter sich mit einer Klage an die entsprechenden Stellen wenden. Aber was hätten die Arbeiter machen sollen? Zu streiken oder die Arbeit einzustellen war angesichts der herrschenden Arbeitslosigkeit keine wirkliche Option.

Alles musste bei Hériot schnell gehen, als hätte er geahnt, dass ihm nicht mehr viel Zeit blieb. „Ein Schlafsofa ist immer noch nicht geliefert", rügt er. Er hatte noch so viel vor. Er möchte die Zeichnung des Leoparden von Friedl Dicker erwerben, sagt er, und er will sogar denselben Preis zahlen wie für das Schlafsofa. „Das ist doch weit überzahlt, für eine Skizze, die in fünf Minuten entstanden ist", gibt sich Dicker bescheiden. Hériot darauf: Er wisse, was es wert sei und was er bezahlen wolle: „Diese Österreicher sind ein seltsames Volk. Ein paar wenige Genies. Eine vergleichsweise große Gruppe Intellektueller. Der Rest sind Idioten. Aber damit sind nicht Sie gemeint."[267] Die Hériots reisen ab. Dicker muss zusichern, jede Woche Fotos zu übersenden, die den Fortgang der Arbeiten dokumentierten. Das Atelier Dicker/Singer lieferte wunderschön kolorierte Pläne in axiometrischer Darstellung, von denen durchaus zu bezweifeln ist, ob die Auftraggeber sie fachgerecht verstehen und interpretieren konnten. Aber sie mussten fristgerecht da sein. Hériot bestand nicht nur auf Pünktlichkeit, sondern auch auf strenger Avantgarde und zugleich vollem bürgerlichem Komfort: Polstermöbel, Teppiche, Gardinen ...

Man hatte nicht viel Zeit. Die Baubewilligung für das Gästehaus wurde im April 1933 erteilt. Im Sommer war es fertiggestellt. Im Jahr darauf erkrankte Hériot. Die Sommermonate 1935 verbrachte er noch in Wien. Im August 1935 gaben Auguste-Olymp Hériot und Hilda eine Soiree, die sich auch in dem mit Lampions geschmückten Teil ihres Gartens abspielte.[268] Eine Gästeliste ist leider nicht überliefert. Aber man kann annehmen, dass die Wiener High Society entweder gar nicht kam oder sich nicht wohlfühlte.

Das Gästehaus Hériot, das auf dem Höhepunkt der Weltwirtschaftskrise in den Jahren 1932/33 errichtet worden war, war das einzige Großprojekt, das das Atelier Singer/Dicker realisieren konnte. Es war wohl eines der originellsten Gebäude seiner Zeit. Modernistische Formensprache, außergewöhnliche Gestaltung und raffinierte Ausstattung waren dem Milieu der Auftraggeber geschuldet und wurden zum Mittel gesellschaftlicher Distinktion. Ein avantgardistisches Haus, gedacht für die Gäste des Paares, ausgestattet mit jedem erdenklichen Komfort, vom gläsernen Aufzug bis zur begrünten Dachterrasse. Man plante wandelbare Gästezimmer, die an wechselnde Bedürfnisse und Wünsche anpassbar waren, dazu genug Platz für abendliche Partys am Pool, einen Waschplatz für die Autos, eine Halle für die körperliche Ertüchtigung, einen Wintergarten, eine Dachterrasse, Ankleideräume, Dienerzimmer, mehrere WCs und Badezimmer, Gymnastikraum und genügend Stauräume. Man hatte Platz genug. Und dennoch wurde alles praktisch und raumsparend geplant. In den Gästezimmern gab es ein Podest, aus dem ein Doppelbett mit Nachttischen herausgedreht werden konnte, oben auf dem Podest eine Sitzecke mit Stahlrohrcouch, Tischchen, Schränken, Stapelstühlen und einem Schreibtisch, die Ankleideräume mit Wasch- und Duschnische, eingebautem Toillettefach mit Seiten- und Rückspiegel und Drehfauteuil, dazu Wäsche- und Kleiderschränke sowie eine Sitz- und Massagebank. Möbel für die Zukunft sollten es sein, die nicht nur in eine Millionärswohnung, sondern auch in eine kleine Arbeiterwohnung passen sollten. Im Parterre befanden sich die Dienstbotenzimmer, das Zimmer des Chauffeurs, die Garage, die Treppe ins Obergeschoß und der Zugang zum neuen Keller mit der Ölheizanlage. Bemerkenswert waren der zylinderförmige Aufzug mit Glasverbauung und Schraubenspindelantrieb und eine Wendeltreppe, die um den Aufzug herumgeführt wurde.

In der zeitgenössischen österreichischen Presse und Architekturkritik wurde zum Gästehaus zwei Mal Stellung bezogen. Gisela Urban, die stellvertretende Vorsitzende des Bunds Österreichischer Frauenvereine (BÖFV), berichtete 1933 in der dem „Ständestaat" und der Vaterländischen Front nahestehenden Zeitschrift *Die Österreicherin* über das Haus, das bei einer Führung der Öffentlichkeit zugänglich gemacht worden war.[269] Sie hebt die „ingeniöse Konstruktionskunst" der Einrichtung hervor und verweist auf die geschmackvolle Farbwahl und die Harmonie der Materialien. Auch in der Zeitschrift *Die Pause*, die ebenfalls dem kulturpolitischen Auftrag des „Ständestaat"-Regimes verpflichtet war, wurde der Bau 1936 vorgestellt.[270] Er wurde unter dem Stichwort „Modernes Wohnen" mit Wohnungseinrichtungen anderer österreichischer Architekten wie

Ernst Plischke, Jaques Groag und Josef Hoffmann verglichen: „Alles in diesem Hause deutet auf eine heitere Leichtigkeit des Daseins, auf Entspannung und Erholung. Die Terrasse ist moderner Wohnraum im Freien. Man kampiert am Boden, variable, zusammenbaubare Liegepolster schaffen die ideale Möglichkeit dazu. – Dieses ‚Gästehaus' zeigt, wie der moderne Architekt auch mit so entlegenen Steigerungen des modernen Wohnbedürfnisses Schritt zu halten und eine so seltene Aufgabe in scharmanten [sic!] Formen zu lösen vermag."[271]

FRIEDL UND HILDA

Hilda mochte die Kommunisten nicht, aber sie mochte Friedl Dicker. Die Beziehung zwischen Hilda Auersperg-Hériot und Friedl Dicker muss recht herzlich gewesen sein: „Die Gräfin war gegenüber Friedl entzückend, was mich wirklich sehr gefreut hat, und wird deren Intervention sicher etwas nützen", meinte Franz Singer.[272.] Dass Hilda aus ihren insgesamt drei Ehen keine Kinder hatte, mag erklären, warum ihr die von Friedl Dicker entworfene Plastik „Anna Selbdritt", dieses Urbild einer Dreigenerationenfamilie, solch ein Anliegen war, ihrem Gatten genauso wie ihr selber. Hériot kümmerte sich persönlich um die sachgerechte Aufstellung der Figur: „Die Skulptur soll aus dem Garten in die oberste Etage kommen, so wie es in der Planskizze steht", mahnte er. „Auf der nicht fristgerecht fertig gestellten Zeichnung sei die ‚Anna Selbdritt' in der oberen Etage vor eine braune Wand gestellt", rügte er. „Ob das so passt?"[273]

Friedl Dicker machte aus dem Motiv der besonders in der Ikonographie des Spätmittelalters und der Renaissance beliebten Anna Selbdritt – Anna, Maria und Jesuskind – eine kubistische Plastik. Auf einer vertikalen Achse fließen die Figuren ineinander, die Körper aus Röhren und Zylindern, die Köpfe als bloße Kugeln. Verwendet wurden industrielle Materialien: Nickel, schwarzes Eisen, Messing, Glas, weißer und roter Lack. Friedl Dicker variierte das Thema, mit dem sie sich seit 1921 beschäftigt hatte, immer wieder und arbeitete sich daran ihre eigenen Probleme ab: in Bildern, Kollagen und dreidimensionalen Formen. Die zweieinhalb Meter hohe Figur wurde zuerst in der Vorhalle des Weimarer Bauhauses aufgestellt und landete dann im Gästehaus der Villa Heriot. Niemand weiß, wo sie hingekommen ist und was daraus geworden ist. Wahrscheinlich ist sie zerstört wie das Gästehaus selber.[274] Erhalten sind die eindringlichen, sorgfältig gearbeiteten Entwürfe.

Die Wahl des Selbdritt-Themas war für Friedl Dicker und auch für Hilda Auersperg sicher nicht zufällig – Kinderlosigkeit blieb für sie ebenso wie für Hilda Auersperg das Trauma ihres Lebens. Friedl Dicker arbeitete sich an der „Heiligen Anna", der biblischen Geschichte von der Jungfrau Maria als Tochter des alten kinderlosen Paars Joachim und Anna, der jungfräulichen Geburt Marias und der wundersamen Empfängnis des Jesuskinds ihre eigene Kinderlosigkeit ab. Sie hatte unter dem Druck ihres Partners Franz Singer, der als verheirateter Mann aus der Beziehung mit ihr keine Kinder wollte, mehrere Male abtreiben müssen. Franz Singers Ehe ging in Brüche. Friedl litt sehr darunter und wollte weg von ihm, möglichst weit weg. In ihren Kreisen wurde zwar sexuelle Treue weder verlangt noch geschätzt. Aber Franz machte von seiner sexuellen Freiheit allzu großzügig Gebrauch. Auch als Familienvater setzte er die Liebesbeziehung mit Friedl Dicker weiter fort. Immer wieder machte Friedl sich deswegen Vorwürfe: „Woher soll ich denn den Mutterinstinkt haben, wenn ich nie ein Kind im Bauch hatte?"[275]

Friedl Dicker hatte das Thema der biblischen Mutter Anna und ihrem Kind und Enkelkind in malerisch-stereometrischen Lösungen entwickelt, aber auch plastische Kompositionen von drei ineinander verschränkten Figuren versucht, die die Dreigenerationenfolge andeuten. Der Stuttgarter Kunsthistoriker Hans Hildebrandt, einer der Wegbereiter der klassischen Moderne, nannte diese Plastik „eines der originellsten Werke der modernen Frauenkunst" und nahm sie auch in seine Publikation *Die Frau in der Kunst* aus dem Jahr 1928 auf, zusammen mit einem gewobenen Wandteppich für ein Kinderzimmer von 1925.[276] „Hätte ich ein Kind", schrieb Friedl, „wäre ich kampffähiger und hoffte, wo es mir misslingt, wird es das Kind besser machen." Jahre später, im Konzentrationslager Theresienstadt, war die kinderlose Friedl mit ihrem Zeichenunterricht und den vielen dabei entstandenen Kinderzeichnungen für Hunderte von Kindern und Schülern eine Mutter geworden. Doch die Mehrzahl dieser Kinder musste vorzeitig und gewaltsam sterben.

Friedl Dicker – sie war seit 1931 KPÖ-Mitglied – geriet wegen ihrer politischen Aktivitäten in Österreich zunehmend unter Druck, wurde kurz auch verhaftet und emigrierte in die Tschechoslowakei. Sie trennte sich von Singer, der den Kommunisten wenig Verständnis entgegenbrachte. Dieser war 1934 zu seiner Frau Emmy Heim nach London übersiedelt. Sie selber heiratete im April 1936 ihren Cousin Pavel Brandeis und wurde tschechoslowakische Staatsbürgerin. Künstlerisch arbeitete sie sich ab 1936 statt an der Anna Selbdritt an der wundersamen Wiedererweckung des Lazarus vom Tode als Thema ab: Vielleicht verkörpert Lazarus die Hoffnung? Am 17. Dezember 1942 kam Friedl Dicker zusammen mit 650 anderen Juden aus der Sammelstelle Königgrätz im Konzentrationslager Theresienstadt an. Die Deportierten waren jetzt zu Nummern geworden. Friedl Dicker-Brandeis hatte die Nummer 548, ihr Mann Pavel die Nummer 549. Nur 52 Menschen aus diesem Transport sollten den Krieg überleben. Die Kinderzeichnungen, die unter ihrer Anleitung in Theresienstadt entstanden, zählen zu den berührendsten künstlerischen Zeugnissen der Shoah.

Hilda war orientierungslos. Mit ihrer Beziehung zu Hériot wurde sie zunehmend unzufriedener. Im Sommer 1933 war das Gästehaus vollendet. Man wollte auch im Haupthaus, das ja schon von Fritz Reichl einer umfassenden Neugestaltung unterzogen worden war, noch Adaptierungen vornehmen lassen. Es sollte, so der Plan, nochmals neu eingerichtet und ergänzt werden. Doch die Erkrankung Hériots zusammen mit der politischen Lage stellte alles in Frage. Zuerst kam der sozialdemokratische Aufstand gegen die Diktatur im Februar 1934, im Juli dann der Putschversuch der Nationalsozialisten gegen das Dollfuß-Regime. Und der Druck des nationalsozialistisch gewordenen Deutschen Reiches wurde immer größer. Aber auch die Ehe Hildas war zerrüttet. Sie suchte nach einer neuen Sinnstiftung. Im Jahr 1934 findet man Hilda unter den Studierenden des Instituts für Kunstgeschichte der Universität Wien: Das Thema ihrer Aufnahmearbeit war: *Brueghels Kinderspiele*.[277] Das hatte wenig zu tun mit dem Bauhaus, aber vielleicht viel mit Hildas Wunsch nach einem anderen, weniger exaltierten Leben mit Kindern.

Sie stand auch nach Abschluss der Bauarbeiten am Gästehaus mit Singer und Dicker weiter in Verbindung. In einem Brief gab Franz Singer

Hilda Besichtigungsempfehlungen für verschiedene Bauten in Paris, unter anderem für die Villa Stein-de-Monzie, die im Jahr 1927 von Le Corbusier für Gabrielle de Monzie und für ihre Freunde Michael und Sarah Stein in Vaucresson im Westen von Paris errichtet worden war. Möglicherweise sah Hilda bei ihrem Paris-Aufenthalt den Stuhl LC7 und ließ sich daraufhin vom Atelier ein ähnliches Modell entwerfen.[278]

Hildas Ehe mit Hériot wurde immer schwieriger. Er erkrankte, zog sich in Sanatorien zurück und kam immer seltener nach Österreich. Er sei in eine Klinik eingewiesen worden und es sei offen, ob er nach Wien zurückkehren würde, schrieb Hilda in einem undatierten Brief an Singer: „Abgesehen von alledem werde ich bis zu meinem Heimkommen hoffentlich über die Art meines weiteren Lebens etwas klarer sehen; es handelt sich dabei um die Frage, ob Auguste überhaupt oder zeitweise aus der Anstalt herauskommt & Sie können sich denken, dass ich mein Leben – wenn ich in diesem Haus ohne ihn bleiben soll – anders einrichten möchte als die vergangenen, für seine Zerstreuung auf Geselligkeit & Blödeln & 10% Snobismus aufgebauten Zeiten. [...] Auguste [...] sagt, dass er sehr krank ist & nie mehr gesund wird & ist wie immer undurchsichtig."[279]

Den Sommer 1935 über war Hériot noch einmal in Wien. Das Paar besuchte verschiedene Veranstaltungen, verbrachte mehrere Wochen auf Schloss Ernegg im Kleinen Erlauftal bei Hildas Cousin Ferdinand Graf Auersperg und gab im Juli im Gästehaus eine Soiree, die sich auch in dem mit Lampions geschmückten Teil ihres Gartens abspielte.[280] Im September 1935 war August Graf Hériot aus Wien zum Kurgebrauch in Badgastein eingetroffen.[281] Es dürfte das letzte Mal gewesen sein, dass er in Österreich war.

1936 war Hilda, offensichtlich aber schon allein, auf Winterurlaub in Radstadt. Sie fand in der Villa Dr. März Quartier und nahm Schiunterricht in der Radstädter Schischule Hochleitner-Pichler.[282] Offenbar wollte Hilda das Gästehaus anders nutzen. Umänderungen, von denen Leopoldine Schrom an Singer berichtet, legen dies nahe: „Für Gräfin Hériot Bank kalkuliert: Sie wohnt im Gästehaus im WR. I, will [für] den WR. II mehr Platz, mehr Sitzgelegenheiten. Haben Ihr vorgeschlagen und skizziert, statt der Podiumsstufen eine (etwas geneigte) Bank mit den für die Terrasse bestimmten Rosshaarpolstern aufgelegt."[283]

Hilda war beileibe keine Kommunistin, nicht einmal links. Auf der einen Seite steht ihr enges, ja freundschaftliches Verhältnis zur kommunistischen Architektin und Künstlerin Friedl Dicker und der Einsatz des Ehepaars Hériot für die progressive Bauhauskunst, auf der anderen Seite ihre Sehnsucht nach einer „bürgerlicheren" Lebensgestaltung und ihr Naheverhältnis zu strikt antikommunistischen exilrussischen Adelsgruppen: „Weißgardistische Kriegshetzer und Antisowjethetzer" nannte sie die kommunistische *Rote Fahne*.[284] Und sie nannte neben Graf und Gräfin Coudenhove-Kalergi und Fürst Trubetzkoy auch Hilde und Olymp Hériot. Hilda nahm wiederholt an den religiösen Feiern der Exilrussen teil, am orthodoxen Osterfest und an ihren Gottesdiensten. Das waren nicht nur religiöse, sondern auch politische Treffen.

EIN NEUES LEBEN: DOROTHY THOMPSON

Zentral für Hildas weiteres Leben wurde ihre Bekanntschaft mit der amerikanischen Starjournalistin Dorothy Thompson. Nach dem Ersten Weltkrieg war die junge Thompson als freie Korrespondentin für den *Philadelphia Public Ledger* und die *New York Evening Post* nach Wien gekommen. Ihr erster Erfolg war ein Exklusivinterview mit Kaiserin Zita nach dem erfolglosen Versuch Kaiser Karls, seinen Thron in Ungarn zurückzuerobern. Sie berichtete über Ernährungsunruhen in Wien, über Inflationsgewinner, über Kaffeehäuser, über Richard Strauss und über den 25. Todestag von Johannes Brahms und die noch immer großartige Wiener Musikkultur. „Musik sei das Letzte, worauf Wien verzichten wird!" Sie beschäftigte sich sowohl mit den sozialen Problemen als auch mit der beliebten Volksschauspielerin Hansi Niese. Sie interviewte Edvard Beneš und Tomáš Masaryk. Offensichtlich wurde Hilda durch ihre Beziehungen und Kontakte für Thompson zu einer wichtigen Bezugsperson.

Als Thompson 1925 zur Leiterin des Zentraleuropäischen Dienstes für den *Ledger* und die *New York Evening Post* aufrückte und nach Berlin wechselte, blieb sie weiter mit Österreich in engem Kontakt. Sie lernte Künstler wie Ödön von Horváth, Berthold Viertel, Stefan Zweig und Fritz Kortner kennen. Mit Carl Zuckmayer, der sich aus den Erträgen seines

Fröhlichen Weinbergs ein Anwesen am Wallersee gekauft hatte, entwickelte sich eine enge Freundschaft. Thompson mietete eine Wohnung in der Wiener Wohllebengasse und ein Haus am Semmering. Dort traf sie auch Franz Werfel und Alma Mahler. 1927 reiste sie nach Russland, um über den zehnten Jahrestag der bolschewistischen Revolution zu berichten. Das Ergebnis war ihr Buch *The New Russia,* in dem sie unter anderem die Unterdrückung der Religion, die Zensur und die Allmacht der Geheimpolizei OGPU beleuchtete.

Im Dezember 1931 interviewte sie Adolf Hitler im Hotel Kaiserhof in Berlin. Die Begegnung beschrieb Thompson in Zeitungsartikeln und in ihrem 1932 veröffentlichten Buch *I saw Hitler!,* das erst jüngst mit 90-jähriger Verspätung vollständig ins Deutsche übersetzt wurde. Thompson bezeichnete darin den „Führer" als „Prototypen des kleinen Mannes", empfand den „fast feministischen Charme" des Österreichers und seinen „breiten österreichischen Dialekt" als recht wenig anziehend und gewann von ihm schon nach wenigen Sekunden den Eindruck von „erschreckender Bedeutungslosigkeit und Belanglosigkeit". Sie resümierte, Hitler werde nicht an die Macht gelangen: „Oh, Adolf, Adolf! Das Glück wird dich verlassen!" Dorothy Thompson irrte sich wie so viele kritische Zeitgenossen und politische Gegner. Ein Jahr nach dem Interview und ein halbes Jahr nach dem Erscheinen des Buchs war Hitler an der Macht.

Ob Thompson, wie so viele ihrer Zeitgenossen, Hitler tatsächlich schlimm unterschätzte oder ob, wie das der Germanist und Herausgeber der deutschen Übersetzung Oliver Lubrich plausibel zu machen versucht, das keineswegs der Fall ist und die ihr unterstellte „legendäre Fehleinschätzung" Hitlers nur eine Fehleinschätzung des dramaturgischen Aufbaus von Thompsons Buch sei? Ihre schon in den ersten Minuten des Interviews aufsteigende Irritation über Hitlers kleinbürgerliches Erscheinungsbild und sein in Thompsons Augen lächerliches Auftreten habe bei ihr einen Erkenntnisprozess über die Gründe für Hitlers Wirkmächtigkeit ausgelöst: die Verführbarkeit der enttäuschten Massen durch einen, der so ist wie sie. Was Thompson unterschätzte, war die Wirksamkeit der populistischen Agitation und die Bereitschaft so vieler, diese nicht nur zu akzeptieren, sondern dabei auch mitzuwirken.[285]

Am 25. August 1934 musste Thompson Deutschland innerhalb von 24 Stunden verlassen. Sie war die erste unter den Auslandskorrespondenten Berlins, die gehen musste. In ihren Zeitungskolumnen und Rundfunkkommentaren wurde sie zu einer der wichtigsten Mahnerinnen vor den von Hitler ausgehenden Gefahren. Für Goebbels und Hitler war sie, die in Amerika unentwegt und mit großem Einfluss gegen Hitler und die Nazis schrieb, zum größten Feindbild geworden: „Dieses schreckliche Weib", meinte Goebbels.[286]

Hilda Auersperg, die Dorothy von Anfang weg, als sie noch eine kleine Journalistin war, mit ihrem Wiener Netzwerk unterstützt hatte, musste fürchten, dass ihr diese Freundschaft nach dem „Anschluss" Österreichs zur Gefahr werden könnte. Und auch die jüdischen Spuren in Hildas Stammbaum konnten zum Nachteil werden. Hilda ließ sich 1938 von Hériot scheiden und entschloss sich zur Flucht. Die Umstände dieser Flucht oder Ausreise sind nicht wirklich klar. Zu Hilfe kam ihr dabei ihre Bekanntschaft mit Dorothy Thompson, die ihr eine Existenz in den USA ermöglichte. Offensichtlich war Hilda froh, nicht nur Hitlers Henkern entfliehen zu können, sondern auch ihrer eigenen Vergangenheit und Lebenswelt. Kokoschkas Gemälde „London, kleine Themse-Landschaft", heute in der Wiener Albertina, Sammlung Batliner, verkaufte sie. Wann und an wen, ist nicht dokumentiert, auch nicht, ob und wie weit Zwang dahinterstand. Eine Restitution wurde nie beantragt. Die Besitzfolge ist von der Albertina dargestellt, allerdings mit einer bemerkenswerten Lücke zwischen 1936 und 1983.[287] Ob und welche Kunstwerke Hilda 1938 noch veräußerte oder veräußern musste, ist unbekannt. Was geschah mit der Anna Selbdritt? Was mit dem Mobiliar in der Rustenschacherallee? An der Villa und dem Gästehaus besaß sie keine Eigentumsrechte. Noch 1948 wurde Hériot vom Gericht als Alleineigentümer geführt und unbekannten Aufenthalts gesucht.

Hilda verließ am 3. November 1938, noch bevor im Novemberpogrom, der sogenannten Reichskristallnacht, die antisemitischen Ausschreitungen in Wien einen ersten schrecklichen Höhepunkt erreicht hatten, auf dem Dampfer *New York* der Hamburg-Amerika-Linie in der dritten Klasse Deutschland in Richtung Amerika, wo sie, nunmehr erstmals auf ein eigenes Einkommen angewiesen, als Sekretärin, Stenographin und Radiosprecherin für Dorothy Thompson zu arbeiten begann.[288] In Amerika fing für Hilda ein ganz neues Leben an: mit einer bis dahin recht ungewohnten eigenen Erwerbstätigkeit, mit einem zurückgezogenen Leben in einem umgebauten Bauernhaus im ländlichen Vermont und mit ihrer dritten Heirat mit Louis Rothschild.

Das weitere Leben ihres Ex-Ehemanns Hériot liegt ganz im Dunkeln. Er kehrte als Angehöriger des französischen Militärs nach Paris zurück. Ab 1937 ist er jedenfalls nicht mehr im Wiener Adressbuch verzeichnet. Somit blieben das Wohnhaus und das Gästehaus im Garten ohne Aufsicht zurück. Spätestens ab 1940 war die Villa in der Rustenschacherallee nicht mehr bewohnt. 1948 wurde Hériot von den österreichischen Gerichten mit unbekannter Adresse zur Vollstreckung einer Pfändung gesucht und die Exekution mittels zwangsweiser Pfandrechtsbegründung durch bücherliche Einverleibung des Simultan-Pfandrechtes auf die der verpflichteten Partei zur Gänze gehörigen Liegenschaft, Grundbuch Leopoldstadt, Einl.Z. 1415Xll, bewilligt, so das komplizierte Juristendeutsch.[289] Da der Aufenthalt des Auguste-Olympe Hériot unbekannt war, wurde Dr. Franz Neubauer Rechtsanwalt, Wien l.. Opernring 8, zum Kurator bestellt, der ihn auf seine Gefahr und Kosten vertreten werde, bis er selbst auftritt oder einen Bevollmächtigten nennt.[290] Auguste-Olympe Hériot kam jedoch nie mehr zurück. Er verstarb am 2. Juni 1951 im 16. Pariser Arrondissement. Mit dem Abriss des Gästehauses und der Villa im Jahr 1960 sind die letzten Spuren in Wien verschwunden. Auch die Möblierung ist verschollen.

Valentine, die einzige Tochter des reichsten Mannes der Monarchie, setzte sich trotz ihrer Gehörlosigkeit durch. Und im Schießen brachte sie es zur Perfektion – Vater Albert dokumentierte dies persönlich mit einigen Fotos.

DIE STILLE

VALENTINE ROTHSCHILD-SPRINGER

Valentine war still, sehr still, zwangsweise still. Sie war gehörlos, wie die neuere korrekte Terminologie für die in allen älteren Veröffentlichungen übliche Bezeichnung „taubstumm“ lautet. Aber „stumm“ und kommunikationslos war Valentine nicht. Sie lernte, sich zu behaupten. Sie wollte kein Aschenputtel sein. Sie konnte einem Gegenüber fließend von den Lippen lesen, und das nicht nur auf Deutsch, sondern auch auf Französisch, Englisch und Hebräisch, und erwarb durch gezieltes Training auch die Fähigkeit, sich sprachgewandt sowohl mit Lauten als auch mit Zeichen in unterschiedlichen Gebärdensprachen mitzuteilen.

Gehörlosigkeit ist eine schwere Beeinträchtigung, auch wenn man sehr reich ist. Valentine musste früh lernen, sich durchzusetzen, und das in einer Familie, in der Frauen wenig zählten, und in einer Gesellschaft, die für körperliche und geistige Behinderungen sehr wenig Verständnis aufbrachte. Aber das war auch der Grund, dass sie ganz anders war als ihre Schwägerinnen und auch ihre Brüder. Das Verhältnis zu ihrem Vater, der nach dem Tod seiner Gattin Bettina sich immer mehr auf seine Hobbys, die Jagd, die Astronomie und das Schachspiel zurückzog, war offenbar sehr eng, auch wenn sie seinen Tod in gewissem Sinn als Befreiung empfand. Denn bereits ein halbes Jahr nach seinem Tod heiratete sie, ohne das sonst übliche Trauerjahr voll abzuwarten. Die Traditionen ihrer Familie bedeuteten ihr viel. Aber das Verhältnis zu den Brüdern blieb gespannt. Vielleicht ist gerade das symptomatisch, dass sie die Einzige unter den sechs Geschwistern war, die ihren ältesten Bruder Georg, der fast 30 Jahre seines Lebens in einer Anstalt für geistig Erkrankte isoliert war, regelmäßig besuchte.[291]

Man weiß nichts über ihre Ausbildung, welche Schulen sie besuchte, welche Erzieher sie hatte und welche Hilfen sie erhielt. Ganz in der Nähe der Rothschild-Palais auf der Wieden im vierten Wiener Gemeindebezirk befand sich ja die traditionsreichste Wiener Institution für die Förderung gehörloser Kinder. Diese Einrichtung mit dem Namen „Taubstummen-Institut" – die Bezeichnung „Bundesinstitut für Gehörlosenbildung" wurde erst 2014 gesetzlich eingeführt – war schon 1779 auf Initiative Kaiser Josephs II. mit einem Zimmer für den Unterricht von Tauben und Stummen im Wiener Bürgerspital begründet worden. 1807 wurde sie in den vierten Bezirk verlegt. Bis 1912 befand sie sich dort unter den Adressen Favoritenstraße 13 und Taubstummengasse 13–17 in nächster Nähe zu den Rothschild-Palais in der Prinz-Eugen-Straße, Plößlgasse und Theresianumgasse. Die Taubstummengasse erinnert bis heute an diese alte Institution auf der Wieden.

Im 19. Jahrhundert wurden in Wien mehrere Ausbildungsanstalten und Vereine konstituiert, die sich um die Gehörlosen kümmerten und ihre Interessen vertraten. Ab der Mitte des 19. Jahrhunderts gab es auch ein eigenes Taubstummeninstitut für Schülerinnen und Schüler jüdischen Glaubens. Unterrichtet wurde in der Lautsprache. Der Unterrichtsplan orientierte sich „mit Ausnahme des Gesanges" an jenem der Volksschulen. Zugänglich war die Schule für jüdische Kinder, die „taubstumm" und „bildungsfähig" waren. Im Zeitraum von der Gründung bis zum Jahre 1901 wurden hier insgesamt 780 taube und stumme Kinder ausgebildet. Neben dem israelitischen Taubstummeninstitut existierten bis 1938 noch einige weitere jüdische Gehörlosenvereine und Institutionen, wie etwa der „Israelitische Taubstummen Unterstützungsverein Österreich", die „Jüdische Blinden-Anstalt, Taubstummen- und Krüppelhilfe Hohe Warte in Wien" und der „Verein der zionistischen Gehörlosen in Wien".[292]

Es gibt keine Hinweise darauf, dass Valentine mit einer dieser Schulen oder Institutionen in Kontakt war. Auffällig ist, dass sich in der langen, mehr als 250 Namen umfassenden Liste von wissenschaftlichen, künstlerischen und karitativen Vereinen und Vereinigungen, die von Albert Rothschild 1911 in seinem Testament mit Spenden bedacht wurden, keine der damals bestehenden Gehörlosenvereinigungen und

Schulen befindet, auch keine der jüdischen.[293] Wollte man entsprechende Beeinträchtigungen in der eigenen Familie nicht eingestehen oder stand man mit diesen Institutionen in ideellen Konflikten und Auffassungsunterschieden? Aller Wahrscheinlichkeit genoss Valentine ohnehin nur Privatunterricht oder wurde auf exklusive Anstalten in Deutschland oder der Schweiz geschickt.

Unter den Kindern Albert Rothschilds war Valentine Noemi zweifellos das liebenswürdigste. Ihr Zweitname Noemi leitet sich von einem hebräischen Wort für „Annehmlichkeit, Lieblichkeit, Schönheit, Freundlichkeit und Wonne“ ab. Sie war tatsächlich eine Person, die Freundlichkeit und Wonne ausstrahlte. Sie liebte den Sport, vor allem das Schifahren, das Wandern und das Schießen, wo sie es zu hoher Perfektion brachte.[294] In den Gesellschaftsspalten der Zeitungen tauchte sie hingegen kaum auf. Noemi heißt auch ein Stern, besser gesagt Kleinplanet, am Sternenhimmel. Mit freiem Auge ist er nicht sichtbar. Der renommierte, von Albert Rothschild sehr geförderte Wiener Kleinplanetenforscher Johann Palisa, der zwischen 1882 und 1923 rund 100 Kleinplaneten in unserem Sonnensystem entdeckte, hat einen davon auch als Noemi benannt.

Man weiß wenig über Valentine Noemis Leben. Es gibt von ihr kaum Geschriebenes. Nur Fotografien. Viele: Ein großes Konvolut ist vor längerer Zeit ins Jüdische Museum Wien gelangt. Eine große Schachtel mit weiteren Fotos wurde vor einigen Jahren von einem Wiener Fotosammler auf einem Flohmarkt in Stockerau entdeckt. Oft, und gerade in ihrem Fall, sagen Bilder mehr als Worte. Valentine lebte mit den Augen. Sie las viel und schaute Fotos an. In der Öffentlichkeit oder gar in den Medien tauchte sie hingegen kaum auf. Es gibt von ihr Schifotos und solche als Schützin, Jägerin und Bergwanderin: Valentine zu Pferd, Valentine vor einer künstlichen Bergkulisse, Valentine am Meer, Valentine mit Bergstock, Valentine mit ihren Jagdtrophäen, mit starken Hirschen, erlegten Rehen und toten Füchsen. Es gibt viele Kinderfotos. Fotografien, die ihr Vater machte, immer wieder auch von Berufsfotografen, und viele anonyme Privatfotos, meist unbeschriftet und recht ungeordnet. So wie ihr Vater fotografierte sie sogar auch selbst. Was auffällt, ist die große Ruhe, die diese Fotos ausstrahlen.

Zusammen mit ihren Brüdern ist sie hingegen nur einmal auf einem Foto zu sehen. Vielleicht ist auch das ein Symbol.

Als ihre Mutter starb, war sie noch nicht einmal sechs Jahre alt. Als ihr Vater starb, war sie gerade zu einem Schiaufenthalt in Waidhofen an der Ybbs. Ein halbes Jahr nach dem Tod des Vaters heiratete sie den Wiener Bankier Sigmund Springer. Da war sie 25 Jahre alt, das übliche Heiratsalter. Aber der Zeitpunkt war dennoch unüblich – so kurz nach dem Tod des Vaters. Das klingt wie eine Befreiung von den autoritären Heiratsregeln der Familie. Denn der Bräutigam war nicht wirklich standesgemäß. Er war zwar jüdisch, aber weder wirklich reich noch in der Gesellschaft etabliert und schon gar nicht mit den Rothschilds verwandt. Die Hochzeit war im Unterschied zu jener von Valentine Noemis Bruder Alfons, die ein Jahr später stattfand, recht unspektakulär, nicht nur weil sie noch innerhalb der offiziellen Trauerzeit für Albert erfolgt war, sondern wohl auch, weil Valentine die Öffentlichkeit ganz generell nicht liebte und große Gesellschaften hasste. Anders als bei solchen Hochzeiten sonst üblich, erschienen in den Wiener Tageszeitungen und Society-Blättern keine langen Listen der Hochzeitsgäste und Geschenke und auch keine detaillierten Beschreibungen der Damentoiletten oder Wiedergaben der gehaltenen Reden.

Sigismund Springer, der Sohn des aus Frankfurt stammenden Wiener Bankiers Adolf Springer, war zwar mit einem Jahreseinkommen von 243.535 Kronen im Jahr 1910 auch ein Spitzenverdiener, aber nur mit etwa einem Hundertstel dessen, was sein Schwiegervater Albert Rothschild in diesem Jahr als Jahreseinkommen versteuert hatte. Und im Jahr vorher hatte er nur 40.121 Kronen deklariert. Bis zu seiner Heirat mit Valentine war er nicht sonderlich aufgefallen: Akademisches Gymnasium in Wien, einige Semester Jusstudium, Einjährig-Freiwilligen-Jahr und längere Aufenthalte in London. 1896 hatte er das väterliche Bankhaus geerbt. Aber erst Valentine hatte ihn zum wirklich reichen Mann gemacht. Recht bald nach der Hochzeit wurde er 1912 Generalrat der Anglo-Oesterreichischen Bank und Verwaltungsrat der im selben Jahr gegründeten Oesterreichischen Immobiliarbank sowie der Lemberg-Czernowitz-Jassy-Eisenbahn-Gesellschaft, die alle vom Haus Rothschild dominiert waren. Was ihm aber immer noch fehlte, war ein standesgemäßer Titel. Doch mit viel Geld lässt sich alles regeln. Gegen eine Spende von einer halben Million Kronen an das Rote Kreuz wurde ihm 1913 der Freiherrn-Titel verliehen.

Recht schnell nach der Hochzeit kamen die beiden Kinder. Valentine gab ihnen die Vornamen ihrer Eltern: Albert und Bettina.[295] Valentine lebte ganz in der Tradition ihrer Familie. Dutzende Familienporträts hingen im Palais ihres Vaters. Valentine ließ sie alle fotografieren. Sie wollte sie immer gut sichtbar bei sich und wohl auch für die Zukunft gesichert dokumentiert haben, auch wenn sie nicht wissen konnte, dass es nur ein paar Jahre dauern sollte, bis der Hass und die Zerstörungswut der Nationalsozialisten über sie und ihre Familie hereinbrechen und sie nicht nur alle vertrieben und beraubt, sondern auch die Erinnerungsstücke, die Archive, Schriften, Bauten und auch die Familienporträts beschlagnahmt, verramscht oder zerstört sein würden.

Im Ersten Weltkrieg diente Sigismund Springer als Oberleutnant beim Landwehr-Platzkommando in Wien und machte sich unter anderem als Schöpfer des Militär-Witwen- und Waisenfonds verdient. Nach dem Krieg erwarb er, weil er sich durch seine längeren Englandaufenthalte als Fachmann im internationalen und insbesondere englischen Bankwesen etabliert hatte, die britische Staatsbürgerschaft, behielt aber seinen Hauptwohnsitz in Wien. Nach der Fusionierung der Anglo-Oesterreichischen Bank mit der Österreichischen Credit-Anstalt für Handel und Gewerbe im Jahr 1926 wechselte er in den Verwaltungsrat der Londoner Anglo-International Bank Ltd. und wurde von dieser in den Verwaltungsrat der Wiener Credit-Anstalt delegiert.[296]

Valentine Noemi lebte mit ihren beiden Kindern sehr zurückgezogen im sogenannten Palais Springer, Wien III, Metternichgasse 8, das von 1891 bis 1893 nach Entwürfen der Architekten Amand Louis Bauqué und Albert Pio für den Baron Othon de Bourgoing errichtet worden war und das noch ihr Vater für sie gekauft hatte und umgestalten ließ. 1919 wurde das Palais als „mit hervorragenden Gemälden alter und moderner Meister, Stichen, Miniaturen, Gobelins, Bronzen, Fayencen, Porzellanen, Skulpturen, antiken Möbeln, einer wertvollen Bücherei und hervorragenden Teppichen aus altem eigenem Besitz ausgestattet“ beschrieben, deren Schutz und gesicherte Aufbewahrung aus Gründen der Denkmalpflege im allgemeinen öffentlichen Interesse gelegen sei.[297]

Darüber hinaus war Valentine seit 1913 Eigentümerin des Schlosses Sitzenberg in der Nähe von Tulln. Die neue Schlossherrin wurde am 26. Juni 1913 mit einem großen Begrüßungsfest empfangen. Es gab Butterbrote, Gugelhupf und Bäckerei für die Ortskinder und Freibier und Tanz für die Erwachsenen. Die alte Burg, die im 16. Jahrhundert zu einem Renaissanceschloss umgebaut worden war, erfuhr von 1913 bis 1921/1924 nach den Plänen des Architekten Gustav von Flesch-Brunningen eine großzügige Umgestaltung zu einer geschlossenen Vierflügelanlage im Neo-Renaissance-Stil. Dabei wurden die Nord- und Südtrakte jeweils nach Osten verlängert, im Abschlussbereich jeweils mit einem Rundturm versehen und der Osttrakt als Schaufassade ausgebaut. Auch der Innenhof mit den schönen Arkaden wurde stilvoll erneuert. Aus zahlreichen anderen Schlössern wurden Bau- und Inventarteile integriert. Zu den Schmuckstücken von Schloss Sitzenberg gehören bis heute Stuckdecken, Kachelöfen, die neoklassizistischen Wanddekorationen des Speisesaals und der Festsaal mit seinen Logen und Holzbalustraden. Das Deckengemälde des Festsaals stellt den Triumph des Frühlings dar. Eine weibliche Gestalt lenkt ein Pferdegespann. Wer dafür verantwortlich war, dass in dieser deutlich die jugendliche Bauherrin Baronin Valentine Springer erkennbar ist, ist unbekannt, ob der planende Architekt, der Freskenmaler oder ihr Gatte. Dass sich Baronin Valentine selber hier verewigen wollte, möchte man ob ihrer bekannten Bescheidenheit ausschließen. Aber uns bleibt damit wenigstens eine dauernde Erinnerung an die ehemalige Schlossherrin.[298]

Zahlreiche Kinderfotos bezeugen das Familienglück. Allerdings dauerte es nicht lang. Sigismund wurde bald schwer krank und starb bereits im Jahr 1928 im Alter von nur 53 Jahren. Valentine wurde Witwe, als die Kinder noch im Schulalter waren. Nun konnte sie sich noch mehr dem widmen, was sie besonders liebte, dem Wald und seiner Einsamkeit. Wann immer es möglich war, ging sie zum Jagen, Schifahren und Wandern hinaus in die Natur, etwas, was die Rothschildschen Wälder im Überfluss zu bieten hatten. Ganz im hintersten Winkel der riesigen Waldgebiete hatte ihr Vater Albert Salomon Rothschild in Wildalpen in der Ortschaft Kühbachau eine Villa errichten lassen. Valentine baute das Anwesen, das 1928 abgebrannt war, im Jahr 1930 neu auf und schuf sich dort ihr eigenes Refugium. Eigentlich war es viel zu groß. Es gab eine große Küche mit Vorratsraum, neun Zimmer, zwei Toiletten, ein Bad sowie zwei Lieferanteneingänge und weitere elf Räume im ersten Stock sowie einen Stiegenaufgang in das halb ausgebaute Dachgeschoß. Der Turm, den es einmal gegeben hatte, wurde nicht wiedererrichtet. Ein eigener Tennisplatz, der nach wie vor in Wildalpen erhalten ist, zeugt von ihrer Leidenschaft für verschiedenste Sportarten.

Valentine war karitativ sehr engagiert. Bei der Vermählung gab es die üblichen Spenden. Bei der Geburt der ersten Tochter bedachte sie eine lange Liste von Kinder- und Frauen-Organisationen, jüdische wie christliche, insgesamt 34, mit Spenden zwischen 300 und 1.000 Kronen. Zum Andenken an ihren verstorbenen Gatten ließ sie 1928 zahlreichen humanitären Anstalten, u. a. dem Springerschen Waisenhaus, dem Rothschildspital, dem Haus der Barmherzigkeit, dem Spital der Barmherzigen Brüder und dem Bettina-Pavillon 50.000 Schilling zukommen. Einen gleich hohen Betrag bestimmte ihr Gatte Sigismund in seinem Testament für verschiedene wohltätige Institutionen. Wieder sind Gehörlosen-Institute nicht explizit unter den Bedachten erwähnt. Zu Valentines karitativen und wohltätigen Engagements zählte im Besonderen das Kinderasyl Göstling, welches noch von ihrer Mutter Bettina gegründet worden war, um den Kindern der hier ansässigen Holzarbeiter Bildungsmöglichkeiten zu schaffen. Die jährliche Weihnachtsbescherung der armen Kinder mit den Geschenken, die sie persönlich überreichte, war selbstverständlich.

Eine Ausnahme von ihrer öffentlichen Zurückhaltung gab es: Anlässlich der Vermählung ihrer Tochter Bettina (Biba) Springer mit Kurt von Reininghaus im Jahre 1933 gab Valentine im Palais in der Metternichgasse einen großen Nachmittagsempfang, zu welchem zahlreiche Mitglieder der Diplomatie und der Wiener Gesellschaft geladen waren. Reininghaus war ja Diplomat. Die Heirat selbst fand auf Schloss Sitzenberg im engsten Familienkreis statt, Trauzeuge der Braut war Onkel Alfons Rothschild. Die Landbevölkerung ließ es sich aber nicht nehmen, den Ort mit Fahnen und Girlanden zu schmücken und dokumentierte so in herzlicher Weise ihre Anhänglichkeit an die junge Braut und ihre Familie. Die Kirche war schon seit einigen Tagen geheizt, gründlich gereinigt und festlich geschmückt worden.[299] Es war auch im Dorf ein großes Fest.

Valentine war es gewohnt, bescheiden zu sein. Doch ihre Bescheidenheit wurde ausgenutzt. Von ihren Brüdern, von ihrer Umgebung, auch von den Rechtsanwälten und Rückstellungskommissionen. Obwohl sie die Liebenswürdigste in der Reihe der Wiener Rothschilds war, obwohl sie die Einzige war, die ihren schwer kranken Bruder Georg regelmäßig besuchte, der fast 30 seiner 50 Lebensjahre in geschlossenen Anstalten verbringen musste, obwohl sie sich auch in besonderem Maße für die armen Holzarbeiterkinder im Erlauftal einsetzte und dem von ihren Eltern gestifteten Kinderasyl besondere Aufmerksamkeit widmete, und obwohl sie nicht zuletzt in vielen Bereichen durch ihre karitativen Aktivitäten hervorragte, ergoss sich gerade über sie viel stärker als über die anderen Mitglieder der Rothschild-Familie der antisemitische Geifer der Presse.

Auch von ihren Geschwistern wurde sie über den Tisch gezogen. Denn wie anders sollte man die Passage im Testament ihres Bruders Louis verstehen: „Ich bin überzeugt, dass meine Schwester Valentine Springer verstehen wird, dass ich nur eingeschränkte und an bestimmte Bedingungen geknüpfte Verfügungen zu ihren Gunsten nicht aus mangelnder Zuneigung getroffen habe, sondern in Erkenntnis der Tatsache, dass sie über reichliche Mittel verfügt und weil ich glaube, dass sie es vorziehen würde, dass das, was sonst ihr Anteil an meinem Nachlass wäre, direkt an ihre Nachkommen gehen soll."[300]

Nach dem „Anschluss" Österreichs an das Deutsche Reich wurde Valentine Springer von den nationalsozialistischen Machthabern verfolgt. Sie war auf dreifache Weise gefährdet: nicht nur als Jüdin und als Trägerin des Namens Rothschild, sondern vor allem auch wegen ihrer physischen Beeinträchtigung. Rund 10.000 Gehörlose lebten vor 1938 und damit vor dem NS-Regime in Österreich. Sie waren von Verfolgungen durch die Nationalsozialisten unterschiedlich betroffen: Eine Gruppe waren die von Zwangssterilisation Bedrohten, eine andere die jüdischen Gehörlosen: Dadurch, dass sie gehörlos waren, waren ihre Überlebenschancen wesentlich geringer als die von hörenden jüdischen Österreicherinnen und Österreichern. Etwa 200 jüdische Gehörlose dürfte es 1938 in Österreich gegeben haben, 123 davon konnten die Forscherinnen Verena Krausneker und Katharina Schalber namentlich nachweisen. Nur von 16 ist sicher, dass sie überlebt haben. Das ergibt eine wesentlich höhere Todesrate als für die jüdische Bevölkerung insgesamt. Dazu kam, dass für Menschen mit Beeinträchtigung die Einreise in die USA wegen der auch dort bestehenden Vorbehalte erheblich schwieriger war als für andere verfolgte Gruppen. „Wenn sie es geschafft haben, von hier weg zu kommen, saßen sie manchmal bis zu fünf Monate auf Ellis Island und wurden nicht reingelassen."[301]

Für Valentine war es ein Glück, dass sie britische Staatsbürgerin war. So konnte sie Anfang 1939 ungehindert aus dem Deutschen Reich aus- und nach England einreisen. Ihr Vermögen wurde nicht unmittelbar eingezogen, sondern mit Beschluss des Oberlandesgerichts Wien vom 20. Juli 1940 als Feindvermögen beschlagnahmt und einem Feindvermögensverwalter unterstellt. Die Realitäten blieben im grundbücherlichen Eigentum von Valentine Springer. Der Feindvermögensverwalter trat, wenn auch wohl nur dem äußeren Anschein nach, als ihr Vertreter auf. Im August 1940 wurden in seinem Auftrag Schätzlisten des Inventars und der Kunstsammlungen im Palais Springer sowie auf Schloss Sitzenberg erstellt. Zum Zeitpunkt der deutschen Besetzung Österreichs war sie als Witwe im Besitz folgender Liegenschaften: Palais Springer in Wien III, Metternichgasse 8, Schloss Sitzenberg bei Tulln in NÖ, Villa Springer in Wildalpen, Steiermark, und ein Areal in Seehof, Lunz am See. Teile des Vermögens wurden veräußert und das wertvolle Inventar teils von Museen beansprucht oder wild arisiert. In der Folge kam es zu verschiedenen Erwägungen, in welcher Weise das Inventar weitergenutzt oder veräußert werden soll; so sind eine Verwendung für Baldur von Schirach, eine Verbringung von Gegenständen nach Polen, Kontakte mit dem Dorotheum und Ankaufsinteressen der Albertina dokumentiert. Im Jahr 1944 klagte Ernst Reichard als Feindvermögensverwalter den Sachverständigen Robert Möder, weil dieser Schätzungen zu niedrig vorgenommen habe; im Jahr 1946 wurden über Betreiben des dann für Valentine Springer einschreitenden

Valentine lebte ganz in der Tradition der Familie, von ihren Brüdern wurde sie mitunter jedoch ausgenutzt. Die Aufnahme, entstanden um 1902, zeigt sie mit Louis, Oscar (Suizid 1909), Alfons (sitzend) und Eugen. Es fehlt Georg, der älteste Bruder, der zu diesem Zeitpunkt bereits für psychisch krank erklärt und in eine Anstalt eingewiesen worden war.

Trotz ihrer Gehörlosigkeit ein fröhliches Mädchen: Valentine Noemi im Alter von drei Jahren. Foto, um 1889. Als Mutter Bettina starb, war sie knapp sechs Jahre alt.

Valentine Rothschild kurz vor ihrer Eheschließung mit Sigismund Springer. Foto von August Kühnel, um 1910.

Durch Valentine war er zum wirklich reichen Mann geworden: Sigismund (von) Springer mit den Kindern Bettina (links) und Albert, die Valentine nach ihren Eltern benannt hatte. Foto, um 1917.

Reminiszenz an eine unbeschwerte Jugendzeit: Valentine (rechts) mit einer Freundin bei einem Ferienaufenthalt am Meer.

Eine stolze Diana und ein toter Hirsch. Die Aufnahme aus dem Rothschild-Jagdrevier in der Langau zeugt von ihrem Können mit dem Jagdgewehr.

Rechtsanwalts Karl Trauttmansdorff Objekte aus dem Eigentum von Valentine Springer bei Robert Möder polizeilich sichergestellt.

Valentine kehrte 1950 aus England nach Österreich zurück. Die Restitution der Liegenschaften, Gebäude und Inventare erfolgte nicht in einem, sondern in je eigenen Verfahren, die zu mehr oder weniger angemessenen Restitutionserfolgen führten. Allerdings waren ihr durch die Entwertung ihrer Rentierseinkommen, durch die Beraubung vieler Einkommenstitel und durch die wirtschaftliche Situation in der sowjetischen Besatzungszone die Mittel entzogen, die es ihr erlaubt hätten, ihre Lebenshaltung wie vor dem Krieg weiterzuführen. Sie musste ihre Palais und Besitzungen Zug um Zug verkaufen. Am 15. Mai 1950 vermietete Valentine Springer das Palais Springer an die damalige Hochschule für Musik und darstellende Kunst. Aus dem hierzu abgeschlossenen Mietvertrag ergibt sich, dass zumindest zu diesem Zeitpunkt noch Teile der Ausstattung eingelagert waren. Das Schloss Sitzenberg verkaufte sie mit Vertrag vom 22. Dezember 1950 dem Bundesministerium für Land- und Forstwirtschaft, welches hier eine Höhere land- und forstwirtschaftliche Schule errichtete.

Auf dem Areal in Lunz ließ Valentine ein Landhaus erbauen. Die Restitution der Villa in Wildalpen hatte sie zunächst gar nicht beantragt, wohl weil sie nur Kosten aufgeworfen hätte und sich in dieser abgelegenen Gegend keine adäquate Verwertungsmöglichkeit der denkmalgeschützten Objekte abzeichnete. Erst auf Einladung der Sammelstelle A trat sie in das Restitutionsverfahren ein. Nachdem die Sammelstelle Anspruch auf das Gut erhoben hatte, kam es zu einem Vergleich, der am 6. April 1962 abgeschlossen wurde: Die Bundesforste zahlten 400.000 ATS als Entschädigung und 20.000 ATS als Kostenbeitrag. Dafür verzichtete Valentine Springer auf alle Restitutionsansprüche betreffend das Gut in Wildalpen. Der Springer-Anwalt Trautmannsdorff zahlte, um sie klag- und schadlos zu halten, an die Sammelstelle A 62.985 ATS. Besonders aufschlussreich ist die juristische Diskussion der Anwälte, ob der Restitutionsanspruch der Valentine Springer als weiter aufrecht zu betrachten wäre, obwohl sie bisher selbst keinen entsprechenden Antrag gestellt hatte. Aus dem Nichtstellen des Antrages, so die Auffassung, konnte nicht auf ihren Verzicht geschlossen werden, obwohl das die Bundesstellen so behauptet hatten. Den Bundesmuseen widmete Valentine Springer zwischen 1950 und 1959 verschiedene Objekte. „Da jedoch keine Ausfuhranträge von Valentine Springer in dem für die Widmungen relevanten Zeitraum festgestellt werden konnten, wurde vom Beirat für Provenienzforschung der Tatbestand einer Entziehung für diese Objekte als nicht erfüllt gesehen."[302]

Recht unbemerkt von der Öffentlichkeit, ebenso still, wie sie gelebt hatte, starb Valentine am 24. Juli 1969 im Alter von 83 Jahren in ihrem Landhaus, das sie sich in den Nachkriegsjahren in Lunz am See hatte errichten lassen. „Die Baronin liebte ihr Lunzer Heim sehr und bewohnte es in der guten Jahreszeit monatelang. Manchmal sah man sie in Lunz beim Einkaufen. Sie war überall geschätzt und wurde von allen, die sie näher kannten, wegen ihrer Lebensauffassung und ihrer Güte Leidenden gegenüber bewundert. Lunz wird sie nicht vergessen", schrieb der *Erlaftalbote* in seinem knappen Nachruf.[303]

Ihr Sohn Baron Albert Springer (Wien, 23. August 1914–2008, La Tour-de-Peilz, Waadt, Schweiz) wanderte 1950 nach Israel aus. Er setzte sich für die Ansiedlung christlicher Juden in Israel ein: Er bereiste das Land, um ein geeignetes Gelände für die erste geschlossene Siedlung christlicher Juden in Israel ausfindig zu machen und für sie die Übernahme eines großen landwirtschaftlichen Siedlungswerkes in Palästina vorzubereiten.[304]

Die Tochter Bettina (Biba) Springer (2. August 1912–17. August 1974) heiratete wie erwähnt den Diplomaten Dr. Kurt Edler von Reininghaus, der ab 1936 als Vizekonsul in Paris tätig war. Weil sie Jüdin war, floh sie 1940 nach der Besetzung Frankreichs über Lissabon nach Brasilien. Sie starb in Wien und hinterließ eine Tochter: Marie Louise von Reininghaus.

Der Yankee Clipper NC 18603 von Boeing, ein viermotoriges Flugboot, wurde für Eugen und Kitty Rothschild zur rettenden Reisemöglichkeit. Das Flugabenteuer von Lissabon nach New York mit Zwischenstation in Irland dauerte etwa 26 Stunden, KItty nützte am 3. Oktober 1940 eine der letzten Chancen zur Flucht – dann waren alle Wege über den Atlantik verschlossen.

AUF DER FLUCHT

Bei einem Mittagessen in Paris erzählte Kitty der Sängerin Grace Moore Pareira die Geschichte von einem gefährlichen Ratespiel, das sie am Weihnachtsabend 1937 in Enzesfeld mit ihren Gästen gespielt hatte. Auf Zettel wurde geschrieben, was jeder und jede der Gäste von Hitler und dem NS-Regime hielt und erwartete. Es war ein Spiel politischer Prophezeiungen, das in einer Atmosphäre der Sicherheit gespielt wurde, während sie um den schönen Esszimmertisch saßen. Nur zum Spaß wurden die Zettel in den Tresorraum von Kittys Schlafzimmer gelegt und Wetten auf den oder die Gewinner mit der richtigen Antwort gesetzt. Als Hitler im März 1938 in Wien einfiel und Kitty nach Paris geflohen war, erinnerte sie sich an diese belastenden Notizen. Sie konnte noch einen Freund ins Schlafzimmer schicken, um sie beseitigen zu lassen, bevor die Nazischergen sie finden konnten.[305] Leider wissen wir nicht, wie Kittys Gäste und sie selbst getippt hatten.

Aber Kitty hatte die Gefahren schon lange vorhergesagt und hatte auch Wallis und Edward gewarnt. Durch ihr Leben in drei Welten, der amerikanisch-englischen, der französischen und der österreichisch-deutschen, hatte Kitty einen mehrdimensionalen Blick für die Weltlage und ihre Bedrohungen gewonnen. Für Winston Churchill war sie eine so interessante und begehrte Partnerin, dass er 1934 eine Einladung der Schauspielerin und Geschäftsfrau Maxine Elliott in ihre Villa Château de l'Horizon an der Riviera nur annehmen wollte, wenn auch Kitty dabci war, dic, wic Churchill sich ausdrückte, „sehr rüstig“ war (sie war damals 49) und sich „sehr angenehm“ machte. Das bedeutete, dass sie jederzeit bereit war, wenn er nicht gerade malte oder diktierte, mit ihm Karten zu spielen. Aber in Kittys Fall machten ihre Deutsch-Kenntnisse, ein Jahr, nachdem Hitler an die Macht gekommen war, sie für ihn besonders wertvoll. 1938 lud Maxinc Churchill wieder an die Riviera ein. Kitty würde wieder da sein, lockte sie. Aber Churchill wollte und konnte angesichts der Krisen nicht zusagen.[306]

Das Jahr 1938 hatte alles verändert. Man hatte zwar Ahnungen über Hitlers Absichten und fürchtete seine Drohungen. Schon am

8. Jänner 1938 notierte der österreichische Spitzendiplomat Heinrich Wildner in sein Tagebuch, dass die Nazis für den März etwas vorhätten. „Jedenfalls reden eingesperrte Nazi so, als ob ihnen nichts passieren könne, weil im März ohnedies ...“[307] Die nächsten Worte des Tagebuchs sind zwar unleserlich. Aber es ist klar, dass er recht konkrete Informationen hatte. Dennoch war man im März völlig überrascht, als es wirklich passierte. Auch Louis Rothschild, der es hätte wissen müssen, weil er oft genug gewarnt worden war, wollte es nicht glauben. Er schlug alle Hinweise in den Wind, nahm alles sehr gelassen, ging nach Kitzbühel Schifahren und glaubte nicht, dass viel geschehen werde, auch nicht, als Bundeskanzler Kurt Schuschnigg bei seinem Besuch bei Hitler auf dem Obersalzberg am 12. Febrruar 1938 von diesem so in die Enge getrieben worden war, dass er derart weitgehende Zugeständnisse machen musste, die eine Übernahme der Naziherrschaft in Österreich nur mehr eine Sache von Wochen erscheinen ließen.

Als Bundeskanzler Kurt Schuschnigg in Innsbruck am 9. März überraschend für den 13. März eine Volksabstimmung „für ein freies und deutsches, unabhängiges und soziales, für ein christliches und einiges Österreich“ ankündigte und Hitler dies als Anlass für sein Eingreifen nahm, war Louis gerade wieder in Kitzbühel. Clarice und Alfons waren in London. Die Eröffnung einer Briefmarkenausstellung, bei der Alfons auch seine Blaue Mauritius zeigte, war der Anlass, aber sicher nicht der Hauptgrund für die Reise. Der eigentliche Grund war die Lust am ständigen Reisen und ein Empfang beim König. Aber es war das letzte Mal, dass man aus Vergnügen reiste. An die Stelle von Fernweh und Genuss traten Flucht und Vertreibung. An die Stelle der vielen Heimaten, die ein Rothschild hatte, trat die Heimatlosigkeit in den neuen Fluchtpunkten.

Louis fuhr, als er am Freitag den 11. März 1938 in aller Früh in Kitzbühel von einem Geheimagenten und von ausländischen Freunden Informationen über die an die österreichische Grenze vorrückenden deutschen Wehrmachtstruppen erhielt, nicht in die rettende Schweiz, sondern nach Wien. Er sorgte sich nicht so sehr um seine eigenen Angelegenheiten, sondern um seine beiden Nichten, die ihm von Clarice während ihrer Abwesenheit zur Obsorge überantwortet worden waren, während deren sechzehnjähriger schwer kranker Bruder Albert in einem Schweizer Sanatorium zumindest vor der Gewalt der Nazis in Sicherheit war.

Die Wiener Rothschilds waren doppelt gefährdet, als Juden und als Sympathisanten und Förderer der Vaterländischen Front. Aufgeregt telegraphierte Clarice nach Wien, um ihr Dienstpersonal zu instruieren, die Kinder in die Schweiz zu schicken. Louis ließ die beiden Mädchen unverzüglich zum Bahnhof bringen. Bettina Looram, Clarice' Tochter, damals 13 Jahre alt, erzählte dem Journalisten Thomas Trenkler in einem Interview, wie sie den Tag erlebte: „Es ist der 11. März '38. Meine Eltern waren in London – meine Mutter war Engländerin – und sind unterwegs in die Schweiz. Mein Bruder Albert ist dort im Internat Le Rosey. Und wir zwei, meine jüngere Schwester Gwendoline und ich, sind in Wien. Dann kam ein Anruf von den Eltern: Die Mädel sollen sofort den Zug besteigen und in die Schweiz kommen. Und da sind wir mit Gouvernante und Diener – sehr peinlich: mit Diener! – los."[308] Die Fahrt verlief bis Innsbruck ohne Probleme, bis sie dort um sechs Uhr abends das Kommando hörten: „Alle Juden aus dem Zug!" Bettina, erinnerte sich: „Wir sind ausgestiegen. Der Gouvernante und dem Diener haben sie gesagt, dass sie im Bahnhof bleiben sollen. Meine Schwester und mich haben sie ins Polizeigefängnis gebracht. In eine Zelle. Dort sind wir, ein elf- und ein dreizehnjähriges Mädel, gesessen. Bis drei oder vier Uhr. Dann kamen zwei mit Hakenkreuz-Binden am Oberarm – es waren Österreicher, keine Deutschen. Sie sagten: ‚Gemma! Gemma!' Ich bin immer sehr pessimistisch. Ich dachte mir daher: Aha, jetzt gehen wir ins Konzentrationslager. Ich hab damals schon Bescheid gewusst. Aber gar nicht! Wir sind zurück zum Bahnhof, wo die Gouvernante und der Diener bleich im Gesicht gestanden sind. Jemand hat ‚Heil Hitler' gemacht. Und der Diener hat auch ‚Heil Hitler' gemacht. Er wollte natürlich nicht auffallen. Aber ich war ganz baff. Und dann sind wir in den Zug eingestiegen. Die beiden Begleitpersonen durften nicht über die Grenze, sie sind zurück nach Wien. Aber es war ein Anwalt mit einem Riesen-Koffer da. Ich glaub: mit Geld, falls sie uns nicht hinausgelassen hätten. Wir Mädel waren wütend: Wir wollten allein reisen – und dann war da dieser Mensch, der auf uns aufgepasst hat. Aber auf jeden Fall: Sie haben uns in Innsbruck so lange festgehalten, bis sie wussten, dass mein Onkel in Wien festgenommen worden war."[309]

Die Gestapo hatte inzwischen, wie später klar wurde, einen viel größeren Fisch als die beiden Mädchen gefasst: Louis. Er war, nachdem er die Mädchen im Zug wusste, auf den Flugplatz Aspern gefahren. Was er nicht wusste: Schon um halb fünf Uhr früh war dort Heinrich Himmler mit seinem Stellvertreter Kurt Daluege und dem Chef der Sicherheitspolizei Reinhard Heydrich und einer Schar von SS- und Polizeileuten gelandet. Den ganzen Morgen trafen laufend weitere Militärmaschinen ein. Ungeheures Durcheinander. Rothschild kommt und will zum Flugzeug. Da erblickt ihn die Gräfin Sternberg. „Plötzlich neben mir Louis Rothschild. ‚Fliegen Sie mit mir nach Venedig?' ‚Ich hoffe es', sagt er lächelnd." „In diesem Augenblick", schreibt Sternberg, „kamen zwei Männer in brauner Uniform mit Hakenkreuzbinde auf uns zu. Einer der beiden tippte Baron Louis auf die Schulter: ‚Sind Sie der Jude Rothschild?' Ich sah, wie sich Louis' Gesicht rötete – vor Zorn, nicht aus Furcht", erinnert sich die Gräfin. „‚Baron Rothschild'", sagte er eisig. Sie führten ihn ab." Dem Baron wird der Pass abgenommen. Dann fährt er zurück in sein Palais.[310]

Am nächsten Tag, den 13. März, kamen sechs Gestapo-Männer in die Prinz-Eugen-Straße. „Onkel Louis sagte, er möchte zumindest fertig essen", erzählte Frau Looram. „Ja, er war beim Mittagessen. Der Diener kam und sagte: ‚Die Gestapo ist da.' Und er sagte: ‚Die sollen warten, bis ich fertig gegessen habe.' Ob er wirklich fertig gegessen hat oder gleich verhaftet wurde, weiß ich nicht. Das hat mir nie jemand erzählt."[311] Der Baron wurde in das Polizeigefängnis auf der damaligen Elisabethpromenade, heute Rossauer Lände gebracht. Es war bereits hoffnungslos überfüllt. Ende April 1938 wurden er und eine Reihe wichtiger Gefangener aus der Rossau in das Hotel Metropol überstellt, das am 25. März beschlagnahmt und zum Gestapo-Hauptquartier umgestaltet worden war. Für Louis Rothschild dauerte die Haft mehr als ein Jahr.[312]

Was war für die Nationalsozialisten so wichtig an Louis Rothschild? Dass er auch 1938 immer noch der reichste Österreicher war, dass er trotz der Bankenzusammenbrüche und Börsenkrisen immer noch über ein einflussreiches internationales Netzwerk verfügte, dass er große Palais, Mietshäuser, Aktien, Forstbetriebe und unermessliche Kunstschätze besaß? Sicherlich. Doch was für die expansionistischen Ziele der Nationalsozialisten am allerwichtigsten war, war der Zugriff auf das Rothschildsche Eisenhüttenkombinat Witkowitz, das in der damals noch freien Tschechoslowakei vorerst außerhalb der deutschen Reichweite lag. Solange die Tschechoslowakei ein freier Staat war, war ein Einfluss in Witkowitz nur durch Kauf oder Erpressung erreichbar. Das änderte sich erst mit der Besetzung der sogenannten Resttschechei und deren Umwandlung in ein Reichsprotektorat und damit deren faktischer Einbeziehung in den deutschen Machtbereich.

Doch was konnte man Louis Rothschild vorwerfen? Die Verantwortlichkeit für die Credit-Anstalt-Verluste? Die Unterstützungen für Politiker der sogenannten Systemzeit? Vermögensverschiebungen ins Ausland? Steuerhinterziehung? Vorwürfe ließen sich genügend aus dem Ärmel schütteln. Da alle Unterlagen über Verhöre und Verhandlungen unauffindbar sind oder es sie überhaupt nie gab, ist man nur auf Vermutungen angewiesen.[313] Was man aber vorerst nicht wusste, war der Umstand, dass der größte Teil der Verfügungsrechte über Witkowitz längst an eine englische Rothschild-Gesellschaft ausgelagert war, für die Eugen Rothschild die Verhandlungen führte.

Man schreckte nicht vor Erpressungen zurück. Da alle Familienangehörigen im Ausland waren, griff man auf Freunde und Freundinnen zurück. „Louis war nicht verheiratet. Ja. Aber er hatte sehr viele Freundinnen. Und die Mutigen sind unter seinem Fenster auf- und abgegangen. Die Namen von ihnen kann ich Ihnen aber nicht sagen“, sagt Bettina Looram.[314] Zu diesen Frauen zählten mit Sicherheit Aline Ringhoffer und Hilda Auersperg. Hilda ahnte die Gefahr, die auch ihr drohte, und war im November 1938 unbehelligt ausgereist. In der Tasche hatte sie ein USA-Visum, das ihr Dorothy Thompson besorgt hatte. Für Aline Ringhoffer gab es diese Chance nicht. Sie hatte keine Verbindungen nach Amerika. Zudem war ihr Sohn bei der deutschen Wehrmacht. De facto war sie in der Geiselhaft des Deutschen Reichs.

Erst am 2. März 1939 wurde Louis Rothschild der „Vorläufige Sicherheitsbescheid“ der Reichsfluchtsteuerstelle für das Land Österreich zugestellt: Basis der recht fiktiven Berechnung war der Einkommenssteuerakt für das Jahr 1936. Das land- und forstwirtschaftliche Vermögen wurde mit 8 Millionen Schilling bewertet, die Realitäten mit 1,590.000, das Bankhaus mit 1,5 Millionen, die Wertpapiere und Aktien mit 17,198.500 und so fort. Das ergab ein Gesamtvermögen von 33,072.981 Schilling und nach Abzug von Verpflichtungen ein reichsfluchtsteuerpflichtiges Vermögen von 32,512.981 Schilling oder 21,675.321 Reichsmark, wovon ein Viertel Reichsfluchtsteuer in Höhe von 5,418.830 Reichsmark anfiel, dazu Judensteuer, Steuerschulden und anderes, sodass im Endeffekt nichts übrigblieb.[315]

In einem Vermerk wurde der Stand der zwischen Oktober 1938 und April 1939 vom Reichstreuhänder für die Rothschildschen Vermögen Walter Britsch geführten Verhandlungen festgehalten: Der endgültige Abschluss sollte bis zum 8. Mai 1939 geschehen und Louis Rothschild dann freigelassen werden. Die Bedingungen waren erpresserisch: Die drei Brüder hatten erstens auf ihr gesamtes Inlandsvermögen zu verzichten. Sie hatten zweitens unter Beteiligung Eugènes noch weiteres Vermögen ins Inland zurück zu transferieren, wofür das Reich im Gegenzug die umfangreichen Pensionslasten der Angestellten übernehmen wollte. Das Bankhaus sollte drittens unter Beteiligung des Münchner Bankhauses Merck, Finck & Co als Balkanbank weitergeführt werden. Viertens sollte auch formal ein möglichst weitgehender Einfluss des Reiches auf die Witkowitzer Stahlwerke hergestellt werden.[316]

Witkowitz mit einem jährlichen Produktionsvolumen von fast einer Million Tonnen Rohstahl war so wichtig, dass das Werk schon am Abend des 14. März 1939, also einen Tag vor dem Einmarsch in die „Resttschechei“, von Wehrmachtstruppen gemeinsam mit der SS besetzt wurde. Weil man aber eine formalrechtlich haltbare Lösung wollte, wurde weiter über einen Ankauf von Witkowitz durch die Reichswerke Hermann Göring verhandelt. Die zentrale Rolle im Verhandlungsteam spielten Hans Kehrl, der Bevollmächtigte des Reichswirtschaftsministeriums für das Protektorat Böhmen und Mähren, und Karl Rasche, ein Vorstandsmitglied der Dresdner Bank und (seit dem Sommer 1938) auch Verwaltungsratsmitglied der Länderbank Wien AG. Die Nationalsozialisten mussten aber bald zur Kenntnis nehmen, dass die Rothschild höchstens noch indirekt die Eigentümer von Witkowitz waren, zumindest nicht die österreichischen Rothschilds, sondern die Londoner Alliance Assurance Company.

Vor der Zerschlagung der Tschechoslowakei hatte Eugène Rothschild von England und Frankreich aus als Vertreter der Rothschild-Gruppe noch Verkaufsverhandlungen mit der tschechoslowakischen Regierung geführt: Seine Preisvorstellungen waren jene zehn Millionen Pfund, die von der Österreichischen Länderbank im Jahr 1935 als Wert des Witkowitzer Konzerns errechnet worden waren. Das war eine Summe, die noch unter dem unmittelbaren Eindruck der Weltwirtschaftskrise zustande gekommen war. Im Jahr 1938/39, als die Rüstungswirtschaft und die Schwerindustrie wieder boomten, war der Wert sicher viel höher geworden. Doch nach dem 15. März 1939 waren die Machtverhältnisse anders verteilt, war Witkowitz von den Nationalsozialisten besetzt und die Verhandlungsposition der Rothschilds viel schlechter geworden. Eine Woche nach der Besetzung der „Resttschechei", am 27. März 1939, wurden die Verkaufsverhandlungen in Paris wieder aufgenommen. Beteiligt waren Eugène und Alfons Rothschild und Wilhelm Hermann Gutmann für die Eigentümerseite, Dr. Karl Rasche als Vertreter der Dresdner Bank, Präsident Jaroslav Preiss von der Živnostenská Banka, Länderbankdirektor Leonhard Woltz sowie mehrere Witkowitzer Direktoren auf der Käuferseite. Der deutsche Verhandlungsleiter Rasche besuchte auch Louis Rothschild in der Wiener Gestapohaft. Auch Heinrich Himmler und Hermann Göring schalteten sich ein und kamen sogar zu Louis Rothschild in seine Zelle im Gestapohauptquartier im Hotel Metropol. Die Deutschen boten 1,3 Milliarden tschechische Kronen, die nach dem alten Devisenkurs sehr wohl zehn Millionen Pfund gewesen wären, nach dem dramatischen Kursverfall der Tschechenkrone aber nur mehr eine nicht konvertible Scheinsumme darstellten. Für die Rothschild-Vertreter war das unannehmbar.

Es wurde aber bald deutlich, dass die NS-Behörden nicht geneigt waren, Louis Rothschild freizulassen, ohne erreicht zu haben, dass die

Rothschilds ihre Beteiligungen an dem Hüttenwerk in Witkowitz verkauften. Ein neues deutsches Angebot ging auf 2,75 Millionen Pfund. Nach einigem Hin und Her einigte man sich auf 3,6 Millionen. Am 8. Mai 1939 wurde die notarielle Vereinbarung zwischen dem Reichstreuhänder Walter Britsch und Eugène, Louis und Alfons Rothschild unterzeichnet. Im Gegenzug wurde Louis Rothschild am 11. Mai 1939 auf freien Fuß gesetzt. Er reiste sofort mit dem Flugzeug nach Zürich und mit dem Zug weiter nach Paris.[317] Am 14. Mai kam er dort an. Louis sah bleich und gealtert aus, das Haar war schlohweiß geworden. Eine Erklärung wollte er nicht abgeben. Immerhin: Er war frei. Aber erst am 13. Juli 1939 wurde der Kaufvertrag unterschrieben. Der Preis war jetzt auf 2,98 Mio. Pfund gedrückt, die man bis 31. Oktober aufbringen wollte. Zu diesem Zeitpunkt wurde vom Deutschen Reich auch Liny Ringhoffer als Geisel und Druckmittel ins Spiel gebracht. Doch der Kriegsausbruch am 1. September stoppte die Zahlung. Am 15. September 1939 traten die Verkäufer vom Vertrag zurück. Verträge und juridische Formalien spielten jetzt keine Rolle mehr. Das Werk war ohnehin in deutscher Hand. Die Hauptmasse der Zertifikate blieb in London, der Rest – 43.000 Einheiten, etwa ein Zehntel – lagerte in Paris und wurde nach der Besetzung Frankreichs bei den Pariser Rothschilds beschlagnahmt.[318] Formal war Witkowitz nie in den Besitz der Hermann-Göring-Werke übergegangen.

Louis war von Kitty und Eugen in Paris in Empfang genommen worden und zog zunächst in ihre Wohnung in der Rue Michel-Ange ein.[319] Aber seine Emigration wurde zu einer Irrfahrt: Zuerst überlegte er, einen Wohnsitz in London zu nehmen. Ein Haus am Bryanston Square wurde für ihn adaptiert. Doch er wollte nach Amerika. Nach der deutschen Eroberung von Paris am 14. Juni 1940 und dem Waffenstillstand am 25. Juni hielt ihn nichts mehr in Europa. Über die Details seiner Flucht hat er immer geschwiegen. Am 24. Juli 1940 traf er in Buenos Aires ein. Dort gab er an, nicht als Flüchtling, sondern als Tourist zu kommen und die Absicht zu haben, für längere Zeit zu bleiben. Da sein französischer Pass nur bis 16. November 1940 Gültigkeit besaß, beantragte er am 10. Oktober bei den chilenischen Behörden einen Staatenlosen-Pass, um damit in die USA zu gelangen. Weil er allerdings zunächst, wie seine Nichte Bettina Looram erzählte, kein US-Visum erhalten konnte, war er gezwungen, ein halbes Jahr lang in Argentinien und Chile zu warten. Erst am 1. Februar 1941 konnte er als staatenloser Flüchtling in die USA einreisen.[320] Wie viel die Nationalsozialisten Louis und seinen Geschwistern tatsächlich abgepresst hatten, wird sich nie genau ermitteln lassen. Die 21 Millionen Reichsmark, die in den zeitgenössischen Berichten immer genannt wurden, waren jedenfalls nur ein Bruchteil der tatsächlichen Summen.

Auch Alfons war ähnlich reich, stand aber nicht so stark im Blickfeld der Öffentlichkeit und war zum Zeitpunkt der nationalsozialistischen Machtübernahme im Ausland und daher für die neuen Machthaber nicht mehr greifbar. Auch er erhielt im Februar 1939 von der Reichsfluchtsteuerstelle seinen „Vorläufigen Reichsfluchtsteuerbescheid". Sein Vermögen am 1. Jänner 1938 wurde ähnlich wie für Louis auf 21,272.087 Reichsmark berechnet, wovon ihm eine Reichsfluchtsteuer von 5,318.022 Reichsmark vorgeschrieben wurde.[321] Sein 16-prozentiger Anteil an der Witkowitzer Bergbau- und Eisenhütten-Gewerkschaft, den er über den in England angesiedelten Trust hielt, wurde auf zwei bis drei Millionen Reichsmark geschätzt. Dazu gab Alfons als ausländische Vermögen noch das land- und forstwirtschaftliche Gut Schillersdorf im Wert von 15 Millionen tschechischen Kronen an, sowie Gegenstände aus edlem Metall, Schmuck und Luxusgegenstände und außerdem seine Briefmarkensammlung im Wert von 600.000 Reichsmark.[322]

Auch Alfons wurde sein gesamtes Vermögen abgepresst, nicht nur durch die Reichsfluchtsteuer und die übrigen Vermögensabgaben, sondern auch durch die Beschlagnahme des gesamten Grundbesitzes, der Baulichkeiten, der Fahrnisse und der Kunstschätze. Ein Zufall der Geschichte hatte Alfons und Clarice die Freiheit und auch liquide Mittel belassen, weil sie am 12. März 1938 nicht nur in London zur Eröffnung einer großen Markenausstellung weilten, zu der sie ihre berühmtesten Stücke beigesteuert hatten, sondern auch zu einem Empfang beim König geladen waren, wofür Clarice ihre kostbarsten Juwelen mitgenommen hatte.

Alfons und Clarice hatten die erste Zeit des Exils in der Schweiz verbracht: in Villars-sur-Ollon hoch über dem Rhonetal, wo das Krebsleiden des sechzehnjährigen Albert in einer nahe gelegenen Klinik behandelt wurde. Als er am 28. Oktober 1938 verstarb, stand Clarice unter schwerem Schock.[323] „Wie ging es danach weiter?“, fragte Trenkler Bettina Looram.[324] „Meine Eltern haben ein Haus in London gemietet. Zuerst sind nur wir, die Mädel, nach London, weil wir in die Schule mussten. Dann ist mein Bruder gestorben. Und erst danach sind auch die Eltern nach London gekommen. Wir waren etwa ein Jahr dort, dann sind wir zurück in die Schweiz: Die Eltern wollten unbedingt das Grab meines Bruders besuchen. Und dann, im Mai 1940, sind die Deutschen in Belgien und Holland einmarschiert. Da hat die Familie gefunden: Weg! Das nächste Land, das okkupiert wird, ist die Schweiz. Also sind wir quer durch Frankreich nach Le Havre. Die Eltern haben mit Tausenden Flüchtlingen verzweifelt nach einem Schiff gesucht. Irgendwann trafen sie – ein Weltwunder! – meinen englischen Onkel, den Bruder meiner Mutter, der bei der Militärpolizei war. Er hat uns auf ein Schiff verfrachtet – und wir sind nach England. Die Deutschen sind durch Holland, Belgien und Frankreich wie ein Messer durch Butter. Und dann war dieses Debakel der Engländer in Dunkerque.“[325] Von England reisten sie am 5. Oktober 1940 in die USA weiter.[326]

Kitty wurde von der deutschen Verwaltung als US-Staatsbürgerin geführt, Eugen als französischer Staatsbürger. Am 7. und 8. Februar 1939 fanden in Paris die Verhandlungen zwischen Eugen und Vertretern des Reiches statt.[327] Eugène Rothschild fiel als tschechischer Staatsangehöriger, der 1938 oder 1939 die französische Staatsbürgerschaft angenommen hatte und die meiste Zeit in Paris wohnte, zwar nicht unter die Verpflichtung zur Vermögensanmeldung, besaß aber große Vermögenswerte in Wien und Niederösterreich, auf die er zu verzichten gezwungen wurde. Er musste seine Forderungen gegenüber dem Bankhaus S. M. Rothschild abtreten und dem Deutschen Reich große Effekten- und Devisenwerte übertragen und musste sich zudem verpflichten, weiterhin Kunde des arisierten, von deutschen Eigentümern übernommenen Bankhauses Rothschild zu bleiben und seine Guthaben und Depots bei dieser Bank zu belassen. Ferner hatte er auf drei Millionen Reichsmark zugunsten seiner Brüder Alfons und Louis zu verzichten und weitere zwei Millionen als Sonderguthaben „zur Bestreitung der für das Gut Enzesfeld entstehenden laufenden Aufwendungen“ zur Verfügung zu stellen. Im Gegenzug konnte er seinen Grundbesitz – es handelte sich um das Gut Enzesfeld, das zwecks Gebührenbemessung auf 1,2 Millionen Reichsmark geschätzt wurde – seiner Ehefrau Kitty, die amerikanische Staatsbürgerin war und als „Arierin“ galt, als Schenkung überlassen.[328] Kitty als Arierin und US-Staatsbürgerin „sei diesem Anwesen sehr verbunden und möchte dort nach wie vor einen Teil des Jahres verbringen und dort auch in Zukunft Gäste empfangen“, argumentierte Eugen in den Verhandlungen. Seiner und ihrer Meinung nach würde das durch die Schenkung sehr erleichtert werden. Das Reich forderte dafür aber eine Sicherstellung, weil die Baronin in Deutschland ja keine Mittel habe. Nicht nur die Kosten der Schenkung (etwa 100000 RM), sondern auch die Aufwendungen für den Betrieb der Herrschaft wie auch für den Aufenthalt der Baronin und ihrer Gäste und ihres Personals müssten von Rothschildseite gesichert sein.

Kitty und Eugen fühlten sich in Paris noch sicher. Hier spürte man nichts oder wollte man nichts spüren. Man feierte wie eh und je, ja noch großartiger als früher: Ein Tanz auf dem Vulkan. Kitty machte auf einer Party von Elsie de Wolfe, die in der Society als Lady Mendl allgemein bekannt war und der *Washington Times* zufolge als Kittys „Busenfreundin“ galt, Modeschlagzeilen, indem sie in antiken Draperien aus feinstem handgewebtem Leinen auftrat, mit goldenem Gürtel und ebensolchen Sandalen: sehr schön und mehr 1938 vor Christus als nach Christus, meinte der Reporter der *Washington Times*.[329] Am 19. November 1938 schrieb Wallis an ihre Freundin Kitty über den Mangel an möblierten Häusern zum Mieten und über den Mangel an Unterhaltung: „Liebe Kitty. Ich wusste nichts über den plötzlichen Tod Deines Neffen, bis die Bedfords es mir erzählten. Ich bin so verzweifelt für euch alle.“ Gemeint war Albert „Buster“ Rothschild, Clarice’ Sohn, der am 28. Oktober 1938 in der Schweiz gestorben war. „Ich hoffe“, schrieb Wallis weiter, „Du wirst kommen, um Walter (?) am Donnerstag zu hören. Ich denke, wir könnten uns um 8 Uhr in La Rue zum Snack treffen, das Konzert ist um 9 Uhr. Ich wusste nicht, ob Eugène gesund genug sein könnte, um die Musik zu genießen ... Ich erwarte auch Monsieur Wilson – Kennst du einen netten Mann, der Musik mag? ... Wenn Eugène nicht kommt, kommst du dann doch?!!! Ich werde noch einmal versuchen, Dich heute Abend wieder telefonisch zu erreichen. Was ist mit dem netten Spanier, mit dem ich bei Dir zuhause Bridge gespielt habe? Immer liebevoll Wallis."

Es war eine trügerische Sicherheit. Kitty wusste und sagte zwar, dass Hitler mit dem englischen Premierminister Neville Chamberlain spiele, wie eine Katze mit einer Maus spielt. Sie sagte, nach der Tschechoslowakei wird es Polen sein, dann Jugoslawien, dann Rumänien und so weiter, bis die deutsche Flagge über ganz Europa weht. Sogar in Frankreich. Aber wirklich für möglich hielt sie es doch nicht. Im Dezember 1938 reiste sie in die USA. „Amerika würde demnächst die Chance haben, drei der bestgekleideten Frauen zu sehen, die Amerika lange nicht besucht hätten: Lady Mendl, Kitty Rothschild und die Herzogin von Windsor, schrieb die *Washington Times*.[330] Zu einem Fest in der polnischen Botschaft in Washington erschien Kitty in Schwarz mit einem fulminanten Diamantenhalsband.[331] Am 18. März 1939 schrieb Wallis an Kitty: „Liebe Kitty, ich höre von Antonio, dass du von deiner triumphalen Tour zurückgekehrt bist. Jeder Brief, den ich aus Amerika erhalten habe, sprach von deinem Charme, Schick ... Ich habe endlose Schwierigkeiten, Möbel zu finden – das Haus ist wirklich leer, bis auf ein winziges Boudoir und die Hälfte eines Esszimmers, aber wenn Du und Eugene nächsten Freitag, den 24. Lust auf ein Picknick haben würdet, sollten wir Euch gerne sehen. ... Abendessen 8.45 Uhr und ‚a black tie' für Eugene. Wir werden nur 4 sein, immer liebevoll Wallis".[332]

Am 1. Juli 1939 gab Elsie de Wolfe das letzte und größte ihrer berühmten Feste: ihren zweiten Circus-Ball, eines der bizarrsten Feste, das von Privaten je gegeben worden ist. Elsie, die gefeierte Designerin und Modeschöpferin, die mit dem pensionierten englischen Diplomaten Sir Charles Mendl verheiratet war, war damals 81 Jahre alt. Der Schauplatz war das Schloss Trianon, für dessen Restaurierung sie ein halbes Leben aufgewendet hatte. Sie hatte immer wieder dort Dinnerkränzchen, Maskenbälle und Themenpartys veranstaltet, hatte „murder mystery parties" erfunden und immer wieder auch sehr private Partys für 30 bis 40 enge Freunde organisiert. Sie mixte Leute wie Cocktails, sagte Wallis Simpson, ihre Freundin und Bewunderin. Unter den 700 Gästen, die von Coco Chanel, Elsa Schiaparelli, Jeanne-Marie Lanvin oder Lucien Lelong ausgestattet waren, waren auch Kitty und Eugen. Jeden Tag gab es in Paris in diesen Wochen des Jahres 1939, bevor sich die Hautevolee in die Sommerquartiere begab, an die Küste, ins Gebirge oder in die Landschlösser, derartige Veranstaltungen. Es war „la grande semaine". Der 1939er Circus-Ball war das letzte große Fest. Glaubte man nicht an die Gefahr oder wollte man ausgelassen und sehend in den Abgrund stürzen?

Im Herbst war schon Krieg. Aber in Frankreich blieb es lange Zeit merkwürdig ruhig. Man fühlte sich sicher und beschützt. Am 15. Mai 1940 schrieb Wallis an Tante Bessie: „Liebling, ich bin sicher, du machst dir zu Tode Sorgen, aber versuche es bitte nicht – denn es gibt nichts zu tun, und wenn Paris ungemütlich werden sollte, werde ich nicht bleiben ... Elsie Mendl und Kitty Rothschild sind immer noch hier, ebenso wie Tonnen anderer Leute. ... Wir hatten noch nie einen so schönen Frühling – man kann nicht glauben, dass es so viel Elend und Tod gibt. Die Flüchtlinge, die aus Belgien ankommen, sind am ärmsten mit ihren kleinen Bündeln."[333]Aber die Deutschen kamen rasch näher. In Paris waren einige „Eier" in Kitty de Rothschilds Garten gefallen, nur 300 Meter vom Boulevard Suchet entfernt.[334] Im Mai 1940 flohen die Windsors nach Süden, zuerst nach Biarritz, dann im Juni ins franquistische Spanien. Im Juli zogen sie nach Portugal, wo sie zunächst im Haus von Ricardo Espírito Santo lebten, einem portugiesischen Bankier mit britischen und deutschen Kontakten.

Auch Eugen und Kitty hatten Paris noch rechtzeitig vor Eintreffen der Deutschen verlassen können. Es gab nur noch einen Fluchtpunkt: Lissabon. Um dorthin zu gelangen, waren ein französisches Ausreisevisum, ein spanisches Durchreisevisum und ein portugiesisches Einreisevisum nötig. Dann benötigt man noch eine Schiffskarte oder ein Flugticket und jemanden, der in den USA für einen bürgt. Unendlich waren die Strapazen, auch für Eugen und Kitty: die Pyrenäen waren zu überwinden, zwei Grenzen zu überqueren und unzählige Papiere und

Bewilligungen bei der Hand zu haben und vorzuweisen. Dauernd war die Angst, doch noch gefasst oder verhaftet zu werden, auf bestechliche und abweisende Beamte zu stoßen und mit immer wieder neuen Vorschriften konfrontiert zu werden. Es galt, weiterzukommen, ob legal oder illegal, mit unfreundlichen Zöllnern zurechtzukommen und immer wieder hilfreiche Menschen zu finden. Ob zu Fuß, auf Eselsrücken, zu Pferd, mit einem Taxi, immer dominierte die Unsicherheit, ob am Ende nicht doch alles umsonst sei und es möglich sein werde, einen Platz auf einem der Schiffe oder Flugzeuge zu ergattern. Natürlich half Geld, und das umso mehr, je mehr man davon hatte.

Das Überschreiten der portugiesischen Grenze war in den meisten Fällen der Schlusspunkt eines langwierigen und aufreibenden Prozesses. Alles glich einem Heerlager. Der Tätigkeit des portugiesischen Konsuls in Bordeaux, Aristides de Sousa Mendes, des portugiesischen Oskar Schindler, der dort von 1938 bis Juni 1940 im Amt war und sich angesichts der verzweifelten Lage der Flüchtlinge entschloss, am 17., 18. und 19. Juni 1940 auf eigene Verantwortung Tausende von Visas zu erteilen, verdankten auch Eugen und Kitty ihre Papiere.[335] Ob er jener freundliche portugiesische Konsul war, auf den sich Alma Mahler-Werfel in ihrer Autobiografie bezieht, der alle Visa gleich ausstellte, der aber wahnsinnig geworden sei und alle Pässe ins Meer geworfen habe?[336] Es heißt, Sousa Mendes habe 30.000 Menschen das Leben gerettet, darunter 10.000 Juden. Das ist wahrscheinlich übertrieben. Den im Konsulat von Bordeaux vorhandenen Listen zufolge gab Sousa Mendes zwischen dem 1. Januar und dem 22. Juni 1940 insgesamt 2.862 Visa aus, den Großteil, nämlich 1.575 Visa, zwischen dem 11. und 22. Juni. Wie viele er zusätzlich in der Filiale Bayonne und in der Stadt Hendaye ausgestellt hat, wo er Visa ohne konsularischen Stempel und nur handschriftlich ausfertigte, weshalb sie nirgends registriert wurden, ist unbekannt.[337] Aber ob man damit tatsächlich weiterkam, war ganz und gar dem Glück überlassen. Denn Sousa Mendes war nach dieser Aktion sofort abgesetzt worden, und dass die von ihm ausgestellten Visa an den Kontrollstellen auch akzeptiert wurden, konnte man nur hoffen.

Lissabon war nach Frankreichs Kapitulation das einzige und letzte freie Tor, durch das die von Hitler Verfolgten Europa mit dem

Schiff oder Flugzeug verlassen konnten. Die Stadt hatte sich in einen riesigen, überfüllten Wartesaal für Flüchtlinge aus dem immer größer werdenden nationalsozialistischen Machtbereich verwandelt. Die Nervosität, die Verzweiflung und die Panik wurden immer größer. Die Zahl der Suizide unter den Exilanten stieg. Der Schiffsraum wurde immer knapper und teurer. Portugal, das unter dem autoritären Salazar-Regime neutral geblieben war und zwischen den Achsenmächten und Großbritannien lavierte, war für mehr als eine Million Menschen zum Flucht- und Treffpunkt geworden, wo sich die High Society des alten Europa ein letztes Fest bereitete. Verfolgte, die in die USA einreisen wollten, Industriekapitäne, Bankiers, Schriftsteller, Künstler, Angehörige des europäischen Hochadels und exilierte Politiker, aber auch jede Menge Spione, Geheimpolizisten, Schieber und Schwarzhändler waren hier zusammengekommen. Der portugiesische Diktator António de Oliveira Salazar versuchte mit der als Fortsetzung der Pariser Weltausstellung gedachten „Ausstellung der Portugiesischen Welt", die zwischen dem 23. Juni und 2. Dezember 1940 an die drei Millionen Besucher nach Lissabon zog, das Land als Friedenszone zu positionieren. Dort reihten sich Eugen und Kitty in die Masse von Millionären und Mittellosen ein, die auf Pässe, Visa und Reisemöglichkeiten warteten: Auch Max Ernst, Marc Chagall, Arthur Koestler, Heinrich und Golo Mann, Alma Mahler und Franz Werfel waren hier gestrandet.[338] Karl Farkas brillierte im Club Estefania mit einem Programm: „Lissabon lacht wieder". Alfred Polgar und Friedrich Torberg warteten ebenso wie Karl Hans Sailer, der ehemalige Redakteur der *Arbeiter-Zeitung*, und Guido Zernatto, der ehemalige Generalsekretär der Vaterländischen Front. Auch der Herzog von Windsor und Wallis Simpson trafen hier ein, bevor sie widerwillig auf die Bahamas abkommandiert wurden, mit ihnen auch das Ehepaar Wood, alles alte Bekannte von Kitty und Eugen aus ihrer Wiener und Pariser Zeit.[339] Der Herzog und die Herzogin verließen Lissabon am 1. August 1940 an Bord des Dampfschiffs *Excalibur* der American Export Lines in Richtung seines neuen Postens als Gouverneur der Bahamas.

Es war nicht einfach, eine Einreisegenehmigung in die USA zu erlangen, nicht einmal für die Rothschilds. Aber sie waren innerhalb des Spektrums der Flüchtlinge, die in jenen Tagen mit allen Mitteln versuchten, Europa zu verlassen, ein Ausnahmefall. Denn für Juden war auch in Portugal die Lage extrem unsicher und gefährlich geworden, sodass eine möglichst schnelle Flucht aus Europa angeraten schien. Kitty als Arierin mit amerikanischem Pass hatte es leichter, während Eugens tschechoslowakische und französische Pässe beide nichts oder nicht mehr viel wert waren. Eugen wollte schon am 4. Juli mit der *Nea Hellas* aufbrechen. Aber sein Visum war plötzlich für ungültig erklärt worden. Er musste wie hundert andere vorerst zurückbleiben.

Allerdings waren die Rothschilds nicht auf eine Schiffspassage angewiesen, sondern konnten sich die extrem teuren Flugtickets für den Yankee Clipper leisten: Eugen flog am 3. August 1940, Kitty blieb bis 4. Oktober beim Tanz auf dem brodelnden portugiesischen Vulkan. Die Boeing 314 Clipper, ein viermotoriges Flugboot, war eines der größten Flugzeuge seiner Zeit, mit dem ab dem 28. Juni 1939 der erste Passagier-Linienflugverkehr über den Atlantik aufgenommen worden war. Die PanAm Clipper waren luxuriös gebaut, was wegen der langen Dauer des Überseefluges sehr angenehm war (insgesamt ca. 24 Stunden von Southampton nach New York, 26 Stunden von Lissabon). Die 74 Sitze konnten in 40 Kojen für Nachtreisen umfunktioniert werden. Das Flugzeug hatte einen Ess- und Aufenthaltsraum. Die Mahlzeiten wurden von Köchen aus Vier-Sterne-Hotels zubereitet. Die Stewards servierten Fünf- und Sechs-Gänge-Menüs auf Silber. Es gab sogar eine Hochzeitskabine. Männern und Frauen standen getrennte Umkleidekabinen zur Verfügung. Es war eine luxuriöse Form des Reisens für Superreiche: Mit einem Preis von New York nach Southampton von 675 US-Dollar – das wären 12.389,82 US-Dollar im Jahr 2020 – musste man angesichts des damaligen Lohnniveaus einigermaßen begütert sein, um sich diese trotz allem beschwerliche und auch gefährliche Reisemöglichkeit von Europa nach Amerika leisten zu können. Die Transatlantikflüge ins neutrale Lissabon und nach Irland wurden fortgesetzt, auch als im September 1939 der Krieg in Europa ausgebrochen war. Aber Militär und Fracht hatten zwangsläufig Vorrang und der Service war spartanischer geworden. Bald wurden aus den exklusiven Linienflügen ordinäre Militärtransporte. Auch der NC 18603 Yankee Clipper wurde ab 1942 nur mehr für den Militärbedarf eingesetzt. Beim letzten Flug am 22. Februar 1943 kam es in Lissabon zur Katastrophe. Bei der Landung schlug ein Flügel im Wasser auf. 24 der 39 Personen an Bord kamen ums Leben.

Eugen nahm, nachdem er mit einigen Schwierigkeiten doch ein Visum erlangt hatte, das Flugzeug und kam am 4. August 1940 in New York an. Dass Eugen und Kitty getrennt reisten, hatte mehrere Gründe. Während für Kitty, die ja amerikanische Staatsbürgerin war, ein Visum für eine Einreise keinerlei Schwierigkeiten bereitete, war es bei Eugen angeraten, den europäischen Kontinent möglichst schnell zu verlassen. Er konnte nicht darauf vertrauen, zu jeder Zeit in den USA aufgenommen zu werden und ein Visum zu erhalten. Auch konnte er in den USA seine geschäftlichen Interessen sicher besser vertreten als im gefährdeten und unsicheren Portugal. Welche Gründe Kitty hatte, noch zu bleiben, ist unbekannt: Ob sie den portugiesischen Sommer und das gesellschaftliche Leben der Stadt noch länger genießen wollte, ob es an Plätzen im Flugzeug fehlte oder sie von Portugal aus die Lage beobachten und noch abwarten wollte.

Die letzte Möglichkeit zur Flucht bestand im Oktober 1940. Dann waren auch von Lissabon aus alle Wege über den Atlantik verschlossen. Die *Nea Hellas* der griechischen Reederei Greek Line war das letzte Passagierschiff, das Portugal im Oktober 1940 mit Zielhafen New York verließ. Es hatte zahlreiche österreichische Schriftsteller und Journalisten wie Franz Werfel, Alfred Polgar oder Karl Hans Sailer an Bord, die Kitty in den langen Wochen des Wartens in Lissabon sicher immer wieder getroffen hatte. Sie selber hatte Geld genug, um das Flugzeug zu nehmen, mit dem sie am 4. Oktober in New York ankam und wieder mit Eugen zusammentraf.

Die erste Zuflucht für Kitty und Eugen Rothschild nach ihrer Ankunft in den USA: das New Yorker Luxushotel St. Regis an der Fifth Avenue in Midtown Manhattan.

IN AMERIKA

Die amerikanischen Zeitungen berichteten 1940 von den vielen exilierten Rothschilds, die jetzt nach Amerika gekommen seien, von den englischen, französischen und auch von den österreichischen: von Eugen, der im August 1940 eingereist war, von Clarice und Alfons, die erst über den Umweg Kanada ins Land gelassen wurden, und von Louis, der in Südamerika lange auf ein US-Visum warten musste. Darunter sei Kitty bei Weitem die exklusivste Angehörige der Familie, meinte die *Detroit Evening Times*.[340]

CLARICE UND ALFONS

Als Erste waren Clarice und Alfons in Amerika angekommen. Sie wollten 1939 eigentlich in Europa bleiben und sich in der Schweiz niederlassen, wo ihr Sohn im Herbst des Vorjahrs gestorben war, oder in England, wo sich Clarice wirklich zu Hause fühlte. Doch nach der Niederlage der Briten bei Dünkirchen schien es greifbar nahe, dass die Deutschen auch in England einmarschieren würden. „Das Beste ist, Ihr geht in die Neue Welt", rieten die englischen Freunde. „Das haben wir gemacht", erzählte Bettina Looram: „Wir hatten aber kein Visum für Amerika, das war furchtbar schwer zu bekommen, wir hatten nur ein Transit-Visum. Wir blieben ein paar Tage in New York und sind dann weiter nach Kanada. Weil meine Mutter eine geborene Engländerin war, bekam sie die englische Staatsbürgerschaft zurück. Sie durfte daher nach Kanada einreisen und die Familie mitbringen."[341]

Ungefähr ein Jahr später übersiedelte die Familie in die USA. Gwendoline ging in New York in die Schule. Bettina blieb in Kanada in einem Internat. „Wie im Sommer '41 sind wir auch im Sommer '42 nach Maine an die Nordostküste. Wunderschön. In einem Ort, der Bar Harbor heißt, hatten wir Bekannte. Wir haben dort ein Haus gemietet."[342] Viele Familien mit bekannten Namen, darunter Vanderbilt, Rockefeller, Kent, Pulitzer, McCormack und Ford, besaßen dort Villen oder „Cottages". Dort, mitten in diesem schönen Ambiente, erlitt Alfons einen Herzanfall. Sechs Wochen später, am 1. September, war er tot: Im Bett, ganz friedlich, sei er gestorben, meinte die Tochter Bettina.[343] Clarice sagte: „Ich konnte nichts für ihn tun. Es war sein Herz. Es muss ihm gebrochen sein. Nicht die materiellen Verluste haben ihm so zugesetzt, sondern der Verrat so vieler, die wir für unsere Freunde gehalten haben, und der Verrat Österreichs an uns, das er so sehr geliebt hat. Und was unser Volk gelitten hat!"[344]

Clarice konnte sich in Amerika nur schwer eingewöhnen: „Du ahnst ja nicht, wie exklusiv die reiche Oberschicht in New York denkt", sagte sie zur Gräfin Sternberg. Sie hatte viel Kraft gebraucht: Alfons war krank, melancholisch und lebensmüde. Der einzige Sohn war in der Schweiz gestorben. Die beiden Töchter waren noch in der Ausbildung. Sie war bei ihrem Zusammentreffen mit der Gräfin Sternberg unversöhnlich: „Wieder nach Österreich zurückgehen?" „Ich will sie nie mehr sehen!" und: „Oh, ich ruhe nicht eher, bis ich den letzten Teelöffel zurückhabe! Sie werden zahlen müssen, die vielen, die gestohlen haben, und die Regierungen auch!"

Die Gräfin versuchte sie zu beruhigen und zu trösten: „Das ist jetzt alles vorbei. Wenn du nach Österreich zurückgingest, würden dich alle deine alten Freunde mit offenen Armen aufnehmen. Es gibt keinen einzigen Nazi mehr unter ihnen." Cecilia Sternberg wusste, dass das nicht stimmte. Aus Clarice' Augen blitzte es wie blankes Feuer: „Ich will sie nie mehr sehen." „Sei nicht unfair, Clarice", widersprach die Gräfin: „Ein paar haben sich halt verleiten lassen in ihrer Dummheit, und keineswegs sind sie alle für Hitler gewesen." „Die von meinen Freunden, die dies nicht waren, kann ich an zehn Fingern abzählen – und wenn ich an Ulrich denke ..." Sie meinte Ulrich Kinsky, mit dem Clarice einst wie unzertrennlich war. „Vielleicht hätte auch er seine Haltung bedauert, wenn er länger gelebt hätte", wagte die Gräfin Sternberg einzuwerfen: „Bei vielen war's so." Doch Clarice war überzeugt: „Bedauert? Die bedauern doch alle nur, noch heute, dass Hitler den Krieg nicht gewonnen hat. Ihr könnt euch nicht vorstellen, weil ihr ja nicht da wart, wie unsere Freunde und sogar welche aus der Verwandtschaft sich benommen haben, als die Nazis an der Macht waren, wie es ihnen pressiert hat, unseren Besitz billig in die Finger zu bekommen, Häuser in Wien, Güter – alles und jedes, sogar unser Porzellan und Tafelsilber. Überall war das Rothschild-Wappen drauf. Leute, die Hunderte von Malen bei uns im Palais von unseren Tellern gegessen haben. Dass ihnen das Essen nicht im Hals stecken geblieben ist." [345]

„Und wisst ihr, worauf sie sich jetzt hinausreden wollen, seitdem unsere Anwälte angefangen haben, Dingen nachzuspüren, die einfach gestohlen wurden? Sie hätten sich die Sachen nur angeeignet, um sie für uns zu retten!", setzte sie nach. „Und die Regierungen! Sie werden auch bezahlen müssen, was konfisziert wurde. Die Tschechen für Witkowitz und Schillersdorf und die Österreicher für unsere Palais in Wien, die zugrunde gerichtet und ausgeplündert wurden, und für die Wälder in der Langau." „Sei doch nicht so bitter, Clarice!", beruhigte die Gräfin: „Es führt zu nichts." „Du wärst auch bitter, wenn du verloren hättest, was ich verloren habe", sagte Clarice zornig. „Und inzwischen muss ich in diesem schauderhaften Land leben, wo es allen Leuten nur darum geht, wie reich man ist, während ich praktisch ohne jeden Pfennig dasitze. Ich weiß kaum, wie ich das Geld für meine Wohnungsmiete, Personal, ja, sogar fürs Essen auftreiben soll."[346]

Was Clarice Rothschild da von sich gab, war nicht alles ganz glaubwürdig. Natürlich war sie nicht arm. Auch Eugen und Louis waren es nicht. Und natürlich hatte Clarice Sehnsucht nach Österreich: „Ich bin jetzt ohne einen Menschen. Alphonse ist gestorben. Betty hat geheiratet und Gwen hat nur ihre Männer im Kopf. Ich bin zu alt, um neue Freunde zu finden und Freundschaften zu schließen. Wien fehlt mir sehr, und die österreichische Landschaft, die Jagden, die Reisen – unser Leben, wie es vor Hitler war." „Dann pack doch deine Sachen und fahr zurück." „Was? Unter diesen Verrätern leben? Niemals!" „Aber gibt es nicht auch hier viele nette Leute? Die Amerikaner machen doch einen so freundlichen Eindruck." „Glaub nur das nicht. Sie sind von einem Snobismus, dass sogar deine Großmutter (Gräfin Alice Hoyos, geborene Whitehead – R. S.) errötet wäre. Versnobt in ihrer gegenseitigen Einstellung – wann sie herübergekommen sind und wer es zuerst zu Geld gebracht hat, bei welchem Club man Mitglied ist und welche Leute man fernhalten kann. Sie versuchen sich mit der Diskriminierung anderer zu beweisen, dass sie wer sind. Es ist mir wirklich zu lächerlich, was hier als Gesellschaft gilt. Stellt euch vor, ich wollte einem Country Club in Long Island beitreten, weil ich gern Golf spiele, aber man hat mich nicht haben wollen." „Aber warum denn nicht?" „Weil ich Rothschild heiße. Ist euch jemals etwas Verrückteres zu Ohren gekommen?"[347]

Das Ehepaar Sternberg war recht oft in der New Yorker Wohnung von Clarice zu Besuch. Sie hatte ein herrliches Appartement an der Fifth Avenue, mit Blick auf den Central Park, eingerichtet mit erlesenen Möbeln und schönen Bildern. „Sie kann doch nicht so arm sein, wie sie behauptet, oder?", fragte die Gräfin Sternberg ihren Berliner Bekannten Erich Goldschmidt. „Natürlich nicht", antwortete dieser. „Es ist alles nur in ihrer Vorstellung. Allein, was sie in ihrem Appartement hat, ist ein Vermögen wert, und wenn sie ersetzt bekommt, was sie in den verschiedenen Ländern verloren hat, ist sie steinreich. Sie tut einem wirklich leid, klammert sich ans Geld, als wär's das Leben selber. Aber leider ist es ja alles, woran sie sich jetzt noch klammern kann."[348]

Verschiedene Vermögenswerte, die Clarice und Alfons, zum Teil recht zufällig, vor dem Zugriff der Nazis gerettet hatten, hatten ihnen in den Anfangsschritten maßgeblich geholfen: Clarice' Juwelen, die sie 1938 zum Empfang bei der englischen Königin mitgeführt hatte, und Alfons' überaus wertvolle Briefmarkensammlung, die sich damals auf der Ausstellung in London befunden hatte. 1947 gelangte die sagenhafte „Rothschild-Markensammlung" in New York zur Versteigerung und erbrachte sechsstellige Dollarsummen, also Millionen österreichischer Schillinge. Die österreichischen Zeitungen schrieben: „Wenn wir heute etwas wehmütig die Ergebnisse der Rothschild-Auktion (Mercury Stamp 00. New York, 27. Oktober bis 12. November 1947) betrachten, so gelangen wir zu der betrüblichen Feststellung, dass solches Altösterreichmaterial in unserer Heimat gar nicht mehr existiert."[349]

„Der Name Rothschild, der in Europa so hohes Ansehen hatte, war in Amerika nicht in dem Maße bekannt und öffnete daher auch nicht die Türen wie in Europa. „Ihr würdet nicht glauben, wie oft ich von Leuten, die versprochen haben, Wertsachen für uns zu behüten, beschwindelt und betrogen worden bin ..." Clarice war im Central Park niedergeschlagen und ihrer Handtasche beraubt worden. Man würde am Land viel glücklicher sein als in diesem furchtbaren New York, war sie sicher. Die Sehnsucht, aufs Land zu gehen ... eine kleine Farm, in Pennsylvania, im Staat New York oder in Vermont zu finden, bewegte auch sie: „Immerhin ist Louis der Einzige, der anscheinend ganz zufrieden ist", gab Clarice zu. Sie selbst war recht einsam geworden. Die ältere Tochter Bettina hatte 1943 den jungen amerikanischen Diplomaten Matthew Looram geheiratet, die jüngere Gwendoline 1948 den Bankier Roland Henry Hoguet.[350] Mit ihren Schwägern und Schwägerinnen, die nun ebenfalls in den USA waren, fand sie auch in Amerika recht wenig Kontakt.

KITTY UND EUGEN

Eugen war bereits am 4. August 1940 mit dem Yankee Clipper NC 18603 von Boeing in New York gelandet. 25 Passagiere waren an Bord, darunter Graf Richard Coudenhove-Kalergi mit Familie, Magdalena und Sophie Dietzgen und eine ganze Reihe weiterer prominenter oder reicher Emigranten und Emigrantinnen.[351] Kitty war am 4. Oktober 1940 nachgekommen.[352] Es war einer der letzten Flüge, der für Zivilisten noch möglich gewesen war. Am Hals trug sie das berühmte Millionen-Diadem, das ihr Eugen 1924 zur Verlobung geschenkt hatte. Mit ihren Händen hielt sie die Handtasche fest umklammert, in der sich einige der prächtigsten Edelsteine und Schmuckstücke befanden, deren Listenwert sie auf über 100.000 damalige US-Dollar deklarierte, obwohl sie mit Sicherheit sehr viel mehr wert waren.[353]

Eugen und Kitty hatten sich zuerst im New Yorker Hotel St. Regis, an der Ecke von Fifth Avenue und Fifty-fifth Street in Midtown Manhattan eingemietet. Das 1904 unter John Jacob Astor IV. im Jugendstil erbaute und damals mit 20 Stockwerken höchste Hotelgebäude der Stadt zählte zu den nobelsten Etablissements der Welt: Waterford-Kristallleuchter, vergoldete Stuckgesimse, italienische Marmorböden, antike Wand- und Bodenteppiche, Louis-XV-Möbel und eine Bibliothek mit 3.000 ledergebundenen Bänden mit Goldprägung aus Astors Privatsammlung schufen eine exklusive Atmosphäre. Seit seiner Gründung war das St. Regis berühmt für sein „Allow-me"-Butlerservice, das seinen Gästen rund um die Uhr jegliche erdenkliche Betreuung und Aufmerksamkeit zuteilwerden ließ: vom Ein- und Auspacken bis hin zu den ausgefallensten Anliegen. Nicht nur schöner als die schönsten Hotels des alten Europa, sondern auch „so bequem und so luxuriös wie das teuerste Privathaus New Yorks", das war das Ziel. Natürlich Telefone in jedem Zimmer, eine zentrale Staubsaugeranlage und ein Belüftungs- und Reinigungssystem, bei dem die Gäste die Temperatur in jedem Zimmer regulieren und die Luft im Inneren zirkulieren lassen konnten, und das lange, bevor Klimaanlagen zum amerikanischen Standard gehörten.

Manhattan war gut. Aber ein Hotel war keine Dauerbleibe. Ein Zufall kam Kitty zu Hilfe: Der prominente Manhattaner Anwalt Paul D. Cravath war gestorben und seine Villa in Locust Valley auf Long Island stand nun zum Verkauf. Der Schriftsteller Cecil Roberts, der während des Zweiten Weltkriegs für Lord Halifax, den britischen Botschafter in den Vereinigten Staaten arbeitete, erinnerte sich anlässlich eines Gesprächs über berühmte Halsbänder, dass ihm Kitty erzählt habe, wie es ihr nach der Flucht aus Frankreich eine Halskette ermöglicht habe, das Haus auf Long Island zu finanzieren. Es war die Halskette, die ihr Eugen 1924 zum Geschenk gemacht und die sie auf der Flucht als wichtigste Nothilfe mit sich geführt hatte.[354]

Das „Still House", das um 1928 vom amerikanischen Stararchitekten Bradley Delehanty im Kolonialstil entworfen worden war, liegt auf Long Island, etwa 20 Meilen außerhalb der Stadt und wurde damals mit der Schlagzeile „Charme der Alten Welt trifft auf modernen Lebensstil" beworben. Das Anwesen mit seiner weiß gekalkten, von Efeu und Glyzinien überwachsenen Ziegelfassade konnte den Wettstreit mit Enzesfeld mühelos aufnehmen. Im etwa 37 Hektar großen Park gab es großzügige Rasenflächen, viele Obstbäume, große Rhododendrenbüsche und hohe Eichen, Ulmen, Buchen und Kiefern. Zu den luxuriösen Merkmalen des Hauses gehörte eine zweistöckige Bibliothek, die mit Holzvertäfelungen aus der berühmten, 1934 abgewrackten RMS Mauretania, einem der größten und elegantesten Passagierschiffe der Vorkriegszeit, ausgestattet worden war.

Vom großen Salon eröffneten riesige Fenster den Blick auf die Terrasse und die weite Landschaft. Im ersten Stock standen sechs große Wohnräume zur Verfügung, in der zweiten Etage fünf Schlafzimmer und ein „Sonnendeck". In den Nebengebäuden waren die Dienstbotenräume einschließlich Wäscherei und Garagen untergebracht.[355] Sogar für ein Kino mit 15 Sitzplätzen war gesorgt. Genug Platz für ein kinderloses Paar, das eigentlich keine großen Gesellschaften mehr geben wollte. Als Eugen und Kitty das Anwesen erwarben, war die Gegend etwas aus der Mode gekommen. Viele der noblen Nachbarn waren weg. Der Krieg war auch hier spürbar. Aber Kitty wollten ohnehin weg aus der Welt des Glitters und Glamours: Hier konnte sie Golf spielen und ihren Interessen nachgehen.

HILDA UND LOUIS

Auch Louis hatte am 1. Februar 1941 endlich die USA erreicht und ein Appartement im New Yorker Carlyle Hotel an der Madison Avenue bezogen. Als Louis dort logierte, galt dieses berühmte Hotel, das 1930 eröffnet hatte, als nicht ganz so exklusiv wie das St. Regis, in dem sein Bruder und Kitty gewohnt hatten. Aber der großartige Stadtblick von der 35. Etage und die zeitlose Schönheit des von Dorothy Draper entworfenen Art-déco-Gebäudes entschädigten für die krisenbedingten Unzukömmlichkeiten. Über Louis' Aktivitäten als Exilösterreicher ist man schlecht unterrichtet. Ein Schriftstück deutet auf Verbindungen zu dem emigrierten Kunsthändler Otto Kallir hin, der ab 1940 Präsident der Austrian-American League war.[356] Auch mit Otto Habsburg und Richard Coudenhove-Kalergi pflegte er Kontakte. Die amerikanische Staatsbürgerschaft erhielt Louis erst nach Absolvierung der fünfjährigen Residenzpflicht am 1. Februar 1946.

Louis traf in New York auch seine alte Freundin Hilda Auersperg wieder, die nunmehr erstmals auf ein eigenes Einkommen angewiesen als Sekretärin, Stenographin und Radiosprecherin für Dorothy Thompson zu arbeiten begonnen hatte. Jetzt standen einer Heirat der beiden keine Bedenken mehr entgegen, weder familienstrategische

Überlegungen des Hauses Rothschild noch Einwände seiner Schwägerin oder Rücksichten aus religiösen Gründen und Vorurteile der Wiener Gesellschaft. Gefeiert wurde bei Kitty und Eugen in ihrer neuen Residenz in Locust Valley. Nur Familienmitglieder und ein paar Freunde waren anwesend. Alfons war schon tot. Clarice, Kittys alte Widersacherin, war mit den beiden Töchtern Bettina und Gwendoline gekommen. Sie schloss alle in die Arme und drückte sie an ihren einst so üppigen Busen, der an Umfang verloren zu haben schien. Es verwunderte nicht, dass sie bei den Strapazen und all den Verlusten, die sie erlitten hatte – der Sohn, der Gatte, die Palais, das angenehme Leben –, mit der Zeit recht aggressiv und gereizt worden war.

Wie alt sie geworden ist, dachte Kitty. Sie erinnerte sich, wie sehr sie in den ersten Jahren ihrer Ehe diese damals überaus sinnenfrohe Frau gehasst hatte. Auch Kitty war alt geworden. Die einstige Schönheit war verblasst. Aber sie sprühte noch vor Lebensfreude.

Die Hochzeit war ein schlichtes Zeremoniell. Es wurden keine Gläser zerschmettert. Es wurde kein jüdischer Hochzeitsbaldachin aufgestellt und keine christliche Messe gelesen. Es gab keinen Rabbiner und keinen Geistlichen. Keine Kirche und keine Synagoge. Kein Schloss und kein Hotel. Aber das Still House war mehr als standesgemäß. Und das Essen war so köstlich, wie es nur ein französischer Koch zustande bringen konnte. Aber alle sehnten sich nach Wiener Schnitzeln und Apfelstrudel.

Für Louis' langjährige Lebensfreundin Aline war eine Anreise aus dem besetzten Österreich nicht möglich gewesen. Sie sandte Grüße. Sie hätte vielleicht auch nicht wirklich gepasst. Louis lud sie später zu einem Amerika-Besuch ein. Auch Valentine wollte und konnte angesichts ihrer Behinderung die anstrengende Reise nicht auf sich nehmen und blieb vorerst in England. Sie waren sich alle nie sehr nahegestanden. Doch jetzt fühlten sie sich durch die lange Trennung und die harten Schicksalsschläge wieder enger verbunden.

Es war ein letztes großes gemeinsames Fest. Wenige Wochen nach der fröhlich-sentimentalen Hochzeitsparty war Kitty tot. Ihr Tod kam ganz plötzlich. Ein Gehirnschlag beendete am 9. Oktober 1946 unvermittelt ihr Leben. Es war, wie man euphemistisch zu sagen pflegt, ein schöner Tod. Sie setzte sich hin und schlief ein. Die Begräbnisfeier fand in der St. Patrick's Roman Catholic Church in Glen Cove, Long Island, statt. Sie wurde auf dem Gelände von Still House begraben.

LITTLE MITTELEUROPA ODER SUDETEN VERMONT

In Amerika, so liest sich das Märchen, beginnt man als Tellerwäscher und endet als Millionär. Die Rothschilds waren Millionäre und landeten im einfachen Leben. Es war für alle nicht einfach gewesen, zu verstehen und hinzunehmen, was man alles verloren hatte, auch wenn man anders als die meisten anderen, die zur Flucht getriebenen waren, wieder in einem recht angenehmen Wohlstand gelandet war. Louis kämpfte nicht. Er war zu erschöpft. Er wollte anders als Clarice nicht mehr kämpfen. Er entschloss sich nach der Eheschließung zu einer Ansiedlung in Vermont. Es erinnerte Hilda Auersperg und Louis Rothschild stark an das niederösterreichische Voralpenland, wo sie aufgewachsen waren und wo sie so viel Zeit verbracht hatten. In Vermont konnte Hilda den Wienerwald wiedererkennen, Louis das Alpenvorland und die Voralpen, nur alles ins Überdimensionale vergrößert, zehnmal den Lunzer See, zwanzigmal den Wienerwald, unter einem unendlich weiten, gewellten Himmel. „Voici, Les Verts Monts!" – „Da seht, die grünen Berge!" Das soll der französische Entdecker Samuel de Champlain gerufen haben, als er im frühen 17. Jahrhundert von Kanada über die großen Seen Richtung Süden vorstieß und die endlose Kette der bewaldeten grünen Hügel sah. Am Bild der grünen Waldberge hat sich bis heute nicht viel geändert: Damals war es ein Holzfäller- und Bauernstaat mit etwa 360.000 Einwohnern, 25.000 km^2 groß, die Berge bis 1.500 Meter hoch, unzählige Seen, der Winter lang und kalt mit richtig viel Schnee, der Frühling kurz, der Sommer warm und angenehm. Es war die Zeit der Feste und der Gäste. Und dann der Herbst, der die grünen Berge in rot und gelb flammende Feuermeere verwandelt. In keinem der österreichischen Wälder gibt es solche Herbstfarben. Und dann wieder die fallenden Blätter, die kahlen Bäume, der viele Schnee mit bis zu 30 Grad unter Null. Eine ungeheure Stille.

Man züchtete Vieh und pflanzte Kartoffeln. Verstreut in der Landschaft liegen die bunt bemalten Farmhäuser. Auch die Hauptstadt des Bundesstaats, Montpelier, damals wie heute mit nur 8.000 Einwohnern, passt in das Idyll. Alles ist ländlich. Die Farmhäuser hatten etwas verträumt Altertümliches: ein Saal, ein großer Kamin mit hängendem Teekessel, ein Backofen, eine Scheune. Man isst Apple Pie und Baked Beans, grobes Maisbrot und Ahornsirup, trinkt Apfelcider und Milch. Aus dem Apfelmost machte man den „Apple-Jack". Nein, Calvados war das keiner! Aber gut trinkbar. Das amerikanische Mostviertel? „Little Mitteleuropa" und „Sudetenamerika"! Die Emigranten liebten es. Es war billig und erinnerte an die Heimat: Individualismus bis zur Eigenbrötelei. Vermont ist und war etwas für Einzelgänger. Hier fanden Vertriebene eine vertrautere Umgebung als im anonymen New York. Es gab so viele verlassene Farmen. Die alten Farmhäuser, auch wenn sie herabgekommen waren, hatten das Zeug, schöne Häuser abzugeben.[357]

Im August 1946 schrieb Hilda an ihre Arbeitgeberin Thompson über die bevorstehende Hochzeit mit Louis Rothschild: „Louis ist sehr bereit, mich hernach nach Barnard zu begleiten, wenn er ein Zimmer bei Mrs. Bennett bekommen kann, vom 25. an. Später wollen wir nach Europa gehen." Gleichzeitig ersuchte sie Dorothy, das Arbeitsverhältnis zu beenden. „Bitte, Frau Kopf, schicken Sie mir keine Schecks mehr, denn Heiraten ist auch ein Job."[358]

Es war Dorothy Thompson, die viele Vertriebene nach Vermont brachte. 1928 hatte Thompson den Connett Place mit 300 Acres und der angrenzenden Chase Farm gekauft und das Anwesen Twin Farms genannt. Da sie mit Eleanor Roosevelt, der Gattin des Präsidenten, befreundet war, konnte sie deutschen Emigranten wie Fritz Kortner, Thomas Mann und Carl Zuckmayer bei der Einbürgerung helfen und unterstützte sie aus ihrem privaten Vermögen. Zuckmayer, den sie bereits 1925 kennengelernt hatte, war 1939 mit seiner Frau und seiner Tochter in ihrer New Yorker Wohnung untergekommen und bezog dann in Barnard ein Haus, die Backwood Farm. Während des Zweiten Weltkriegs hatte Dorothy begonnen, in Barnard Grundstücke und Häuser aufzukaufen und für Freunde und europäische Flüchtlinge zur Verfügung zu stellen. Sie lebte nach der Scheidung vom Literaturnobelpreisträger Sinclair Lewis dort mit ihrem neuen Ehemann, dem Künstler Maxim Kopf.[359] Während des Krieges war sie die treibende Kraft bei der Entwicklung eines lokalen Eier- und Geflügelgeschäfts, einer Milchfarm und des Anbaus von Obst und Gemüse, um für ihre Besucher und Nachbarn die Versorgung in dieser damals auch in den USA sehr kritischen Zeit zu verbessern.

Der Journalist John Gunther, der den Zustrom von Deutschen nach Barnard beobachtete, gab der Gegend den Namen „Sudeten Vermont". Aber man könnte auch „Little Mitteleuropa" sagen. Henry Kissinger war von der Atmosphäre und dem Stil der Gegend begeistert. Er sagte, dass Thompsons Großzügigkeit eine dringend benötigte „Insel" der Sicherheit in einer Welt des Aufruhrs bot. Die Schriftstellerin und Pazifistin Annette Kolb, der 1941 die Flucht in die USA gelungen war, stellte fest: Hier ist noch ein Ort, wo man zu Hause sein kann.[360]

Dank ihres Einkommens konnte sich Dorothy Thompson das leisten. Ihr publizistischer Einfluss während des Krieges war sehr groß geworden. Zeitweise erschienen ihre Beiträge fast täglich in etwa 150 Zeitungen. Und ihre Rundfunkkommentare, gesprochen von Dorothy Thompson selber oder verlesen von ihrer Mitarbeiterin Hilda von Auersperg, wurden jeden Freitag übertragen. Damit sie ihr tägliches Pensum schaffte, beschäftigte sie drei Hilfskräfte, die für sie arbeiteten. Thompson wurde zur großen Mahnerin vor den Übeln des Naziregimes und zur großen Fürsprecherin in der Flüchtlingskrise vor, während und nach dem Krieg. Doch sparte sie auch nicht mit Kritik an den Sympathisanten Stalins im Weißen Haus. So attackierte sie den früheren US-Botschafter in Moskau Joseph E. Davies für sein Stalin verherrlichendes Buch *Mission to Moscow* sowie dessen Verfilmung, engagierte sich aber auch gegen die nach 1945 ausbrechende Kommunistenhetze in Amerika.

In Vermont hatte Louis Rothschild seinen Fluchtpunkt erreicht, sein heimatliches Voralpenland wiederentdeckt und auch sein privates Glück gefunden. Er erwarb eine Farm in East Barnard, nahe an einem See, dem Silbersee, wenn auch nicht an jenem, der jedem

Karl-May-Leser vertraut wäre. Die nächste kleinere Stadt zum Einkaufen war 15 Kilometer entfernt, die nächste Bahnstation 40 Kilometer, die nächste Universität 48 Kilometer. Der „General Store“ in Barnard war weit und breit das einzige Geschäft, wo man das Nötigste kaufen konnte. Viele Bauernhäuser standen hier leer. Die Agrarkrise hatte in dem Holzfäller- und Kleinbauerngebiet massiv zugeschlagen. Louis Rothschild ließ das Haus renovieren, ohne am Äußeren etwas zu verändern. Der rote Anstrich blieb. Auch die alte, schon etwas verblichene Aufschrift „Ellis Farm“ auf dem Anwesen, das seit 1785 im Besitz der Familie Ellis gewesen war, wurde zur Freude der Einheimischen wieder aufgefrischt. 1948 wurde ein Telefon installiert. Sonst blieb es recht still. Louis schwamm an warmen Tagen im Silbersee, machte lange Spaziergänge in den Wäldern und ging Schifahren. Das Paar gewann nach „alter Vermonter Weise“ als „Louis“ und „Hilda“ Freunde unter der einheimischen Bevölkerung. Er züchtete Rosen, sie Hunde: afghanische Windhunde und ungarische Vizsla.[361] Sie wurden Farmer, beteiligten sich am Dorfleben, feierten Feste mit der einheimischen Bevölkerung. Es wurde eine Heimat im Exil.[362]

1947 holte Hilda ihren in Wien verbliebenen Besitz in die USA nach, unter anderem ein heute verschollenes Porträt von Louis Rothschild von John Quincy Adams, das im Jahr 1924 entstanden war und eine engere Verbindung der beiden bereits in Wien, als sie noch Baronin Pollack-Parnegg hieß, nahelegt – wie wäre es sonst in ihren Besitz gekommen? Das im selben Jahr entstandene Adams-Porträt von ihr selber verblieb aber in Österreich, wo es lange die Besucher des in ein Hotel umgewandelten Wiener Auersperg-Schlosses erfreute.[363] Auch mit der langjährigen Rothschild-Freundin und Lebensgefährtin Aline/Liny wurde wieder Kontakt aufgenommen: 1954 wurde sie von Louis und Hilda für mehrere Wochen in die USA eingeladen und trug sich auch bei den ebenfalls vertriebenen Scheys ins Gästebuch ein.[364]

Den exaltierten Wohnluxus und den Bauhausstil, den Hilda mit Auguste-Olympe Hériot in der Rustenschacherallee gepflegt hatte, übernahm sie in Vermont allerdings nicht. Obwohl das umgestaltete und vergrößerte Farmhaus einige seltene Kunstwerke und Plastiken aus den fabelhaften Rothschild-Sammlungen beherbergte, blieb es immer noch ein Vermonter Landhaus, mit wenig Ähnlichkeit zu den Schlössern und Palästen, in welchen der Baron und auch die Gräfin die meiste Zeit ihres Lebens verbracht hatten. Irgendwie war alles seltsam verrückt: In Hildas zu einem Wohnraum umgestalteter Scheune sah man zwischen den grob behauenen Holzbalken einen Isfahan-Teppich von etwa 1790 im Wert von 35.000 bis 50.000 Dollar. Der einzige andere Artikel in diesem Raum war ein Chippendale-Schreibtisch, der selbst ungefähr 25.000 wert war. „Wir sind alle verrückt, das stimmt. Aber ich glaube, dass unsere liebliche, heilige Hilda in all ihrer Anmut und Reinheit die Graziösesten von uns übertroffen hat", bemerkte ein Besucher in einem Brief an Dorothy.[365] Die wunderbaren Gärten rund um das Farmhaus waren von Hilda selber angelegt worden, und fast jeden Morgen während der fruchtbaren Jahreszeit arbeitete sie in ihnen. Hilda war eine Frau von unzerstörbarer Eleganz. Und ihr Gatte war gelassen, weise, höflich, witzig und aufgeschlossen – und gleichzeitig stocktaub. Baron Louis hatte in letzter Zeit die Angewohnheit entwickelt, sein Hörgerät in Gesellschaft leiser zu stellen; es war nicht ungewöhnlich, dass er ein Gespräch mit den höflichen Worten beendete, die man von Kaiser Franz Joseph kennt: „Es war sehr interessant. Es hat mich sehr gefreut. Aber nun geh nach Hause."

Jeder in der Gegend kannte das Haus, und das nicht nur, weil die Rothschilds jedes Jahr ein großes Sommerfest mit Barbecue und Tanz in der Scheune veranstalteten, zu dem jedermann in East Barnard geladen war: 300 Leute und mehr, auch die Kinder. Es war die Party der Partys: Louis Rothschilds Scheunenfest unter freiem Himmel. Jeder in der Nachbarschaft war willkommen, ohne förmliche Einladung und ohne formellen Zwang. Die Einheimischen trafen sich mit den Emigranten aus der Habsburgermonarchie. Louis in Jeans, Hilda in einem Bauernrock, umgeben von einer Herde von Ziegen, alles sehr ländlich. Man kam zum Tennisspielen und zum Schwimmen im nahe gelegenen Silbersee, um am Abend mit einem hervorragenden Wiener Essen und mit guter Laune verwöhnt zu werden.

Im Oktober ging Louis jeweils für einige Tage nach New York. Für den Heiligen Abend luden sie immer eine Reihe von Leuten ein.

Der neue Gästeraum war gerade vollendet. Die Weihnachtsfeier werde kleiner sein als die Party im Sommer, schreibt Hilda im Jahr 1948. Als Hausgäste erwartete man neben Nachbarn und Freunden auch Gabrielle Liechtenstein, die derzeit im Appartement wohnte: „Ich habe einen Truthahn bestellt, und viele gute Enten, es gibt Champagner, französischen ...“[366] Ab und zu empfing man Gäste: Journalisten, Schriftsteller, Professoren und ehemalige Politiker. Immer wieder erwartete man alte Bekannte: den Dichter Carl Zuckmayer oder den ehemaligen Reichskanzler Heinrich Brüning: Er werde am Sonntag zum Lunch kommen und würde sich freuen, Dorothy zu sehen.[367] Auch Anna (Prinzessin) Schwarzenberg, mit der Thompson mindestens seit 1928 in Kontakt war, blieb im September 1948 für einige Tage da. Sie hatte sich nach langen Jahren als Generalsekretärin des Internationalen Verbands der Krankenschwestern als Rentnerin in Vermont niedergelassen und hier eine kleine Heimindustrie für Frauen begründet, die Kleidungsstücke strickten.[368] Berthold Viertel kam, Franz Werfel wollte kommen. Es war ein Treffpunkt der Erinnerungen: Little Mitteleuropa.

ZURÜCK NACH ÖSTERREICH?

Hilda bot Louis, was dieser zeitlebens nie besessen hatte: ein Zuhause. Sollte man nach Österreich zurückkehren? Recht viel Motivation gab es für Louis und Hilda nicht. Das soziale und politische Klima in Österreich war für einen Rothschild noch immer nicht sehr freundlich: im Parlament, in Teilen der Öffentlichkeit, vor allem im sowjetisch besetzten Teil des Landes. Für Österreich bedeutete das Jahr 1945 nicht sofort und nicht in jeder Hinsicht eine Befreiung, und für die Vertriebenen und Beraubten war es nicht so einfach, eine Rückkehr und Rückstellung des verlorenen Besitzes oder gar Entschädigung und Wiedergutmachung zu erlangen. Das Land war besetzt und in vier Zonen geteilt. Das politische Schicksal wollte es, dass die Rothschildschen Besitzungen zur Gänze in der sowjetischen Besatzungszone des Landes zu liegen gekommen waren: Die Palais im 4. Wiener Gemeindebezirk befanden sich im sowjetischen Sektor der Stadt, die Wälder in Niederösterreich, das sowjetisch besetzt war, und Witkowitz und Schillersdorf lagen überhaupt in der kommunistisch gewordenen Tschechoslowakei. Die Rückstellungen erwiesen sich als mühevoll und langsam: Die Standorte vieler geraubter Kunstwerke waren unbekannt oder weit im Land herum zerstreut, die Häuser waren zerstört oder gefährdet. Die vom Deutschen Reich angeeigneten Realitäten galten als deutsches Eigentum, das die Sowjets für sich beanspruchten, die tschechischen Besitzungen wurden überhaupt nicht zurückgestellt. Und was sollte man mit den zurückgestellten Realitäten, Kunstwerken, Besitzrechten und Bankenkonzessionen anfangen? Die Realitätenpreise in den späten 1940er Jahren waren, solange die Möglichkeit einer Teilung Österreichs oder einer völligen Verstaatlichung der Immobilien nicht wirklich von der Hand zu weisen war, entsprechend gering, und für die Kunstwerke brauchte man Ausfuhrgenehmigungen, denen formal der Denkmalschutz entgegenstand, und brauchte man vor allem einen Markt, der damals ganz und gar nicht so war wie heute. Die Preise waren im Keller. Während die Arisierung des Rothschildschen Vermögens mit einigen wenigen Winkelzügen durchgeführt worden war, erforderte die Rückstellung zahlreiche komplexe Verfahren. Bei der Privatbank war der Antragsgegner das Bankhaus Nicolai, das nach 1945 schwer überschuldet war.[369] Sehr langwierig waren die Verhandlungen, die das Witkowitzer Eisenwerk betrafen: Erst 1953 bezahlte die kommunistische tschechoslowakische Regierung für den Komplex eine Entschädigung in der Höhe von einer Million Pfund, einen Bruchteil der vor dem Krieg verlangten zehn Millionen.[370] Und für die Kunstwerke zog sich die Rückstellung bis zur Jahrtausendwende und noch länger hin.

DIE ZUSTÄNDE IN ENZESFELD

Kitty hatte 1939 beim Bankhaus Nicolai, das die Rothschild-Bank übernommen und weitergeführt hatte, ein Vermögen von 1,416.140 RM deponiert, Eugen eines von 1,385.094 RM. Das war weitgehend verloren. Eugens Wiener Häuser waren zwar nicht enteignet, aber als „Feindvermögen“ verwaltet worden. Einige hatten bei Fliegerangriffen Schäden erlitten. Vieles aber wurde erst nach Kriegsende zerstört. Die

Diebe und Plünderer waren unterwegs – es gab so viel, das man leicht beiseiteschaffen konnte: die Kaffee- und Teetassen, die Silberkannen und Tafelbestecke, jeder Löffel und jedes Zigarettenetui waren begehrt. Dazu kamen die Pelze und die vielen kleinen Nippsachen, ganz abgesehen von den wirklich wertvollen Dingen, die sofort inventarisiert und für den Staat oder für privilegierte Anwärter gesichert worden waren.

Das Schloss Enzesfeld, das von Eugen 1939 seiner Gattin im Schenkungsweg übertragen worden war, um eine Arisierung abzuwehren, war von den deutschen Aggressoren besetzt und als Feindvermögen eingestuft worden. Wie es darum stand, wusste Kitty nicht. Ab 15. Mai 1942 war das Schloss an die Reichspostdirektion vermietet und ein Teil der Einrichtung im Herbst 1944 aus Schutz vor Luftangriffen nach Schloss Schönbühel, ein anderer Teil nach Schloss Frohsdorf bei Wiener Neustadt, einiges auch nach Berlin oder gar nach Polen verbracht worden. Die österreichischen Verlagerungsorte waren zwar nicht bombardiert, aber 1945 durch die sowjetischen Besatzer völlig ausgeplündert und verwüstet worden, sodass vom dorthin verbrachten Inventar kaum etwas übriggeblieben war. Der Wert der verlorenen Einrichtung wurde unverbindlich auf 2,5 Mio. RM geschätzt, darunter mehrere unersetzliche Unikate.

Am 2. April 1945 erreichte die Rote Armee auch Enzesfeld. Die in der Folge im Schloss stationierten sowjetischen Einheiten wechselten wiederholt. Da das Gebäude nicht betreten werden konnte, war sein Zustand 1946 nicht darstellbar, beim Inventar musste jedoch mit einem Totalverlust gerechnet werden. Die Wirtschaftsgebäude waren völlig ausgeräumt worden. Auch die Parkanlagen und Wälder hatten große Schäden erlitten. An der Gebäudesubstanz hingegen waren die Schäden gering, ebenso in der Gärtnerei. Was in Enzesfeld verblieben war, war nun in der Hand der Russen, mit Ausnahme des „weißen Schlafzimmers“, das der NS-Postminister Karl Wilhelm Ohnesorge zu seiner privaten Verfügung nach Berlin hatte bringen lassen. Über den Wert des Inventars wusste man nicht wirklich Bescheid. Kitty erwähnte zwei Gemälde aus dem 17. Jahrhundert, eines italienisch, eines deutsch, vor allem aber ihr seinerzeit von Philip Alexius de László 1922 gemaltes

Porträt, dazu ein Bett französischer Herkunft, einen wertvollen Irish-Waterford-Kerzenleuchter, einen Louis-XV-Schreibtisch, einen Louis-XVI-Einlegetisch, bemalte Seidentapeten, 12 bis 15 Zeichnungen französischer und italienischer Künstler des 18. Jahrhunderts, einen Coromandel-Schirm, Stühle, Uhren, Teppiche, Kleidung, Wäsche. Die Russen, so erfuhr man vom Verwalter, würden fortfahren, die Wälder in Enzesfeld zu schlägern und dem Personal den Zugang zum Schloss für notwendige Reparaturarbeiten zu verbieten. Einer der kommandierenden Offiziere habe dem lokalen Forstbeamten mit dem Erschießen gedroht, wenn dieser nicht aufhöre, sich bei fremden Behörden zu beklagen. Das Gut und die Wälder waren seit April 1945 vom Forstmeister Hubert Andiel verwaltet worden. Er berichtete, dass ein unter Denkmalschutz stehender Baum, der sogenannte Vier-Brüder-Baum, am 27. Dezember 1945 von unbekannten Tätern gesprengt und das schmiedeeiserne Tor am Eingang zum Schloss aufgebrochen worden sei. Aber Näheres war wegen der sowjetischen Besatzung nicht zu eruieren.

In einem Brief vom 22. Dezember 1945, der von allen drei Parteien der Gemeinde Enzesfeld unterzeichnet war, wurde von Kitty verlangt, Alois Nygryn aus der Gutsverwaltung zu entfernen und nicht wieder einzustellen. Nygryn, der im März 1938 Mitglied der NSDAP geworden war, wurden mehrere schwere Übergriffe zur Last gelegt, z. B. sein Vorgehen gegen den Juden Hans Herrmann, den er kurz nach dem „Anschluss“ mit sofortiger Wirkung entlassen und aus seiner Wohnung delogiert habe. Herrmann habe sich damals an Kitty gewandt, die ihm eine Wohnung im Gutsgebäude zur Verfügung stellte. Nygryn tat alles, um dies zu verhindern. Da er als Gutsverwalter und NSDAP-Funktionär großen Einfluss genoss, gelang es ihm, Kitty von ihrem Entschluss abzubringen. In ihrer Verzweiflung wandte sich die Familie Herrmann an den Pfarrer, der ihnen den Pferdestall für die Aufbewahrung ihrer Möbel anbot, wo aber der Großteil des Inventars wegen der Feuchtigkeit und Nässe kaputtging. Herrmann fand in Wien Unterschlupf, Frau Herrmann blieb bei ihrer Mutter im Ort, bis sie ebenfalls nach Wien übersiedelte, erfährt man aus einem Bericht der Polizeimeldestelle Enzesfeld vom 28. Dezember 1945.[371]

Die Verwaltungsgebäude waren ausgeräumt, die Einrichtungsgegenstände verschleppt, der Geldtresor aufgebrochen, die Sattelkammer völlig geleert. Die Forstamtskanzlei sei unversehrt geblieben, die Wälder und Wiesen hätten aber stark gelitten. Es sei viel Holz geschlägert worden. Der Zutritt, um notwendige Reparaturen an den Wasserleitungen etc. vorzunehmen, wurde dem Personal verwehrt. Das Forsthaus in Jauling sei ausgebrannt. Die übrigen Wirtschaftsgebäude sind erhalten. Wasserleitung und Pumphaus mit Motor in Jauling sind in Ordnung und wieder in Tätigkeit gesetzt. Nach dem Abzug der Besatzer am 20. Juni 1946 konnten die notwendigsten Instandsetzungsarbeiten eingeleitet werden: Fensterflügel, Wasserleitung und das Dach wurden repariert. Ein Inventar über die verbliebenen Gegenstände wurde angelegt.[372] Der Schaden war groß. Alle Seidentapeten waren entfernt, eine große Anzahl von Türen und Fenstern demoliert, die Küchen-, Bade- und Toiletteanlagen in einem unbeschreiblichen Zustand. An eine Rückkehr dachte Eugen nicht, vor allem, seit Kitty tot war.

CLARICE' LANGSAME RÜCKKEHR

„Man hat eine Menge Kunstsachen gefunden, ich werde jetzt verhandeln müssen, dieselben zu bekommen ...", schrieb Clarice am 19. Juni 1946 an Alma Mahler-Werfel.[373] Sie war die Einzige, die um ihr Eigentum kämpfen wollte, und sie kämpfte wie eine Löwin. Die Wälder im oberen Ybbstal zurückzuerhalten, war relativ einfach, weil sie in den Besitz des Deutschen Reiches übergegangen waren, das faktisch zu existieren aufgehört hatte, und sie jetzt automatisch an die Republik Österreich gefallen waren, auch wenn die Sowjets sie für ihren USIA-Konzern reklamierten. Für das Palais blieb der Abriss als letzter Ausweg, nachdem das Drängen von Clarice, die Substanz zu sichern, bei der Stadt Wien wenig Gehör gefunden hatte. Um die riesigen Gärten im 19. Bezirk ergab sich ein nahezu endloser Streit. Die Bilder, vor allem die wertvollsten, wurden erst 1999 zurückgestellt. Schillersdorf zurückzuerhalten oder dafür eine Entschädigung zu bekommen, erwies sich als ganz aussichtslos.

Die in Clarice' Besitz befindlichen Gebäude in der Theresianumgasse 16–18 und Schmöllerlgasse 3 waren am 18. November 1944 durch einen Luftangriff schwer beschädigt worden. Zirka 2.000 Fensterscheiben waren zerbrochen, etwa ein Drittel der Türen unbrauchbar, die Marmorstiege unbenützbar, das Dach nur notdürftig geflickt. Die Theresianumgasse 14 hatte einen Volltreffer im linken rückwärtigen Eck erhalten: Die Dächer waren zu 30 Prozent abgedeckt und die Tür- und Fensterschäden nur provisorisch instandgesetzt. Auf der Seite zur Schmöllerlgasse waren das Stiegenhaus und die anschließenden Zimmer völlig zerstört. Im Keller lagen 47 Leichen verschüttet.

Das Palais in der Theresianumgasse wurde nach Kriegsende sowohl von den Besatzungstruppen wie der Zivilbevölkerung systematisch geplündert und devastiert, weil es keinen Hausbesorger und keine Hausverwaltung gab oder besser gesagt nur inkompetente Hausverwalter. Wer für die völlige Verwüstung verantwortlich war, ist schwer rekonstruierbar: die Hausverwaltung, die Besatzungsmacht, die Bevölkerung? Spiegel wurden zerschossen und Böden und Türen verbrannt. Vom Inventar war praktisch nichts mehr vorhanden. Man verhandelte über Teppiche, welche sich jetzt in einem von der britischen Militärbehörde requirierten bzw. von der britischen Botschaft gemieteten Gebäude befanden (Wenzgasse 17), über Türgriffe, die abmontiert worden waren, und über Radiatoren der Zentralheizung, die gestohlen waren.

Ende 1946 belief sich der Wert der Liegenschaft Theresianumgasse nach einem Schätzgutachten der Stadt Wien angeblich nur mehr auf 39.150 Schilling. Clarice als Anspruchsberechtigte erhob schwere Vorwürfe. Man habe sich nicht gekümmert, „weil das Gebäude ohnehin zur Rückstellung gelange". Als es 1950 endlich an sie zurückgegeben und von ihr um drei Millionen Schilling, das wären nach heutigem Wert etwa 2,9 Millionen Euro, an die Kammer für Arbeiter und Angestellte verkauft wurde, war der Abriss wohl tatsächlich die einzige Lösung.

Die berühmten Rothschildgärten, die bereits am 5. April 1938 zugunsten des Deutschen Reichs beschlagnahmt und am 24. Juni 1942 um 400.000 Reichsmark an die Stadt Wien verkauft worden waren, wurden nach dem Krieg zuerst zum Gemüseanbau genutzt. Dann wurde es kompliziert. Am 21. Jänner 1949 verzichtete Karl

Trauttmansdorff als Rechtsvertreter von Clarice schriftlich auf etwaige Rückstellungsansprüche. Daraufhin gestaltete das Stadtgartenamt die Anlage zu einem städtischen Reservegarten aus, der den Bedarf der Stadt Wien an Blumen und Pflanzen abdecken sollte. Am 26. Juni 1961 stellte die Sammelstelle A als Vertreterin der Rückstellungsansprüche von Angehörigen der israelitischen Religionsgemeinschaft einen Rückstellungsantrag, dem in einem Teilerkenntnis der Rückstellungskommission beim Landesgericht für Zivilrechtssachen vom 23. März 1962 stattgegeben wurde. Am 30. Juli 1963 verzichtete die Sammelstelle gegen eine Entschädigungssumme von 18 Millionen Schilling auf alle Rechte und Ansprüche bezüglich der Gartenanlage, deren nördlicher Teil daraufhin 1977 in den Heiligenstädter Park einbezogen wurde, während der Rest verbaut wurde.[374]

Die Versuche von Clarice und Louis auf Rückstellung der Kunstsammlung gingen sehr verschlungene Wege. Vieles war gestohlen, manches konnte in den ersten Nachkriegsjahren herausgeschmuggelt werden, etwa Bouchers „Madame Pompadour" oder Napoleons Zahnzeug, und nach und nach kamen immer mehr Objekte, die in das Bergwerk Altaussee, nach Kremsmünster und in andere Depots verlagert worden waren, zum Vorschein. Aber ein Teil musste vorerst an österreichische Stellen übereignet werden. Die Praxis der Junktimierung von Ausfuhrbewilligungen mit Schenkungen und Widmungen als Äquivalent für die Erlassung der Ausfuhrabgabe in Höhe von zehn Prozent des Schätzwertes und auch die Anwendung dieses Denkmalschutzparagraphen auf Personen, die nach 1938 vertrieben oder ermordet worden waren und nicht mehr nach Österreich zurückkehren konnten oder dazu nicht gewillt waren, wurde als großer Erfolg der österreichischen Kulturpolitik gefeiert.[375]

Am 7. November 1946 wurde eine Übereinkunft protokolliert, der zufolge das Bundesdenkmalamt keinen Einwand gegen die Ausfuhr der Gemäldesammlung Alfons Rothschild erheben wollte, falls Clarice Rothschild als Erbin ausgewählte Gemälde dem österreichischen Staat ins Eigentum überträgt. Was dabei aufblitzte, war echte Wiener Hofratshinterhältigkeit: Die Verhandlungsstrategie müsse dahin gehen, „dass wir im Kunstwert gut abschneiden und es uns daher leisten können, im Geldwert eher nobel zu sein", meinte der Direktor des Kunsthistorischen Museums Ludwig Baldass gegenüber dem Leiter des Bundesdenkmalamtes Otto Demus. Clarice de Rothschild betonte in einem Brief an Otto Demus, sie habe „mit schwerem Herzen zu den großen Opfern eingewilligt, die man von mir verlangt." Im Jahre 1952 war die Restituierung der Sammlung inklusive Freigabe, Ausfolgung und Ausfuhrgenehmigung im Wesentlichen abgeschlossen. Insgesamt 207 „Widmungen" und 70 langfristige „Leihgaben" der Sammlung Alfons Rothschild wurden österreichischen Museen und Sammlungen als Voraussetzung für die Erteilung von Ausfuhrbewilligungen für den Rest der Sammlung zugesprochen.[376]

Die Rechnung sah folgendermaßen aus: Eine Schätzung des geborgenen Bestandes der Sammlung Alfons Rothschild in den Depots Altaussee und Kremsmünster ergab einen Gesamtwert von 2.747.420 Schilling. Die Gesamtsumme der 1947 zur Ausfuhr freigegebenen 126 Objekte aus Altaussee und Kremsmünster wurde hingegen mit 1.121.810 Schilling beziffert. Hinzu kamen die in insgesamt vier Verzeichnissen und ebenso vielen Ausfuhranträgen aufgelisteten Bestände der Sammlung Alfons Rothschild im Depot Palais Springer in Wien, die insgesamt 1.413 Objekte mit einem Gesamtschätzwert von 4.746.800 Schilling enthielten. Dies ergab einen geschätzten Ausfuhrwert von 5.868.610 Schilling. Dem stand ein zur gleichen Zeit geschätzter Wert von vier nicht zur Ausfuhr freigegebenen Gemälden in Höhe von 600.000 US-Dollar gegenüber, nach damaliger Berechnung (1 Dollar = 10 Schilling) etwa 6 Millionen Schilling, sodass allein die vier Gemälde in etwa den gleichen Gegenwert oder sogar etwas mehr darstellten wie die gesamte zur Ausfuhr freigegebene Sammlung Alfons Rothschild, rechnete der zufriedene Hofrat Otto Demus vor.[377] „Die Wünsche und Ansprüche der öffentlichen Museen und Sammlungen wurden durch Widmungen und Leihgaben befriedigt", fasste Otto Demus am 3. November 1947 die Ergebnisse der Verhandlungen zusammen. „Sämtliche Gegenstände, die für inländische Museen von Interesse waren, sind zurückbehalten worden und scheinen in den seinerzeit vorgelegten Verzeichnissen über Widmungen und Leihgaben an inländische Museen auf", war sein Resümee.[378]

Die berechtigte und schon durch die damalige Korrespondenz bestätigte Auffassung der Familie Rothschild, der Wert der seitens der österreichischen Museen und Sammlungen verlangten Widmungen und Schenkungen übersteige den der ausgeführten Kunstwerke beträchtlich, führte bereits in den Jahren 1966 bis 1974 zu Verhandlungen zwischen Vertrauten Rothschilds und Vertretern der österreichischen Verwaltung (Bundesdenkmalamt, Bundesministerium für Unterricht, Bundesministerium für Wirtschaft und Finanzen), die aber kein Ergebnis brachten.[379] 1999 kam die Rückstellung noch einmal ins Rollen. Die strittigen, früher zurückgehaltenen Objekte wurden nunmehr ausgefolgt und im Londoner Auktionshaus Christie's versteigert. Der Gesamterlös erreichte ca. 1,2 Milliarden Euro.[380]

Clarice erhielt ihre Wälder in Gaming und im oberen Ybbstal im Ausmaß von etwas mehr als 12.000 Hektar zur Gänze zurück, weil sie sich im Gegenzug bereiterklärte, die Pensionsansprüche der ehemaligen Bediensteten weiter zu erfüllen. Am 1. Oktober 1948 übernahm sie die Langau. Am nächsten Tag erhielt die Gräfin Sternberg von Clarice einen Anruf, um ihr zu sagen, dass sie in Österreich gewesen sei. „Ich dachte, du wolltest nie wieder hin?" „Ach, weißt du, man lernt zu vergessen und zu vergeben. Und es war schön, alte Freunde wieder einmal zu sehen."[381] Clarice wohnte weiter in New York. Aber mehrere Monate jährlich kamen sie und ihre Kinder in die Langau.

Clarice hatte wie eine Löwin um ihre Güter gekämpft. Bei den riesigen Wäldern und den schönen Schlössern in der kommunistisch gewordenen Tschechoslowakei hatte sie keinen Erfolg. Im Kalten Krieg war gar nicht daran zu denken. Und nach den Erfahrungen, die andere gemacht hatten, wollte man auf keinen Fall mehr dorthin. Aber die Güter im Erlauf- und Ybbstal erhielt Clarice wie erwähnt zurück, auch wenn der Holzertrag und die Einkünfte daraus vorerst recht gering blieben und die Kosten für die Pensionen der Bediensteten schwer auf die Bilanz drückten. Bettina Looram bezeichnete 2013 in einem bis dahin unveröffentlichten Interview mit dem Journalisten Thomas Trenkler die Übereinkünfte über die Besitzungen und die Kunstschätze als Kuhhandel mit den österreichischen Behörden: „A bird in the hand is worth two in the bush." Wir hatten damals nichts, meinte Frau

Looram: „Meine Schwester Gwendoline war noch nicht verheiratet, ich hatte zwei kleine Kinder. Es war kein Geld da. Das war ein furchtbarer Schlag für sie, als man ihr sagte: Es gehört alles wieder Ihnen – nur: Sie dürfen es nicht ausführen. Meine Mutter dachte: Es ist zu retten, was zu retten ist.“

Vor 1938 waren die Langau und die Wälder im Ybbstal für Clarice kein großes Anliegen gewesen. Da war Schillersdorf viel interessanter: „Clarice Rothschild hat sich um die Betriebsführung praktisch nicht bemüht (...)“, erzählte einer ihrer Förster: „Entschieden hat sie eigentlich nichts, sie hat einem da vollkommen freie Hand gelassen. Ob Investitionen oder Personal, es war vollkommen selbständig (...)“. Aber Clarice lernte, je älter sie wurde, die Gegend und die Menschen im oberen Ybbstal immer mehr zu schätzen und zu lieben. „Als begeisterte Jägerin sah man sie bereits zum Auerhahn, im Sommer auf Pirschgängen, die dem Rotwild galten, und auf Gemsenjagden.“ Die von ihr so geliebten Besitzungen in der Tschechoslowakei (Schillersdorf und Annaberg), wo sie so viel schöne Tage verbracht hatte, hat sie nach 1938 hingegen nie mehr gesehen.

Ihre Zeit als Jägerin ging in den Fünfzigerjahren allmählich vorbei. Aber die Natur und die Menschen wurden ihr immer mehr zum Anliegen: „Bei der Clarissa, die hat ja sehr viel auf Schönheit und auf Pflege gehalten, auf die Landschaftspflege, da ist durch ganz Holzhüttenboden ein Weißdornzaun gewesen, eine Weißdornhecke links und rechts, die ist jedes Jahr schön geschnitten worden. Es gab ja drei Gärtner“, erzählte Henriette Käfer, eine, die sie noch gut gekannt hatte.[382] Und auch die Arme Leut Kinder der Gegend wären ihr nun immer wieder zum Anliegen geworden. Vor dem Krieg wäre das noch anders gewesen: Anders als Kitty hätte sie als etwas steife Engländerin nicht so leicht Kontakt zu den einfachen Leuten gefunden und war viel stärker darauf bedacht, Distanz zu halten. „Also ich hab‘ ihr einmal die Hand geküsst, der Clarice, im Asyl (...). Da hat sie das Asyl besucht, das ist ja ab und zu einmal vorgekommen, so alle Jahre oder alle zwei Jahre. Jedenfalls kommt die Frau Baronin, und wir sind natürlich frisch gewaschen und kampelt und bügelt worden und da ist sie draußen gesessen, hinten bei der Linde und wir haben dann alle in Reih und Glied dastehen müssen und haben zu ihr hingehen müssen und haben ihr die Hand geküsst. An das kann ich mich noch gut erinnern, da waren wir furchtbar aufgeregt, aber da hat es dann Geschenke gegeben und eine gute Jause."[383] Ein anderer Zeuge, Hellmuth Schwarz erinnert sich: „Ob sich Clarice Rothschild vor 1938 für das Asyl interessiert hat, weiß ich nicht, ihrem Wesen nach hätte ich gesagt, nicht. Sie hat sich da überall nicht sehr viel gekümmert drum, das hat sie den Angestellten überlassen."[384] Aber je weiter die Zeit fortschritt und je älter sie wurde, desto mehr lernte sie die Gegend zu schätzen und wurden ihr die Leute zu einem Anliegen. Doch die Verbitterung blieb.

LOUIS WAR MÜDE

Zu Ende des Jahres 1946, wenige Monate nach seiner Hochzeit, kam Louis ein erstes Mal wieder nach Österreich. Am 28. November 1946 schrieb Hilda aus Paris und berichtete von den Verhältnissen dort und in Österreich. Die Nahrungs- und Heizungssituation in Österreich sei schlechter geworden und die Einreise schwierig. Sie warteten schon 14 Tage auf ein Permit nach Österreich. Es war gar nicht so leicht, ins Land zu kommen.[385] Louis traf am 7. Jänner 1947 in Wien mit Rechtsanwälten und Beamten zu Verhandlungen zwecks Sicherstellung seines Vermögens ein. Sein Aufenthalt in Österreich sei auf 14 Tage berechnet.[386] In einem Interview äußerte er sich sehr pessimistisch. Er konnte in seinen Wiedergutmachungsansprüchen, entgegen seinen Erwartungen, lediglich informative Gespräche führen. Ob er Österreich wieder als seinen ständigen Wohnsitz wählen wird, stehe noch nicht fest, da er vorläufig weder die Rückgabe des in Österreich verbliebenen Vermögens, das sich derzeit in sowjetischer Verwaltung befindet, noch des in der ČSR befindlichen erwarten könne.[387] Einem Vertreter des *Wiener Kurier* gegenüber machte er folgende Mitteilungen: „Ich bin nach Wien gekommen, um meine alte Heimat wieder zu sehen und mich über den Stand meiner ehemaligen Vermögenschaften zu orientieren. Ich kann jetzt noch nicht sagen, ob ich mein Wiener Bankhaus wieder reaktivieren werde und eventuell zu einem späteren

Zeitpunkt wieder in Wien ständigen Aufenthalt nehme. Ich bin amerikanischer Staatsbürger geworden und werde jedenfalls mein Möglichstes tun, um im Rahmen der österreichischen Gesetzgebung Wiedergutmachung zu erlangen."[388]

Am 10. Jänner 1947 gab Louis der Sonderkorrespondentin der *Salzburger Nachrichten* Liselotte Wahrlich ein Interview: „Obgleich ich inzwischen amerikanischer Bürger geworden bin," erklärte der Baron, „will ich mein Österreichertum niemals verleugnen und auch dazu beitragen, dass Österreich wieder ein wirtschaftliches Zentrum für einen gewissen Wirtschaftsraum wie ehedem wird." Er erklärte, dass ein erheblicher Teil seiner Besitzungen derzeit in sowjetischer Verwaltung stehe, sodass erst verschiedene grundsätzliche Klärungen erfolgen müssten. „Ich bewundere die Österreicher von ganzem Herzen", schloss er, „dass sie unter Umstünden, die man sich außerhalb des Landes tatsächlich kaum vorstellen kann, leben und weiterarbeiten."[389]

Es stimmt ja nicht, dass Louis Rothschild nach 1945 aus Verärgerung nur mehr einmal nach Österreich gekommen sei, wie seine Nichte Bettina Looram behauptete.[390] Er war sogar, wie Ansichtskarten belegen, ziemlich oft dort, nur nicht mehr im sowjetisch besetzten Teil, in Niederösterreich, wo seine geliebten Wälder lagen. 1949 war die ärgste Nachkriegsnot in Österreich vorbei. Am 18. Februar 1949 schickte Hilda eine Ansichtskarte aus Kitzbühel: Österreich sei eine Art von „Schlaraffenland", für die Fremden wenigstens, und sehr billig.[391] Anfang 1950 fuhr man schon wieder nach Europa. Am 2. März 1950 schreibt Hilda aus Montreux. Das Paar hatte verschiedene Ausstellungen besucht. Sie waren durch ganz Italien gereist, von Palermo bis Venedig, dann ein paar Tage in Kärnten mit den Verwandten, nun nach Paris, mit einem Abstecher nach Salzburg, zwecks Geschäften.[392] Sie werden am 19. April heimfahren, von Le Havre. Sie reisten auf der *Nieuw Amsterdam,* dem wunderschönen Art-déco-Dampfturbinenschiff der Holland-Amerika-Linie, das 1937 vom Stapel gelaufen war und seit 1947, nach seinem Einsatz als Truppentransporter, wieder im früheren Glanz erstrahlte. Am 26. April wollten sie in New York ankommen und ein paar Tage später nach Vermont kommen: „Grüße, auch von Louis, who loves you dearly!"

Residence from Garden

ONE OF THE NORT

Whitewashed Brick Georg

In a community of showplaces, this 27-
estate with a beautiful Georgian residence o
rooms is the perfect setting for the traditi
hospitality of Long Island's North Shore. C
venient to fine clubs, beaches and excel
schools, it is just 22 miles from midt
Manhattan.

Designed by architect Bradley Delahanty,
house is beautifully proportioned. English
and wisteria climb its whitewashed brick fac
enhancing its mellow charm. Towering o
elms, beeches and pines shade the reside
which is surrounded by inviting terraces
smooth lawns. Hundreds of dogwood and f
trees and rhododendron bushes furnish a
fusion of blooms in the spring. The landscap
simple but tremendously effective, require
minimum of care.

Oriented around a large center hall wit
graceful spiral stairway, there are six rooms
the first floor. Almost all open to terraces,
command delightful views. In the large liv
room, three immense Palladian windows o
look a terrace and the distant countryside. A

The Center Hall

Living Room

Sitting Room

Die prachtvolle Exil-Residenz von Kitty und Eugen Rothschild an der Nordküste von Long Island: das „Still House", entworfen vom Architekten Bradley Delehanty für den prominenten Manhattan-Anwalt Paul D. Cravath im georgianischen Kolonialstil.

HORE'S GREAT HOMES

sidence near Manhattan

ought-iron stairway leads to a balcony in the ge, magnificently paneled 2-story library, ich has a marble fireplace and extensive rows built-in bookcases. A restful study with oak-eled walls and a fireplace adjoins the library l opens to a porch with hand-hewn beams. A are hall with a fireplace opens on another ace and separates the living room from the ing room. A huge picture window, French rs to a terrace, and a fireplace are among the active features of an informal sitting room. ig, well-planned kitchen, pantries, refrigera-n and maintenance rooms complete the first r.

On the second floor, reached by several stair-s, there are five spacious bedrooms, each with ell-appointed private bath and lavish closet ce. A separate wing contains the servants' ms and two baths.

This North Shore estate with its superbly ointed residence, delightful terraces and uresque acreage is an ideal home for those entertain often, yet value seclusion in an osphere of quiet charm.

Southwest Side of Residence

Study

Dining Room

Library

In der zentralen Halle fand das große Porträt der Hausherrin von John Quincy Adams einen repräsentativen Platz (Foto linke Seite Mitte). Zu den regelmäßig geladenen Gästen zählten auch alte Freunde aus Europa wie der Herzog und die Herzogin von Windsor – und man spielte wieder Golf.

Glücklich wieder vereint: Am 4. Oktober 1940 traf auch Kitty mit dem Yankee Clipper in New York ein und wurde von Eugen vom Flughafen abgeholt (links).
Hilda Auersperg, geschiedene Hériot, konnte sich zu Beginn ihres US-Exils als Sekretärin von Dorothy Thompson über Wasser halten. Im Bild die Starjournalistin mit ihrem Mann, dem Nobelpreisträger Sinclair Lewis, bei einem Wien-Aufenthalt 1932. Foto von Lothar Rübelt (rechts).

In Wien ging man inzwischen daran, das kulturelle Erbe der Familie Rothschild weiter zu zerstören: 1955, im Jahr des Staatsvertrags, begann der Abriss des Palais Albert Rothschild in der Prinz-Eugen-Straße. Foto Votava, 1955.

Louis hatte natürlich auch davon gehört, was sich immer noch in der sowjetischen Zone abspielte und wie unsicher die Situation im Wiener 4. Bezirk rund um seine Palais immer noch war: Im Salzburger Menschenraubprozess im Jahr 1950 kam ein sowjetisches Geheimgefängnis im 4. Bezirk, Plößlgasse 8, ausführlich zur Sprache. Was von den Zeugen im Prozess über die Zustände in dem Louis gehörenden Palais ausgesagt wurde, musste ihn schmerzhaft an seinen eigenen Aufenthalt im Gestapo-Gefängnis im Hotel Metropol erinnern: „An einem Herbsttag des Jahres 1948 ging ich bei einem kurzen Aufenthalt in Wien durch den vierten Bezirk“, sagte der Zeuge da vor Gericht aus: „Mir fiel auf, dass zwei Männer in Zivilkleidung dauernd hinter mir hergingen. Plötzlich kamen die beiden auf mich zu und erklärten mich in gebrochenem Deutsch für verhaftet. Ich war so erschrocken, dass ich mich widerstandslos in ein Personenauto zerren ließ. Nach einer kurzen Fahrt hinter verhängten Fenstern wurde ich vor dem Gebäude Plößlgasse 8 aus dem Wagen gestoßen. Vor dem Tor stand ein Posten mit Maschinenpistole, der Gehsteig war auf beiden Seiten abgesperrt. Der Posten läutete an dem großen Tor, zwei Uniformierte nahmen mich in Empfang und das Tor schlug hinter mir zu. Gleich links neben der Tür führten mich die Männer in einen tieferliegenden Raum, der früher eine Portierloge gewesen sein dürfte. Dort musste ich mich vollkommen entkleiden und meine ganze Garderobe wurde Zentimeter für Zentimeter abgesucht. Die Männer trennten das Futter auf, nahmen die Einlagen aus den Schuhen und schnitten die Nähte auf. Dann bekam ich meine Kleidung wieder und wurde abgeführt.

Im Laufe der Monate lernte ich das Haus allmählich kennen. Es war vor Jahren ein Prunkgebäude, das dem Baron Rothschild gehörte. Im Mezzanin sind hohe und geräumige Empfangsräume mit überladenen Stilmöbeln. Hier wurden die Verhöre abgehalten. Im ersten Stock wohnten die Offiziere und in der darüberliegenden Mansarde ein Dutzend Soldaten der Mannschaft. Das Souterrain, dessen Fenster gerade noch über der Erde lagen, hatte früher einmal Dienerschaft, Waschküche und Magazine beherbergt. Hier war jetzt das Gefängnis eingerichtet. Für die Gefangenen waren sechs Zellen vorhanden, die zum Gang mit Schiebegittern abgeschlossen waren. In die Tür war ein dreieckiges Loch eingeschnitten, durch das der Wachtposten vom Gang aus die Häftlinge beobachten konnte. Die Fenster besaßen alte schmiedeeiserne Gitter, die aber außerdem mit Eisenlatten verschalt waren, so dass nur durch einen schmalen Spalt Licht in den Raum fallen konnte. Außerdem brannte Tag und Nacht eine schwache elektrische Deckenlampe. In allen Räumen, mit Ausnahme der Zelle 5, der ehemaligen Waschküche, gab es Bretterboden: das war die einzige Einrichtung. Ansonsten besaß jede Zelle ein zerbeultes Blechgeschirr als Abort. Einige flache, steinharte Matratzen und eine Kotze dienten als gemeinsames Inventar des ganzen Gefängnisses. Für gewöhnlich schlief man auf dem Bretterboden. Vor den Fenstern des Gefängnisses, in einem kleinen Hof, ging immer ein Posten mit einem Wachhund auf und ab. Ein zweiter Posten patrouillierte auf dem Gang, der dritte stand vor dem Tor. Die Posten wurden im Sommer alle vier Stunden, im Winter alle zwei Stunden abgelöst. In der Zelle durfte man sich niemals in der Nähe der Tür aufhalten, damit der Posten immer durch das Guckloch sehen konnte.

Von den 400 Tagen, die ich in der Plößlgasse verlebt habe, lief einer gleich dem anderen ab. Um 4 Uhr weckte der Gangposten die Häftlinge auf. Dann durften sie sekundenschnell auf das Klosett gehen und sich Hände und Gesicht waschen. Wäschewaschen gab es nicht. Kurz nach 4 Uhr erhielt jeder Häftling ein Stück Brot und eine Schale blaues Wasser, das entweder Kraut- oder Fischsuppe darstellen sollte. Die gleiche Mahlzeit gab es noch um 12 Uhr mittags und gegen Abend. Um 8 Uhr abends war Zapfenstreich. Zwischen 4 Uhr früh und 8 Uhr abends durfte man in den Zellen nur stehen oder sitzen und musste die Augen offen halten, obwohl man vollkommen untätig war. Von meiner Umwelt sah ich in der ganzen Haftzeit nur zwei Baumwipfel durch den Spalt meiner Fensterverschalung und nachts das rote Licht auf dem Funkturm der RAVAG. Ich hatte im Gefängnis eine genaue Kalenderrechnung, doch gab es weder in der Behandlung noch im Essen einen Unterschied zwischen Wochentagen, Sonntagen oder Feiertagen.

Vollkommen unregelmäßig, manchmal nur einmal im Monat, manchmal dreimal am Tag, wurde ich von zwei Soldaten zum Verhör geholt. Ich kam immer in eines der großen Prunkzimmer, dessen

Einrichtung allerdings schon vollkommen verfallen war, und wurde einem Offizier und einem Dolmetscher gegenübergesetzt. Stundenlang hagelten dann die gleichen Fragen auf mich ein: Warum ich spioniere, wer mich geschickt habe, welchen Auftrag ich habe? Mit der Zeit gewann ich durch die Erzählungen meiner Leidensgenossen ein Bild über die Bestimmung des Gefängnisses. Es diente als Auffangstelle für alle Leute, die gerade entführt worden waren. Hier fanden die ersten Verhöre statt, in denen ermittelt wurde, ob der Häftling vom geheimpolizeilichen Standpunkt interessant sein könnte. Alle Häftlinge, die in politische oder Spionageangelegenheiten verwickelt schienen, wurden, sobald sie dies zugegeben hatten, nach Baden in das Zentralgefängnis weitertransportiert. Die ‚kleineren Delikte', wie Sabotage, Schädigung der Besatzungsmacht und ähnliches, wurden hier in der Plößlgasse abgeurteilt. Aus Erzählungen erfuhr ich, wie eine solche Verhandlung vor sich geht. Der Häftling, dessen Aktenmaterial abgeschlossen ist, wird in einen der großen Prunkräume geführt, an dessen Stirnseite drei Offiziere und ein Dolmetsch sitzen. Seite für Seite des Protokolls, das ihm bei den verschiedenen Verhören abgepresst wurde, wird nun verlesen und manchmal wird eine ergänzende Frage gestellt. Ist das Protokoll durchgelesen, zieht sich die Kommission zurück und verkündet eine Stunde später das Urteil. Der Verurteilte wird einige Tage später abtransportiert ... Ich lernte Spione kennen, die man im Verdacht hatte, dass sie ein Doppelspiel trieben, USIA-Direktoren, denen man Sabotage vorwarf, und Angestellte der Besatzungsmacht, die russischen Soldaten zur Flucht verholfen hatten. Ein Großteil der Insassen waren russische Staatsbürger, die nach Westösterreich geflüchtet und von dort entführt worden waren. Sie erzählten einheitlich, sie seien von zwei Zivilisten in die Falle gelockt worden. Die beiden erschienen nachts in irgendeinem DP-Lager in Salzburg oder Oberösterreich und boten jedem, der für einen dringenden Zigarettentransport als Chauffeur einspringen wollte, 10.000 Schilling ..."[393] Die Zeitungen berichteten das ganze Jahr über ausführlich über die vor einem amerikanischen Militärgericht geführten Verhandlungen. Ausländische Beobachter verarbeiteten ihre Eindrücke, die sie aus dem Wien der ersten Nachkriegsjahre mitnahmen.[394]

Warum Louis Rothschild seine Wälder um Waidhofen an der Ybbs der Republik Österreich übereignete, mag mit seiner Kinderlosigkeit und Müdigkeit zu erklären sein. Dass er damit seine Schwägerin Clarice als Erbin verhindern wollte, mag ein böses Gerücht sein. Immerhin wird von ihm der Ausspruch kolportiert, er schenke seine Wälder lieber der Republik, bevor sie seine Schwägerin erhalte. Aber Louis war für seine sarkastischen, nicht wirklich ernst gemeinten Sprüche bekannt. Warum er Valentine nichts hinterließ – sie habe ohnehin genug –, mag man rätseln. Sicher ist, dass die Rückstellungen, die vor allem im Kunstbereich nur teilweise erfolgten und sehr lange dauerten, auch zu Unstimmigkeiten innerhalb der Familie Rothschild führten.[395] Louis Rothschild soll, als man ihn bat, gegenüber seiner Schwägerin Clarice – ihr Mann Alfons war schon gestorben – etwas großzügiger zu sein, geantwortet haben: „Bei finanziellen Fragen bin ich nie großzügig."[396]

Bezüglich des ehemaligen Bankhauses wurde mit E. v. Nicolai & Co. ein Vergleich geschlossen, bei dem die Familie Rothschild ihre Forderungen schließlich auf zwei Millionen Schilling beschränkte. Obwohl dieser Vergleich für das Bankhaus E. v. Nicolai überaus günstig war, konnte es angesichts seiner Überschuldung nicht gerettet werden und wurde schließlich liquidiert.[397] Die vielen Wiener Rothschild-Palais waren von Krieg und Besatzung unterschiedlich betroffen. Das Palais in der Prinz-Eugen-Straße 20–22, das im April 1945 nur leicht beschädigt worden war, blieb bewohnbar und wurde nach Kriegsende als Wohn- und Sportstätte für die Rote Armee benutzt, die wohl deutlich mehr Schäden anrichtete als der Bombenkrieg. Nachdem es am 22. Juni 1950 wieder grundbücherlich an Louis Rothschild eingetragen wurde, verkaufte es dieser am 13. März 1954 für vier Millionen Schilling, nach heutigem Wert etwa 2,7 Millionen Euro, an die Wiener Kammer für Arbeiter und Angestellte. Was hätte er damit anfangen sollen? An einen österreichischen Staatsvertrag und einen Abzug der Besatzungsmächte, vor allem der Sowjetunion, war immer noch nicht zu denken. Der Verkauf war wohl ein Akt der Resignation und der Preis entsprechend niedrig. Was vom Interieur noch vorhanden war, wurde zu Spottpreisen verschleudert, danach das prachtvolle, baulich völlig intakte Gebäude unter lahmem Protest des Denkmalamts dem Erdboden gleichgemacht und zwischen 1957 und 1960 durch einen gesichtslosen Bürokomplex der Arbeiterkammer nach Plänen des Architekten Franz Mörth ersetzt.

Für einen Immobilien- oder Grundbesitzer im sowjetisch besetzten Teil Österreichs standen die Perspektiven im ersten Nachkriegsjahrzehnt nicht gut, insbesondere wenn die Anspruchsberechtigten Rothschild hießen. Bezüglich des Grundbesitzes der Rothschilds im Viertel ober dem Wienerwald, der 1938 zugunsten des Deutschen Reiches beschlagnahmt und 1945 an die Republik Österreich übergegangen war, war die Rückstellung an sich eine klare Sache. Aber die Forste, die durch die Arisierung zu Deutschem Eigentum geworden waren, wurden nach 1945 der Republik Österreich übertragen und aufgrund der Potsdamer Beschlüsse von der Sowjetunion beansprucht. Schließlich setzte sich der Standpunkt der Familie Rothschild durch, dass sie als ehemals jüdisches und geraubtes Eigentum zurückzustellen seien. Mit dem Rückstellungsbescheid der Finanzlandesdirektion Wien vom 26. April 1948 war Louis Rothschild wieder rechtskräftiger Besitzer der Güter in Waidhofen an der Ybbs und Göstling.

Vor 1938 waren diese Wälder Defizitposten gewesen, die nur durch kräftige Zuschüsse aus den Mitteln des Bankhauses und den Erträgen des riesigen Wertpapiervermögens gehalten werden konnten. Den Fachleuten war klar, dass die Forstwirtschaft im Ybbs- und Erlauftal auch nach 1945 nicht aus den eigenen Erträgen bestehen konnte, sondern wie vor 1938 vorerst weiter aus Zusatzmitteln finanziert werden musste: „Es darf nicht verwundern, welcher Aufwand betrieben worden ist damals. Sowohl beim Jagdbetrieb, bei der Wildfütterung, als auch beim Personal. Bei den zusätzlichen Arbeitskräften, die da gewesen sind, um die Jagdeinrichtungen in Stand zu halten und die Wege zu pflegen. Da ist alles hineingeflossen."

Nun war das Bankhaus weg und der Großteil der Wertpapiere wertlos geworden. Zudem lagen die Wälder in der sowjetisch besetzten Zone, wo die ökonomischen Perspektiven sich recht schlecht darstellten und Rothschild als Inbegriff des Kapitalismus sich einer gemeinsamen Ablehnungsfront der sowjetischen Besatzungsmacht und der KPÖ gegenübersah. Zudem wurde er 1948 mit einer hohen, etwas absurden Gegenrechnung der Republik von etwa 10 Millionen Schilling für die zwischen 1945 und 1948 aufgewendeten Kosten der Republik für die Pensionen des Forstpersonals und die Abdeckung der Defizite des laufenden Betriebes konfrontiert. Der Wert der Louis zustehenden Güter, insgesamt 6.327 Hektar, davon 5.155 Hektar Wald und 310 Hektar Landwirtschaft, der Rest Alpen, Hutweiden und unproduktive Flächen, das Schloss, zwei Maierhöfe, Jagdhäuser und der Hälfteanteil des Sägewerks Waidhofen, wurde 1948 auf 9,3 Millionen Schilling geschätzt. Die Republik legte es auf ein Nullsummenspiel zu ihrer Gegenforderung von 10 Millionen an. Louis Rothschild entschied sich, die Güter der Republik zu überlassen. Er verknüpfte damit aber ein paar Bedingungen: erstens die Naturschutzauflage, dass am Landschaftsbild nichts verändert werden dürfe, zweitens die Übernahme der Pensionslasten durch den Staat (für etwa 200 Personen in damaliger Höhe von ca. 760.000 Schilling jährlich, was einen damaligen Barwert von etwa 10 Millionen Schilling ergab), drittens die Einrichtung einer Försterschule im Schloss Waidhofen an der Ybbs und viertens die Einräumung des Jagdrechts samt Nutzung des Jagdhauses Atschreith.[398] Zahlreiche Politiker, insbesondere von der Kommunistischen Partei, liefen Sturm. Der Abgeordnete Franz Honner, Mitglied im ZK sowie im Politbüro der KPÖ, erklärte im Nationalrat, er habe vor allem wegen der Person Louis Rothschild Bedenken, „eines Mannes, der Österreich in der Vergangenheit sehr viel geschadet hat und von dem gar nicht feststeht, ob er durch das Naziregime überhaupt geschädigt wurde, ferner weil er sich in dem Vertrag weiter gewisse Vorrechte sichert und, auch wenn diese Liegenschaft vom Staat übernommen wird, noch immer privater Einfluss bestehen bleibt."[399] Die Koalitionsparteien ÖVP und SPÖ hingegen betrachteten eine Übernahme durch den Staat sowohl aus bodenpolitischen und forstpolitischen wie auch aus finanziellen Gründen als erstrebenswert und günstig. Sie wollten in der Gesetzesvorlage nur das Wort „Wiedergutmachungsansprüche" weghaben und durch „Ansprüche" ersetzen.[400]

Clarice hatte noch 1946 geschworen, nie mehr nach Österreich zurückzukommen. Jetzt war sie doch wieder da. Die Langau lockte. Wien mied sie. 1950 besuchte sie erstmals die Salzburger Festspiele und stieg im Hotel Goldener Hirsch ab. Die *Salzburger Nachrichten* erwähnten neben ihr noch Carl Zuckmayer mit Gattin, Präsident Julius Meinl (III.), der mit seiner jüdischen Frau nach England emigriert war, Fürst und Fürstin Franz Ferdinand und Irina von Isenberg, Fürstin Gunilla Fugger von Babenhausen und einige arabische Prinzen als prominente Gäste. Clarice besuchte den *Jedermann*, das *Spiel vom Leben und Sterben des reichen Mannes*, auf dem Domplatz in der Regie von Helene Thimig. Die ganze Elite des Wiener Theaters war in dieser berühmten und denkwürdigen Aufführung versammelt: Attila Hörbiger als Jedermann, Judith Holzmeister als Buhlschaft, Hans Thimig als Armer Nachbar, Fred Liewehr als Guter Gesell, Richard Eybner als Dünner Vetter, Hermann Erhardt als Dicker Vetter und Ernst Deutsch als Tod.

1952 war Clarice wieder in Salzburg. Wieder nächtigte sie im Goldenen Hirsch. Der Höhepunkt des Festspielsommers war die so lange verzögerte Uraufführung der Strauss-Oper *Die Liebe der Danae.* Dieses Mischmasch aus antiken Mythen und neuromantischer Musik passte nach Salzburg. Strauss hätte sich zwar statt des steifen Librettos des Theaterwissenschaftlers Joseph Oskar Gregor lieber die feine Ironie Hugo von Hofmannsthals gewünscht, mit dem Strauss über 20 Jahre hinweg einen regen Briefwechsel zu diesem Stoff geführt hatte, oder die geniale Eleganz Stefan Zweigs. Aber beide waren ja nicht mehr greifbar. Als die Oper mitten im Krieg fertig geworden war, war sie völlig aus der Zeit gefallen. Bei der nicht öffentlichen Generalprobe am 16. August 1944 waren nur wenige Zuhörer zugelassen: Gegen Ende der zweiten Szene des dritten Akts war Strauss aufgestanden. Sein unverkennbarer Kopf zeichnete sich als einsame Silhouette gegen das Licht ab, das aus dem Orchestergraben aufstieg. Er hob die Hände und sprach mit tränenerstickter Stimme zum Orchester: „Vielleicht sehen wir uns in einer besseren Welt wieder.“ Die Uraufführung wurde abgesagt. Erst am 14. August 1952 – Richard Strauss war da längst tot – war es dann so weit. Dirigent, Regisseur und Bühnenbildner aber waren dieselben wie 1944.

Es war Kittys Thema: König Midas, der unendlich reich ist, weil er alles, was er berührt, in Gold verwandeln kann, hat sich in das Bild Danaes verliebt. Er verwandelt auch das ihm zugesandte Porträt der Danae in Gold und überbringt ihr einen goldenen Zweig als Geschenk. Der Götterkönig Jupiter, der Danae selbst haben möchte, macht aus dieser Fähigkeit einen Fluch. Als Midas Danae umarmt, erstarrt sie zu Gold. Doch Jupiter ist es auch, der den Fluch wieder löst, weil er erkennen muss, dass die Liebe zwischen Midas und Danae nicht zu erschüttern ist. Er segnet sie in ihrer ärmlichen Hütte, überschüttet das Paar mit einem Goldregen und zieht sich zurück. Es ist eine märchenhafte Geschichte, die die Geschichte von jenem Bild wiederholt oder unbewusst aufgreift, dem der Graf Schönborn einst um die halbe Welt nachgereist sei und das Kitty den Weg in eine goldene Welt eröffnet hatte. Kitty und die Rothschilds hatten in einer goldenen Welt gelebt. Doch alles drohte im nationalsozialistischen Rassenwahn und Imperialismus zusammenzubrechen. Aber die Götter hatten noch einmal Erbarmen. Ein neues goldenes Zeitalter schien anzubrechen: die goldenen Fünfzigerjahre. Die Rothschilds waren wieder dabei, auch wenn die Vermögen, die sie zurückerstattet erhalten hatten, nur mehr einen kleinen Bruchteil dessen ausmachten, was sie vorher besessen hatten. Aber für die Durchschnittsösterreicher war es immer noch ein Traum. Nur die alte Formel der Grimmschen Haus- und Volksmärchen „Und wenn sie nicht gestorben sind, so leben sie immer noch“ galt nicht. Sie hatte in Wahrheit nie gegolten.

EIN TOD AUF JAMAIKA

Am 16. März 1951 schickte Hilda eine Prado-Ansichtskarte (Goya) aus Madrid: „Louis geht am 28.3. per Flugzeug zurück, ich etwas später per Schiff.“ Am 7. Dezember 1952 kam eine Karte aus der Dominikanischen Republik: „Are now going to Jamaica, werden um den 20. zurück sein. Hilda und Louis.“ Am 16. März 1953 schrieb sie wieder aus Zürich:

„Heute nach Wien, Hotel Imperial, für zwei bis drei Wochen." Und am 16. Januar 1954 vom Hotel Coral Cliff, Montego Bay, Jamaika: Man werde hier für zwei Wochen bleiben.

Im Jänner 1955 war Louis wieder in Jamaika, wieder in Montego Bay, wieder im Coral Cliff, in diesem Traumgemisch aus blauem Wasser, grünen Palmen und weißem Sand, aus Yachthäfen, Golfplätzen und Polofeldern. Es waren die goldenen Zeiten Jamaikas, als die Insel das Traumziel des Jetsets der 1950er Jahre war. Das Coral Cliff mit seinem Haupthaus am Doctor's Cave Beach, das irgendwann in den 1960er Jahren durch einen Betonwürfel ersetzt wurde und dann wie so vieles in Jamaika zu einer Bauruine mit einarmigen Banditen verkommen ist, verkörperte in den 1950er Jahren noch den alten Karibik-Charme.[401] Für Louis war die Polozeit längst vorbei. Aber die Freude daran war noch da. Obwohl schon 70, spielte er doch noch einmal. Und auch die Golfplätze lockten! Trotz seines Herzleidens, von dem er nie sprach, war er zuletzt noch auf eine anstrengende Jagdexpedition nach Quebec gegangen und badete entgegen dem ärztlichen Rat immer wieder in dem nicht ungefährlichen karibischen Meer. Am 15. Jänner 1955 erlag er beim Schwimmen einer Herzattacke: „under a perfect sky", in einer für einen Rothschild passenden Kulisse. Ein Urlauber beobachtete, wie der Baron mit den Wellen kämpfte und Schwierigkeiten hatte, auf ein Floß zu gelangen. Von zwei Männern wurde er bewusstlos ans Ufer gebracht, wo er bald darauf verstarb. Der Widerhall in den Zeitungen war gering, auch seine Verwandten in England und Frankreich reagierten kaum.

Louis hatte einen letzten Willen festgelegt, der viele verwunderte: ein Begräbnis auf dem Wiener Zentralfriedhof, in der Gruft, in der schon seine Eltern bestattet waren, in der Stadt, wo ihm so viel Aggression und Unrecht widerfahren war, und in einem Land, das nicht mehr sein Land war. Nach einer kurzen Trauerfeier am 21. Jänner in der New Yorker Riverside Memorial Chapel im engsten Kreis privater Freunde wurde der schwere Zinnsarg direkt zu einer Maschine der Pan American World Airways gebracht, bedeckt mit einem Strauß rot-weiß-roter Rosen und flankiert von einigen Kränzen und Schleifen. Das Ziel war der amerikanische Militärflugplatz Langenlebarn in Niederösterreich.

Der 30. Jänner 1955 war in Wien windig und kalt. Es war ein stilles Begräbnis. Kein einziger Vertreter des offiziellen Österreich war gekommen, aber einige Diplomaten und Adelige, hohe Vertreter der Bankenwelt, dazu Schaulustige, frühere Angestellte und Firmenrepräsentanten, ehemalige Geschäfts-, Jagd- und Sportsfreunde, die Forstarbeiter mit grünen Kränzen und die engsten Familienangehörigen: Eugen mit seiner neuen Frau, der Schauspielerin Ivy Sweet, Louis' Schwester Valentine und seine Schwägerin Clarice mit ihrer Tochter Bettina. Seine Londoner und Pariser Verwandten hatten es nicht verstanden, warum er im Tode noch einmal nach Österreich und Wien zurückwollte. Oberrabbiner Akiba Eisenberg sprach die Gebete. Der Vizepräsident der Wiener Israelitischen Kultusgemeinde Ernst Feldsberg hielt eine kurze Gedenkrede: „Nunmehr ist Baron Louis Rothschild nach Österreich, dem er die Treue gehalten hat, zurückgekehrt. In später Abendstunde haben wir ihn noch einmal durch die Renngasse, vorbei an seinem ehemaligen Bankhaus begleitet, um ihn hierher zu bringen an diese Stätte der Ruhe und des Friedens, wo er in der Gruft seiner Familie zur ewigen Ruhe bestattet werden wird. Meine Glaubenslehre verbietet mir, an der Bahre des Heimgegangenen Worte des Dankes zu sagen, denn jeder Versuch, für Werke der Nächstenliebe zu danken, würde die Größe der Leistung herabsetzen ..."[402] Von einem „seltsamen" Lebensroman schrieb das *Neue Österreich,* der hier am Zentralfriedhof sein wehmütiges Ende gefunden habe.[403] Sehr viel unfreundlicher war der Nachruf der *Neuen Illustrierten Wochenschau,* die ihn als zum „Amerikaner" gewandelten Österreicher charakterisierte, „der völlig davon besessen sei, alles auszuradieren, was an die mehr als hundertjährige Tätigkeit seiner Familie gemahnen könne."[404] Das Opfer als Täter!

Die letzte Karte von Hilda an Dorothy Thompson kam aus dem Hotel Sacher in Wien, datiert mit 2. März 1955: „Tausend Dank für den Artikel, den du über Louis im Vermont Standard geschrieben hast. Hier sind einige der Reden, die gehalten wurden. Ich werde die anderen bringen, wenn ich zurückkomme."[405] Dann flog sie nach Vermont zurück.

Louis hatte in seinem (nur in einer nicht amtlich bestätigten Fassung vorliegenden) Testament vom 18. Dezember 1953 seiner Gattin Hilda Auersperg (de) Rothschild in Form eines Legates seinen gesamten beweglichen Nachlass vermacht.[406] Er übertrug ihr 100.000 Dollar, ferner alle seine Kunstgegenstände, alle Kleider und sonstige Habe; aus dem gesamten Rest des Eigentums, sofern es ausreichte, sollte ein Fonds von 300.000 Dollar abgezweigt werden, der in drei Teile zu teilen sei, ein Teil an die Kinder seiner Schwester Valentine, ein Teil an die Nachkommen des Bruders Alphons, ein Teil an Eugen. Seine Schwester Valentine, verwitwete Springer, ging leer aus. Den Rest, falls noch etwas vorhanden sei, vermachte er seiner Ehefrau Hilda, wenn sie ihn überlebt, sonst den Nachkommen der Geschwister.

Hilda starb 1981 in Vermont und blieb auch im Tode dort: Sie liegt am Friedhof von East Barnard begraben, das für sie zur neuen Heimat geworden war. Louis aber hatte doch noch in der alten Heimat seine Ruhe gefunden, unter den Steinen des jüdischen Sektors am Wiener Zentralfriedhof.

LINY IN SALZBURG

Seine langjährige, aber nicht geheiratete Geliebte Liny Ringhoffer übersiedelte nach Kriegsende nach Salzburg, wo sie sich vor dem Zugriff der sowjetischen Besatzer sicherer fühlte und nicht nur bessere Lebensbedingungen erwartete, sondern auch andere vertriebene Mitglieder der Familie Ringhoffer treffen konnte. 1953 entschloss sie sich zu einem Schritt, vor dem sie lange zurückgeschreckt war, aber der für sie wohl viel bedeutete: Sie trat zur katholischen Kirche über. Vier Jahre vor ihrem Tod. Die im Ständestaat gängige Rede vom Katholizismus als Verteidiger des freien Abendlandes war hier in Salzburg noch übermächtiger: Die Türme des Doms und der Kirchen, die Palais der Bischöfe, der Klang der Glocken, der Mythos des *Jedermann* – all das war überall sichtbar und spürbar. Bestattet wurde sie in tiefkatholischer Umgebung. Am Friedhof des Salzburger Petersklosters. In der Bescheidenheit der Benediktinermönche.

August von Miller-Aichholz schrieb in einem (bislang unveröffentlichten) Nachruf: „Zu den vielen besonders charakteristischen Eigenschaften des Österreichers gehörte es schon immer, gewissen

Persönlichkeiten, auch wenn diese gar keinen besonderen Berufsposten bekleideten, ein Prädikat zu verleihen, welches nach gar keinen Regeln irgendeines Almanachs oder ‚Social Registers', sondern gewissermaßen nur ‚sub auspiciis populi' vergeben wurde und darin bestand, solche Menschen mit dem bestimmten Artikel und ihren Vornamen zu erwähnen. Von so einer besonders liebenswürdigen Vertreterin des österreichischen Lebens haben wir soeben auf einem der stimmungsvollsten aller Friedhöfe, dem Gottesacker von St. Peter in Salzburg, für immer Abschied genommen, von Aline (Baronin) Ringhoffer-Seybel, die der älteren Generation eben nur als ‚die Liny' bekannt ist. Jeder, der sie kannte, und wie viele, viele gehörten dazu, musste bis zu ihrem so unerwarteten Tode immer wieder mit Staunen feststellen, wie die Zeit bei ihr selbst, bei dieser anmutigen Österreicherin, stehen geblieben zu sein schien. Man muss die Uhr heute schon recht weit zurückdrehen, um dann in Gedanken bei den Zeitepochen etwas zu verweilen, wo ‚die Liny' gewissermaßen den Typ der schönen Österreicherin darstellte. Es waren dies die letzten Jahre vor dem Ersten Weltkrieg, als das Leben bei uns noch nicht in Überschall-Geschwindigkeit vor sich ging und die Portraits der schönen Frauen unseres Landes, welche von Malern wie László, Adams, Schattenstein, Torggler, Mehoffer und wie sie alle hießen, alljährlich in den Frühjahrsausstellungen des Wiener Künstlerhauses zur Schau gestellt wurden, noch nicht mit dem Epitheton ‚eigenwillig' bezeichnet wurden. Wie gerne erinnern sich die Älteren unter uns jener Zeit, die uns heute so sorglos schien, an winterliche Sonntagvormittage, wo auf dem Platze des Wiener Eislaufvereines unter den zündenden Klängen der Deutschmeisterkapelle die Paare im flotten Eiswalzer dahinschmelzen, wobei man unter den markantesten und schönsten Tänzerinnen Liny Seybel, Kitty Schönborn, Mitzi Reitzes-Korper, Marietta Piccaver-Johanny, um nur einige aus der Vielzahl schöner Österreicherinnen herauszugreifen, bewundern konnte. Nach dem endgültigen ‚Halt' österreichischer industrieller Beteiligung auf dem ehemaligen Gebiete der böhmischen Krone, durch welches achtunggebietende Namen wie Ringhoffer, Skoda, Liebieg, Leitenberger und so viele andere mehr als tatsächliche Besitzer aus den Listen einst weltumspannender Industrieunternehmungen gelöscht wurden, hatte sich die Witwe Fritz Ringhoffers nach Salzburg zurückgezogen, wo sie ebenso wie ehemals in Wien, von allen gekannt war, wenn sie in ihrer rustical-salzburgischen Kleidung, den Lamberghut schief auf den Kopf gesetzt, ihren täglichen Einkäufen in der Festspielstadt nachging. Jeder, der sie kannte und wie viele, viele waren es, musste immer wieder mit Staunen sagen, bis zu ihrem so völlig unerwarteten Tod, dass bei ihr, dieser liebenswürdigen Österreicherin, die Zeit selbst stehen geblieben zu sein schien. Heute muss man die Uhr ein Stück zurückdrehen, um in Gedanken in der Zeit zu trödeln, in der ‚die Liny' sozusagen das Vorbild für die österreichische Schönheit darstellte. Nun ist mit ihr ein weiteres Stück höchst charmanter Altösterreichischheit in die Ewigkeit gezogen – schlaf gut, Liny!"[407]

KITTYS ANDENKEN

Für Eugen war nach Kittys frühem Tod eine tiefe Leere geblieben: „Ich kann ohne Kitty nicht mehr leben", sagte er zur Gräfin Sternberg. „Sie ist immer gegenwärtig. Es kommt mir vor, als hörte ich ihre Stimme, ja manchmal ist mir sogar, als sähe ich sie. Dabei glaube ich nicht an ein Leben nach dem Tode."[408] Irgendwann hatte er aus Europa Kittys großes, von John Quincy Adams gemaltes Porträt nachkommen lassen, das sie als Gräfin Schönborn zeigt und das im offenen Stiegenhaus der Villa in Locust Valley auf Long Island einen beherrschenden Platz erhielt. Es passte wie extra dafür bestellt.

Am Rande des Gartens errichtete er ihr ein Grab, das er täglich besuchte. Ihren Tod konnte er nur schwer verkraften: „Der arme Eugen muss wirklich ein bisschen aufgeheitert werden. Er denkt nur an Kitty, immer noch. Er muss sie sehr geliebt haben", schreibt Cecilia Sternberg, die öfter bei ihm zu Gast war.[409] Das Neueste, was er sich habe einfallen lassen, sei eine Art Kreuz auf Kittys Grab, eine Art Zwischending, keltisch, mit eingeschnitzten Schlangen, weder christlich noch jüdisch. „Und dann", erfuhr die Gräfin Sternberg von Clarice, „hat er sich in den Kopf gesetzt, sein ganzes Geld (mach dir keine falschen Vorstellungen, er ist reicher als wir alle, seit die Tschechen ihn entschädigt haben) für ein Heim für behinderte und benachteiligte Kinder zu stiften, sozusagen als Denkmal für Kitty, statt es der Familie zu hinterlassen, wie es sich gehört."[410] Eugen führte lange Gespräche über Leben und Tod. Doch mit der Zeit änderte sich auch das. „Ich weiß nicht, was über den Baron gekommen ist. Er will nicht einmal mehr das Grab besuchen", stellte die Gräfin bei einem ihrer späteren Besuche fest.

An der Außenwand der Spitalskirche von Enzesfeld, direkt vor dem Schloss, ließ Eugen in einer kirchlichen Zeremonie eine Grabtafel für Kitty anbringen. Es war ein merkwürdiger Leichenzug, der am 24. Juli 1949 für Kitty organisiert wurde. Der Sarg war leer. Der Pfarrer zelebrierte eine Totenmesse. Einige Teile von Mozarts Requiem wurden vorgetragen. Die Enzesfelder Bevölkerung war breit vertreten, beäugt von den neugierigen Blicken der sowjetischen Besatzungssoldaten. Das gesamte Personal der Herrschaft Rothschild, die Honoratioren der Gemeinde, die Schulkinder und zahlreiche Enzesfeldener waren erschienen. Pfarrer Andreas Huber entwarf ein Charakterbild der „Frau Baronin", als deren Hauptzüge er die christliche Nächstenliebe und Menschlichkeit nannte, weshalb er die Bevölkerung ermahnte, sich stets mit Dankbarkeit und Liebe an diese edle Menschenfreundin zu erinnern, die Enzesfeld und seine Bewohner so sehr geliebt habe und nun im fernen Amerika in kühler Erde ruhe. Graf Trautmannsdorf, der Rechtsvertreter der Familie, enthüllte die Gedenktafel. Der Pfarrer nahm die Einweihung vor. Der Kirchenchor musizierte, zwei Schülerinnen trugen Gedichte vor. Mit „Selig sind die Barmherzigen, denn sie werden Barmherzigkeit erlangen" schloss der Pfarrer die Feier.[411]

Auch Eugen fand noch einmal sein Glück, wieder eine Schönheit: die Schauspielerin Jeanne Stuart, geborene Ivy Sweet – „nicht ganz ein Filmstar, ein Starlet sagen wir", meinte die Gräfin Sternberg. Eugen heiratete sie 1952, die Ehe war glücklich. Das Paar übersiedelte zurück nach Europa. Jeanne entwickelte einen gesunden Geschäftssinn, half ihrem Mann, beschlagnahmtes Eigentum zurückzuholen und investierte das Geld solide. In den späten 1950er Jahren ließen sie sich in Monte Carlo nieder und wurden Freunde von Prinz Rainier und Prinzessin Grace. Eugen starb 1976 im Alter von 92 Jahren in Monte Carlo, seine Frau

2003. Das Schloss Enzesfeld hatte er 1963 verkauft. Kittys schönes Porträt mit dem Windhund schenkte er der Österreichischen Galerie im Belvedere. Das Porträt, das Philip Alexius de László von Kitty angefertigt hat, befindet sich heute in Amerika.

CLARICE' ENDE

Der berühmte Ökonom Oskar Morgenstern, der Clarice oft besuchte, war im Februar 1966 ein letztes Mal in ihrer New Yorker Wohnung: „Vorher mit Dorothy bei Clarice Rothschild zum Lunch. Die Wohnung hat herrliche Möbel, Louis XIV, XV, … 3 Guardi, 2 Reynolds, 1 Lawrence, 1 Tiepolo etc. (2 Boucher). Man schätzt die Einrichtung der Wohnung auf $ 1 Mill.! – Clarice kommt öfter n. Princeton & wir sind alle sehr befreundet."[412] Clarice zahlte noch jährlich über 30.000 Dollar Pensionen nach Österreich. In New York hatte sie sechs Dienstboten, Langau und das New Yorker Apartment gehörte schon den zwei Töchtern. „Ich habe Clarice recht gern gemocht", schreibt Morgenstern: „Sie war natürlich schwierig, in Langau hat es Dor & mir sehr gut gefallen."[413]

Doch ihr Ende war trist. Ein Jahr später, am 11. Februar 1967, schreibt Oskar Morgenstern in sein Tagebuch: „Letzte Nacht starb Clarice Rothschild in N.Y. … Sie hat sehr unter Emphysema gelitten & lebte nur noch mit 2 Tubes durch die Nase for Oxygen. Das ist kein Leben & so ist es besser. Jetzt kommt für Gwen, wie Alexis Goldschmidt sagte, die ‚Lawine', offenbar sehr viel Geld."[414]

Wie ein Lauffeuer verbreitete sich in der Langau und in Holzhüttenboden die Nachricht, dass Baronin Clarice Freifrau von Rothschild am Samstag, dem 11. Februar, im 73. Lebensjahr in Amerika verstorben ist, schreibt der *Erlaftalbote*. „Trauer senkte sich in die Herzen all jener, die ihr durch Jahrzehnte als Angestellte und Bedienstete aber auch als Freunde zugetan waren." Ihren Besitz verteilte sie zu gleichen Teilen auf ihre beiden Töchter, an Bettina, verehelichte Looram, und Gwendoline, verehelichte Hoguet. Als ordentlichen Wohnsitz hatte die Verstorbene zuletzt Lausanne, Avenue des Mousquines 42, angegeben.

Bettina Loorams Resümee: „Die Bank ist weg. Die Eisenwerke und Kohlengruben sind weg. Schillersdorf, die anderen schönen Schlösser, das Wiener Stadtpalais, alles weg. Übriggeblieben ist nur die schöne Langau, der Ort, den Großvater Albert liebte, und der auch bei seinen jüngsten Nachkommen noch immer hohen Anwert findet."[415] Einen Triumph erlebte Bettina noch, als 1999 die vom österreichischen Staat zurückbehaltenen Kunstwerke aus der Sammlung ihrer Eltern, um die sie so sehr gekämpft hatte, zurückgestellt wurden und in London einen Versteigerungserlös von 57,7 Millionen Pfund erbrachten. Als sie 2012 im Alter von 88 Jahren verstarb, verschied mit ihr das letzte überlebende Mitglied der österreichischen Linie der Rothschildfamilie, das noch im Wien der Zwischenkriegszeit aufgewachsen war. Ihren Nachlass hatte sie dem Rothschildarchiv in London und dem Kunstmuseum Boston übergeben.

Inzwischen ist auch die Langau verkauft. In zwei Tranchen veräußerten die Erben die riesigen Waldgebiete an ein österreichisches Investorenkonsortium. Es gibt keine österreichischen Rothschilds mehr.

IM TODE GETRENNT

Der Tod hat sie getrennt. Die Gräber sind weit verstreut. Wie ein grauer Klotz steht das Rothschild-Mausoleum auf dem Wiener Zentralfriedhof. Begraben sind hier mit Ausnahme der 1892 verstorbenen Bettina, der Gattin von Albert Rothschild, und ihrer als Säugling verstorbenen Tochter Charlotte Esther nur Männer: Nathaniel und Albert und dessen Söhne Louis, Georg und Oskar. Valentine findet man in der recht unansehnlichen Springer-Gruft. Clarice liegt in Prilly, einem Vorort von Lausanne, begraben, neben ihrem Sohn Albert. „Dort ist ein großer, alter, jüdischer Friedhof. Da bin ich öfter dort gewesen", erinnert sich Maria Schuhleitner, eines der vielen armen Kinder aus dem Kinderasyl in Göstling. „Das ist so ein einfaches Grab und da liegen auf den Grabsteinen Steine drauf anstatt Blumen. Ich hab' nie Blumen mitgebracht, Steine hab' ich mir immer gesucht." Vor dem Grab erinnerte sich Maria

Schuhleitner an die warmen Suppen, die sie als Kind in Clarice' Kinderheim bekommen hatte: „Danke Clarice für die Suppe, Danke!"[416] Ihr Gatte Alfons wurde in New York begraben. Eugen starb in Monaco.

Wo soll man nach Fritz und Hans Ringhoffer suchen? Irgendwo in Prag und am Gelände des Sonderlagers Mühlberg. Hildas Grab liegt am kleinen Dorffriedhof von East Barnard. Den schönsten Platz hatte Aline unter dem Schutz der Benediktinermönche am Salzburger Petersfriedhof gefunden. Das bunt bemalte schmiedeeiserne Kreuz fügt sich ein in die lange Reihe der Kreuze auf einem der schönsten Friedhöfe der Welt, etwas abgeschirmt vom Trubel der Touristen. Die Marmortafel, die Eugen 1948 an der Mauer der Enzesfelder Spitalskirche für Kitty anbringen ließ, ist sehr gut restauriert. Ich bezweifle, ob das merkwürdige Grabkreuz, das Eugen ihr im Park des Still House einst gesetzt hat, noch vorhanden ist. Aber die Erinnerung lebt.

DIE WIENER ROTHSCHILD-LINIE

- **Mayer Amschel Rothschild** 23. 2. 1744–19. 9. 1812 **∞ Gutle Schnapper** 23. 8. 1753–7. 5. 1849
  - **Jeanette Rothschild** 11. 8. 1771–15. 2. 1859 **∞ Benedict Worms**
  - **Amschel Mayer Rothschild** 12. 6. 1773–6. 12. 1855 **∞ Eva Hanau** 3. 12. 1779–14. 7. 1848 ohne Kinder
    - **Frankfurter Linie**
  - **Salomon Mayer Rothschild** 9. 9. 1774–28. 7. 1855 **∞ Caroline Stern** 18. 3. 1782–25. 11. 1854
    - **Anselm Salomon Rothschild** 29. 1. 1803–27. 7. 1874 **∞ Charlotte Rothschild** 10. 8. 1807–17. 5. 1859
      - **Meyer Anselm Rothschild** 7. 7. 1827–11. 7. 1828
      - **Caroline Julie Rothschild** 2. 9. 1830–19. 11. 1907 **∞ Adophe Carl Rothschild** 21. 5. 1823–7. 2. 1900
      - **Hannah Mathilde Rothschild** 5. 3. 1832–8. 3. 1924 **∞ Wilhelm Carl Rothschild** 16. 5. 1828–25. 1. 1901
      - **Sara Louise Rothschild** 8. 12. 1834–28. 11. 1924 **∞ Raimondo Franchetti** 25. 10. 1829–30. 10. 1905
      - **Nathaniel Mayer Rothschild** 26. 10. 1836–13. 6. 1905
      - **Ferdinand James Rothschild** 17. 12. 1839–17. 12. 1898 **∞ Evelina Rothschild** 25. 8. 1839–4. 12. 1866
      - **Georg Anselm Rothschild** 22. 3. 1877–7. 1. 1934
      - **Alfons Mayer Rothschild** 15. 2. 1878–1. 9. 1942 **∞ Clarisse Adelaide Sebag-Montefiore** 5. 5. 1894–11. 2. 1967
        - **Albert Salomon Nimrod Rothschild** 28. 11. 1922–28. 10. 1938
        - **Bettina Jemima Rothschild** 30. 10. 1924–10. 11. 2012 **∞ Matthew James Looram** 26. 3. 1921–16. 3. 2004
        - **Gwendoline Charlotte Rothschild** 19. 1. 1927–28. 3. 1972 **∞ Roland Henry Hoguet** 19. 6. 1920–23. 11. 1985
      - **Louis Nathaniel Rothschild** 5. 3. 1882–15. 1. 1955 **∞ Hildegard v. Auersperg** 30. 10. 1895–18. 11. 1981
    - **Betty Rothschild** 15. 6. 1805–1. 9. 1886 **∞ James Mayer Rothschild** 15. 5. 1792–15. 11. 1868
  - **Nathan Mayer Rothschild** 16. 9. 1777–28. 7. 1836 **∞ Hannah B. Cohen** 1783–1850
    - **Londoner Linie**

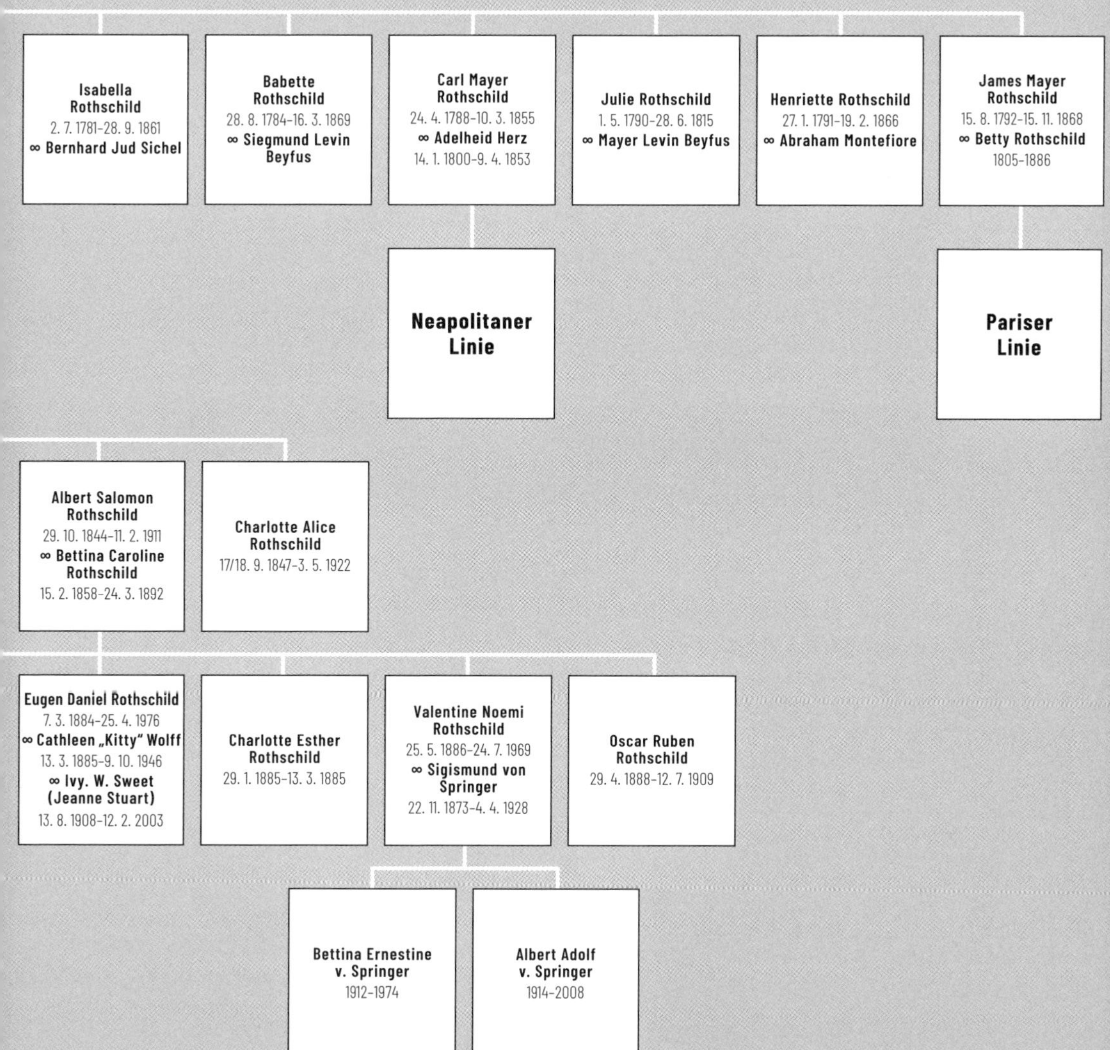

Isabella Rothschild 2. 7. 1781–28. 9. 1861 ∞ Bernhard Jud Sichel
Babette Rothschild 28. 8. 1784–16. 3. 1869 ∞ Siegmund Levin Beyfus
Carl Mayer Rothschild 24. 4. 1788–10. 3. 1855 ∞ Adelheid Herz 14. 1. 1800–9. 4. 1853
Julie Rothschild 1. 5. 1790–28. 6. 1815 ∞ Mayer Levin Beyfus
Henriette Rothschild 27. 1. 1791–19. 2. 1866 ∞ Abraham Montefiore
James Mayer Rothschild 15. 8. 1792–15. 11. 1868 ∞ Betty Rothschild 1805–1886
Neapolitaner Linie
Pariser Linie
Albert Salomon Rothschild 29. 10. 1844–11. 2. 1911 ∞ Bettina Caroline Rothschild 15. 2. 1858–24. 3. 1892
Charlotte Alice Rothschild 17/18. 9. 1847–3. 5. 1922
Eugen Daniel Rothschild 7. 3. 1884–25. 4. 1976 ∞ Cathleen „Kitty" Wolff 13. 3. 1885–9. 10. 1946 ∞ Ivy. W. Sweet (Jeanne Stuart) 13. 8. 1908–12. 2. 2003
Charlotte Esther Rothschild 29. 1. 1885–13. 3. 1885
Valentine Noemi Rothschild 25. 5. 1886–24. 7. 1969 ∞ Sigismund von Springer 22. 11. 1873–4. 4. 1928
Oscar Ruben Rothschild 29. 4. 1888–12. 7. 1909
Bettina Ernestine v. Springer 1912–1974
Albert Adolf v. Springer 1914–2008

Anmerkungen

1 Sandgruber, Rothschild, 258; Ferguson, Propheten, 2, 25.

2 Sandgruber, Rothschild, 23; Livingstone, Frauen der Rothschilds, 50.

3 Livingstone, Frauen der Rothschilds, 81; Ferguson, World's Banker, 197.

4 Livingstone, Frauen der Rothschilds, 55.

5 Sandgruber, Rothschild, 258.

6 Ferguson, Propheten, 2, 25.

7 Sandgruber, Rothschild, 258 f.

8 Sandgruber, Rothschild, 259 f.; Krausser, Zwei ungleiche Rivalen, 9 ff.

9 Zerry, Alice de Rothschild, 54 f., 83 ff., 127, 134 f.

10 Sandgruber, Rothschild, 348 ff.

11 Evening Star, 2. November 1924, 12, und 10. Mai 1925, 13.

12 Gaugusch; Wer einmal war, Bd. 2.

13 Matriken, Ansbach, St. Ludwig, M2/34, Taufen 1835-1864.

14 Transactions of the Medical Society of the State of Pennsylvania at the 33rd annual session, 10.-12. May 1882, XIV, 1882: Dr. Lawrence Wolff, aus Philadelphia, Patente für die Erzeugung von „oleates", Salze und Ester der Oleinsäure.

15 Carl Frese, A short history and description of the German Hospital, Philadelphia, hg. von Albert Draper Whiting, Philadelphia 1895.

16 232. A Philadelphia Medical Student of the 1890's: The Diary of Mary Theodora McGavran, RM Kaiser, SL Chaff, SJ Peitzman - Pennsylvania Magazine of ..., 1984 - journals.psu.edu: „The Dr. came at his usual time—He invited me to see a case of typhoid in the ward—it was a very severe case—He allowed me to examine the patient and chart—I got several points. From there he took me to several other patients—one of which had eczema—typical. He was exceedingly kind to me, said he was glad to show them to me—guess he don't object to women doctors!".

17 du Bois, The Philadelphia Negro.

18 Kubitza, Das Bier, das Leuchten und der Grant.

19 Encyclopedia Virginia; Alexander Spotswood Papers (1646-1830); http://www.peterfrancisco.org/wp-content/uploads/2015/07/Catherine-F.-Francisco.pdf. Einer der Vorfahren, Sir Alexander Spotswood, war von 1710 bis 1722 Vizegouverneur dieser englischen Kolonie und brachte es zum größten Eisenerzeuger in den 13 Kolonien.

20 A Guide to the Dandridge Spotswood Papers, 1585-1939, The Library of Virginia, Richmond, Virginia 23219-80000.

21 Zur Ankündigung der Verlobung siehe „What Is Doing in Society", The New York Times, 16. Mai 1903.

22 The Saint Paul Globe, 27. Mai 1903, 12.

23 The Evening World, 14. Mai 1903, 6, Bild 6.

24 Bayerischer Justizminister zum fraglichen Zeitpunkt (1902-1912) wäre Ferdinand Miltner, seit 1901 Ritter von Miltner, gewesen, sein Vorgänger von 1897 bis 1902 Leopold Freiherr von Leonrod. Eine

Frau von Adelman, die angebliche Tante, konnte nicht identifiziert werden. Die Adelmann von Adelmannsfelden waren bayerischer Uradel.

25 Hutto, Richard Jay, Entitled American Women, Titled Husbands, and the Pursuit of Excess, 2009, 197. Zur Ankündigung der Verlobung siehe: „What Is Doing in Society", The New York Times, 16. Mai 1903. Aus ihrem Nachruf „Kitty Rothschild, Wife of Baron, 62; Noted Beauty", The New York Times, 10. Oktober 1946, geht hervor, dass sie in München Musik studierte, als sie mit Spotswood durchbrannte. Die *Washington Post* vom 24. Juli 1904 berichtet, dass ihre Hochzeit am 20. Juni 1904 in der First Presbyterian Church in New York stattgefunden habe. In einem späteren Artikel heißt es: „Edward's Host, Sohn eines Wiener Bankiers, ist einer der reichsten Männer Mitteleuropas." Die *New York Times* vom 14. Dezember 1936 scheint die Wahrheit nur noch weiter zu verdrehen, indem sie behauptet, die Dargestellte sei 1911 Hofdame der Kaiserin von Österreich gewesen und habe in diesem Jahr Spotswood geheiratet.

26 The Owosso Times, 24. Februar 1911, 3.

27 Perth Amboy Evening News, 17. Juni 1911, 3.

28 NO. 10. PORTRAIT. MRS. DANDRIDGE SPOTSWOOD, BY . Annual exhibition - National Academy of Design: https://archive.org/.../annualexhibition8384nati/annualexhibition: Funk, Wilhelm, 119 West 426 Street, 213, 243.

29 Prager Tagblatt, Di, 2. Januar 1912.

30 „How an Austrian Nobleman Fell in Love with the Painting of Beautiful ...", The Washington Post, 17. Dezember 1911, 5. „The rarely beautiful Mrs Dandridge Spotswood"; „The Portrait He Just couldn't Forget", The Washington Post, 17. Dezember 1911.

31 Prager Tagblatt, 2. Januar 1912.

32 Neues Wiener Journal, 18.12. 1910, 34.

33 „Mrs. Spotswood Also Obtains Freedom", The New York Times, 22. September 1911.

34 „Mrs. Spotswood to Marry", The New York Times, 13. Oktober 1911; „Mrs. Spotswood Weds", The New York Times, 25. Oktober 1911. De László hatte den Grafen Karl Schönborn-Bucheim, Erwins Bruder, und seine Schwägerin Sofia 1907 bzw. 1906 porträtiert.

35 Wiener Salonblatt, 12. Oktober 1912, 2.

36 Pester Lloyd, 26. Oktober 1911, 7.

37 Sandgruber, Reich sein, 346.

38 Das Vaterland, 15. Februar 1911, 16.

39 Neues Wiener Journal, 18. August 1913.

40 Neues Wiener Tagblatt (Tages-Ausgabe), 17. August 1913, 18; Das Vaterland, 15. Februar 1911, 16.

41 Sport & Salon, 11. November 1916, 4.

42 Sport & Salon, 9. März 1912, 5.

43 Die Stunde, 24. Oktober 1924, 1.

44 Margaret Stonborough-Wittgenstein an Kurt Hahn, 31. Jänner 1929, zit. n. Prokop, Margaret Stonborough-Wittgenstein, 186 f.

45 Wiener Landwirtschaftliche Zeitung, 17. Juli 1915, 4.

46 Feldblatt, 12. Mai 1918, 4.

47 Fremden-Blatt, 5. Dezember 1915, 10.

48 Redlich, Das politische Tagebuch; siehe auch Heinz Gollwitzer, Die Standesherren. Die politische und gesellschaftliche Stellung der Mediatisierten 1815–1918; ein Beitrag zur deutschen Sozialgeschichte 1964.

49 Fremden-Blatt. 6. Februar 1916, 10.

50 Wiener Tagblatt (Tages-Ausgabe), 27. Dezember 1916, 11.

51 Wiener Salonblatt, 24. Jänner 1914.

52 William Lawrence Spotswood starb am 19. Februar 1922 im Alter von 16 Jahren. Er wurde auf dem Blandford Cemetery beigesetzt. Er ist dort auf derselben Markierung verzeichnet wie seine Großmutter väterlicherseits. Der Marker gibt den Namen seiner Mutter mit „Katherine" an.

53 Sternberg, Es stand ein Schloß, 530 f.

54 Erwin Matsch (Hg.), November 1918 auf dem Ballhausplatz. Erinnerungen Ludwigs Freiherrn von Flotow, Wien, 1982, 67–68: „Er verließ die Karriere, als er im Jahr 1911 eine der schönsten Frauen ihrer Zeit, die entzückende blonde Kitty Wolff, heiratete. Er hatte sie in Paris kennen gelernt, wo sie als Mrs. Spotswood von ihrem Mann, einem amerikanischen Zahnarzt, geschieden, durch ihre blendende Schönheit allgemeine Bewunderung auslöste. Da Schönborn jener Linie des Hauses angehörte, der standesrechtliche Rechte zukommen, war seine Ehe keine ebenbürtige."

55 Wiener Salonblatt, 7. Oktober 1922.

56 Wiener Salonblatt, 25. Dezember 1920, 3.

57 Wiener Salonblatt, 25 Dezember 1920.

58 Wiener Salonblatt, 7. Oktober 1922, 6.

59 Die Stunde, 24. Oktober 1924, 1.

60 Wiener Salonblatt, 10. März 1923; Neues Wiener Journal, 20. Mai 1923.

61 Die Bühne: Heft 2, 1924.

62 Die Stunde, 28. Oktober 1924, 4.

63 Sternberg, Es stand ein Schloß, 530 f.

64 Die Bühne: Heft 1, 1924.

65 RAL, 637/1/301, fol 79.

66 Tochter von Albert Graf Lónyay de Nagy-Lónya und Marie von Hohenlohe-Bartenstein, Ehefrau von George Jervis Wood, Mutter von Marie-Therese von Hohenberg, Schwester von Károly Lónyay und Ernő Leopold Graf Lónyay.

67 George Wood war schon seit dem Ersten Weltkrieg ein Freund Edwards VIII. In den 1930er Jahren, als Wood an der Britischen Botschaft in Wien tätig war, hatte er enge Kontakte zu den Rothschilds, ebenso seine Frau Rosa, die als reich, hübsch und klug beschrieben wurde.

68 RAL, 637/1/301, fol, 81.

69 RAL, 637/1/302, fol, 60.

70 Neues Wiener Journal, 2. Oktober 1925, 9.

71 Prager Tagblatt, 7. Dezember 1927, 3.

72 Eugen von Rothschild, Tizians Darstellungen der

Laurentiusmarter, in: Belvedere 10, 1931, Teil 1, 202–209, Teil 2, 11–17; Eugen von Rothschild, Tizians „Kirschenmadonna", in: Belvedere 11, 1932, 107–116.

73 Sternberg, Es stand ein Schloß, 534.

74 Kriegsarchiv, Wien, Qualifikationslisten; RAL, 000/1336.

75 Neue Freie Presse 24. Mai 1914, 46; Allgemeine Automobil-Zeitung 31. Mai 1914, 68.

76 Hermann Leopoldi: Das Rothschild-Lied, Text und Musik von Willy Prager, Wien um 1928.

77 Natalie Broad, Time is on our side. The Rothschild Family in World War I, in: The Rothschild Archive Annual Review, 2013/14, 46 f.

78 1908 wurde die Regimentsinhaberschaft an Friedrich Franz IV. Großherzog von Mecklenburg-Schwerin, verliehen, daher der Mecklenburgische Orden.

79 Die Bühne: Heft 2, 1924.

80 Die Bühne: Heft 2, 1924.

81 Die Stunde, 28.Oktober 1924, 4.

82 Ernst Linnenkamp, geb. 1885 Dortmund, studierte an der KA Düsseldorf, in München und Paris, war Professor an der Hochschule der bildenden Künste in Wien und in Berlin, Dortmund und den USA als Porträtmaler tätig. Linnenkamp, der mit seiner Frau für einen längeren Aufenthalt nach Amerika kam, starb 1956.

83 Neues Wiener Journal, 26. Juni 1934, 6.

84 Lit.: Merry Foresta, Stephen C. Foster, Billy Klüver, Julie Martin, Francis Naumann, Sandra S. Phillips, Roger Shattuck und Elisabeth Hutton Turner, Man Ray 1890–1976. Sein Gesamtwerk. Schaffhausen 1989.

85 Neues Wiener Journal, 26. Februar 1930.

86 Zacharasiewicz, Transatlantic Networks, 191 ff.

87 Grace Moore Parera, You're Only Human Once, New York 1944. Grace Moore (1898–1947) war verheiratet mit dem spanischen Filmschauspieler Valentin Parera, mit dem sie seit 1931 eine glückliche Ehe führte, und kam 1947 bei einem Flugzeugabsturz ums Leben. Ihre beste Rolle hatte sie 1936 unter der Regie von Josef von Sternberg in *The King Steps Out*, der Verfilmung eines Librettos von Heinz Marischka über die bayerische Prinzessin Sisi, die spätere Kaiserin Elisabeth von Österreich.

88 Vogue, New York, 15. November 1927, 68; Margaret Young-Sánchez, et. al., Cartier in the 20th Century, Denver Art Museum, Denver, Colorado (16. November 2014–15. März 2015), 94–95; Hans Nadelhoffer, Cartier, 136, Nr. 152; 2014 bei Sotheby's mit einem Ausrufungspreis von 1,8 bis 2,4 Millionen US-Dollar versteigert.

89 Neues Wiener Journal, 18. Juli 1926. 23.

90 Neues Wiener Journal, 19. Juli 1926, 2.

91 Das interessante Blatt, 19. August 1937, 13.

92 RAL, 637/2/43, Eugène de Rothschild, Persönliche Korrespondenz und Papiere.

93 Die Unzufriedene, 19. September 1931, 5.

94 New York Times, 27. Dezember 1940.

95 Zacharasiewicz, Transatlantic Networks, 209 ff.

96 Wiener Sonn- und Montagszeitung, 23. April 1928.

97 * 24. Februar 1905 in Wien; † 13. März 1940 in Berlin.

98 Wiener Sonn- und Montagszeitung, 23. April 1928.

99 Wiener Salonblatt, 27. Oktober 1923.

100 Neues Wiener Journal, 28. April 1930.

101 Wiener Salonblatt, 27. Oktober 1923, 11.

102 Der Abend, 31. März 1930, 1.

103 Triestingtaler u. Piestingtaler Wochen-Blatt, 27. November 1937, 3.

104 Triestingtaler u. Piestingtaler Wochen-Blatt 2. Mai 1936.

105 Pia Schölnberger, „Durchaus erträglich"? Alltag im Anhaltelager Wöllersdorf, in: Mitteilungen des Dokumentationsarchivs des österreichischen Widerstands, 105, März 2010.

106 Triestingtaler u. Piestingtaler Wochen-Blatt, 5. September 1936.

107 Triestingtaler u. Piestingtaler Wochen-Blatt, Sa, 1. Dezember 1934.

108 Triestingtaler u. Piestingtaler Wochen-Blatt, 27. November 1937.

109 Auspitz, Wallis's War: A Novel of Diplomacy and Intrigue.

110 Neues Wiener Journal, 12. September 1936.

111 Neues Wiener Journal, 12. September 1936.

112 Buxbaum, Mode aus Wien, 202.

113 Archiv der Republik, Nachlass Albert Mensdorff-Pouilly-Dietrichstein (1879–1942), 8, Korrespondenz F–I (1879–1942), 8–9, Korrespondenz von Mensdorff mit Eduard VIII., König von Großbritannien (1936).

114 Triestingtaler u. Piestingtaler Wochen-Blatt, 19. Dezember 1936.

115 Lovell, The Riviera Set.

116 http://www.criticalpast.com/de/video/65675053141_Journalisten, Fotografen und Kameraleute warten auf den Herzog von Windsor.

117 Morton, 17 Carnations, 100 ff.

118 Der Morgen. Wiener Montagblatt, 12. April 1937, 28.

119 Triestingtaler u. Piestingtaler Wochen-Blatt, 2. Januar 1937.

120 Triestingtaler u. Piestingtaler Wochen-Blatt, Sa, 2. Januar 1937.

121 Kleine Volks-Zeitung, 5. Jänner 1937, 5.

122 Wiener Salonblatt, 10. Jänner 1937.

123 Bryan/Murphy, Die Windsor-Story, 280.

124 Bloch, Wallis & Edward, 271.

125 Edward, Schloss Enzesfeld, 22. Dezember 1936.

126 Bloch, Wallis & Edward, 271.

127 Bloch, Wallis & Edward, 273.

128 Bernhard A. Reismann, Edward, Herzog von Windsor, lernt Schifahren. Dirndlkleider, Apfelstrudel und Kriminalpolizei am Semmering 1937. In: Blätter für Heimatkunde 89/3–4 (2015), 77–84.

129 Ebenda, Bericht vom 1. Februar 1937.

130 Bryan/Murphy, Die Windsor-Story, 266 f.

131 Bryan/Murphy, Die Windsor-Story, 283.

132 Morton, 17 Carnations, 100 ff., 112. Bericht des amerikanischen Botschafters.

133 Ziegler, King Edward VIII, 297.

134 Der Morgen. Wiener Montagblatt 1. Februar 1937: „‚Falschmeldung'. Unter diesem Titel schreibt die ‚Reichspost' vom Sonntag: In verschiedenen Blättern war in jüngster Zeit die Behauptung zu lesen, daß Baronin Kitty v. Rothschild auf Schloß Enzesfeld anläßlich ihrer Vermählung mit Baron Eugen v. Rothschild zur mosaischen Religion übergetreten sei. Da diese Behauptung vielfach besprochen wurde, haben wir an zuständiger höherer Stelle Erkundigungen eingezogen. Auf Grund der Aktenlage wurde uns mitgeteilt, daß diese Behauptung ganz unwahr ist. Baronin Rothschild hatte nie eine andere Religion als die katholische und hatte weder Grund noch Anlaß, diese ihre Religion zu ändern."

135 Sebba, That Women.

136 Auspitz, Wallis's War: A Novel of Diplomacy and Intrigue.

137 Donaldson, Eward VIII, 309 ff.

138 Triestingtaler u. Piestingtaler Wochen-Blatt, 3. April 1937.

139 Große Teile dieses Artikels wurden von Adele Sungler verfasst und als Word-Dokument an das Salzburgwiki gesandt.

140 Bloch, Wallis & Edward.

141 Ödenburger Zeitung, 27. Februar 1937, 3.

142 Anne de Courcy, Coco Chanels Riviera, Vom Lieben, Leben und Überleben an der Côte d'Azur, 2022, 122.

143 Kleine Volks-Zeitung, 24. Juni 1937, 4.

144 Morton, 17 Carnations, 124 f.

145 Morton, 17 Carnations, 275 ff.

146 Speer, Albert (1970), Inside the Third Reich, New York, 118.

147 Kershaw, Making friends with Hitler, 190.

148 Jüdische Allgemeine, 15. Mai 2008 (Interview).

149 The Washington Herald, 19. September 1912.

150 Sternberg, Es stand ein Schloß, 346.

151 RAL 637/1/273 Heiratskontrakt Clarice/Alfons.

152 Sternberg, Es stand ein Schloß, 346.

153 Sternberg, Es stand ein Schloß, 203.

154 Sternberg, Es stand ein Schloß, 346 f.

155 „Unter den Anwesenden bemerkte man ... Damen der Wiener Gesellschaft, die man überall sieht." Eigenbericht des Neuen Wiener Journals, 6. Jänner 1929, 8

156 Die Bühne, Heft 148, 1927,

157 Wiener Salonblatt, 28. Oktober 1928.

158 Sternberg, Es stand ein Schloß, 346.

159 Die Stunde, 23. Mai 1929.

160 Rainer Maria Rilke, Reise nach Ägypten. Briefe, Gedichte, Notizen, Frankfurt am Main 2000.

161 Neue Freie Presse, 8. Juni 1914.

162 Kriegsarchiv, Wien, Qualifikationslisten, Alfons und Eugen Rothschild.

163 Sandgruber, Rothschild, 370 f.

164 RAL, 637/1/303, Brief vom 9. September 1914 an Clarice.

165 RAL, 637/1/304.

166 RAL, 637/1/304, 5.2.15.

167 Neue Freie Presse, 14. Dezember 1914.

168 Fremden-Blatt, 30. Dezember 1918.

169 Ilse Reiter-Zatloukal, Gerhard Baumgartner, Oliver Rathkolb, Roman Sandgruber, Ulrike Zimmer, Bericht: Geschichte der Nathaniel Freiherr von Rothschild'schen Stiftung für Nervenkranke von ihrer Errichtung bis zu ihrer Reorganisation in der Nachkriegszeit, Wien 2021.

170 Neue Freie Presse, 13. Juni 1916.

171 RAL 637/1/301, Persönliche Korrespondenz Clarice R.; Neue Freie Presse, 8. Jänner 1920, 8. Februar 1920.

172 Die Stunde, 20. Jänner 1926, 7.

173 Nadja Tomoum, Das Geheimnis des Tutanchamun.

174 Wiener Morgenzeitung, 29. März 1925.

175 Die Bühne: Heft 74, 1926.

176 Wiener Salonblatt, 11. Dezember 1927.

177 Die vier Alben (jedes 61 x 46 cm) enthielten über 500 Fotografien. Siehe Antiques Trade Gazette, 37: http://www.holtsauctioneers.com/article_images/ATG.pdf.

178 Olga Kronsteiner, Der Standard, 8. Oktober 2022.

179 Wiener Sonn- und Montags-Zeitung, 7. Mai 1928, 3.

180 RAL 637/1/338. Berichte über die Jagderfolge der Expedition nach Kenya und in den Sudan. 24. Jänner 1928 bis 22. Jänner 1929.

181 Wiener Salonblatt, 29. April 1928.

182 Wiener Sonn- und Montags-Zeitung, 7. Mai 1928.

183 Ebenda.

184 Die Rothschilds, Österreichs Bankiers, in: Die Wiener Rothschilds. Ein Krimi. Katalog, hg. v. Gabriele Kohlbauer und Tom Juncker, Wien 2021.

185 Wiener Sonn- und Montags-Zeitung, 7. Mai 1928.

186 Wiener Salonblatt, 9. April 1933.

187 Die Bühne: Heft 84, 1926, 24.

188 Ebenda.

189 22. März 1925, László an Sigmund Münz. The Laszlo Archiv Trust.

190 Michal Plavec, Ulrich Ferdinand Kinský. Šlechtic, letec, automobilový závodník a sportsman ve 20, in: Století, Securitas imperii, 34, 2019, 14–45.

191 Adrienne Gessner, Ich möchte gern was Gutes sagen ..., 107 f.: „Es bemerkte aber auch niemand, dass zum Beispiel Clarice Rothschild und der Theologe Professor Hollnsteiner Hand in Hand mit ihrem Auto nach Hause fuhren, dass Fritzi Hohenlohe, der so bald im Krieg fallen sollte, in Höchststimmung war und den Abend im Rothschildgarten mit einer mehr als zweifelhaften Dame beendete."

192 Ernst Krenek, Im Atem der Zeit, 365.

193 Adrienne Gessner, Ich möchte gern was Gutes sagen ..., 107 f.

194 Buchmayr, Der Priester in Almas Salon, 14.

195 Öl auf Leinwand 128 x 88 cm, Signatur: John Quincy Adams 1927, Privatbesitz USA.

196 RAL, 637/1/306, Briefe an Clarissa Rothschild von ihren Kindern. 4. Jänner–14. April 1928.

197 Wiener Salonblatt, 11. September 1932.

198 RAL, Testament vom 2. April 1936 und Anhänge.

199 Gemeint ist wahrscheinlich der schlesische Adelige und Politiker Georg Freiherr von Bees und Chrostin (1824–1905), einer der Gutsnachbarn in Schillersdorf. Es muss eine besondere persönliche Bewandtnis mit der speziellen Erwähnung von Bees und den Bildern Grassis haben.

200 Gessner, Ich möchte gern was Gutes sagen ..., 116.

201 Ich danke Emanuel Ringhoffer für zahlreiche Information, Unterlagen und Bilder.

202 Franz Speta, Leben und Werk von Ferdinand Schur, Oberösterreichisches Landesmuseum, Linz 1994. Enthält wichtige Informationen über die Anfänge Wagenmanns und der Seybels.

203 Sandgruber, Reich sein, 347.

204 Wochenschrift des österreichischen Ingenieur- und Architekten-Vereines, Jahrgang 1891, Nr. 1/1891, 2. Jänner 1891 (XVI. Jahrgang), 7, unten links, und 8/1 (Tafel 1).

205 Neue Freie Presse, 12. März 1927 (Abendausgabe); Die Großindustrie Österreichs, I, Bd. 5, S. 417 f.; Oesterr. Chemiker-Ztg. 30, 1927, Nr. 6, 58; A. Fessen, Der österr. Wirtschaftsadel von 1909–18, phil. Diss. Wien, 1974, bes. 152ff.; AVA, WStLA, beide Wien; Mitt. Wolfgang Meixner, Innsbruck, Tirol. – Paul v. S.: Neue Freie Presse, 29. September 1915; Oesterr. Chemiker-Ztg. 18, 1915, Nr. 19, 167.

206 Miller-Aichholz, August v., Die Liny (Gedanken am Tage des Abschieds von Baronin Aline von Ringhoffer geb. v. Seybel) 11. Juli 1957; August Joseph Maria Ernst von Miller zu Aichholz (11. November 1894–10. Februar 1963), Privatarchiv Ringhoffer.

207 Heiratsmatrikel, Augustinerkirche, 1916, p. 113, Nr. 37.

208 Der Ringhoffer-Tatra-Konzern – Geschichte einer deutsch-tschechischen Familiendynastie, Konferenz, Juli 2018: Akademie der Wissenschaften Prag, die Beiträger dort: Milan Hlavačka, CSc.: Ringhoffer. Familie, Unternehmen und Politik; Jan Županič: Der Nobilitierungsprozess der Familie Ringhoffer; Halgard Stolte: Der Gerichtsstreit des Ringhoffer-Tatra-Konzerns gegen die Volkswagen AG; Miloš Hořejš und Jiří Křížek: Tatra-Kraftfahrzeuge und adelige Kunden; Prokop Sedlák: Die Geschichte des tschechischen Golfsports und ihre Zusammenhänge mit der Familie Ringhoffer.

209 Für die Mitglieder des Automobil-Clubs für Mittelböhmen, dessen Präsident Franz Freiherr von Ringhoffer war, hatte er eine Broschüre mit farbigen Abbildungen verfasst, um die Orientierungssteine und Verkehrszeichen zu veranschaulichen. 1911 hatte er mit „glänzendem Erfolg" an der vom k. u. k. Kommando des 8.

Korps veranstalteten Militärübungsfahrt teilgenommen. Allgemeine Automobil-Zeitung, 21. April 1912, 65.

210 Wiener Zeitung, 26. Februar 1914.

211 Neues Wiener Journal, 28. Februar 1914, 4.

212 Geschäftsbericht 1927, Bericht über die ordentliche Generalversammlung 1927.

213 Alpenländische Rundschau, 18. Dezember 1926, 9 bzw. 7.

214 1927, 11. März: Saal II um 10 Uhr vorm.: Aline Ringhoffer in Wien wider die Berufungskommisston Wien wegen Einkommen- und Vermögensteuer 1927 (zwei Fälle) (F 80/30);— zur gleichen Stunde: Aline Ringhoffer in Wien wider die gleiche Behörde in einer gleichen Sache (F 525/31);— um 11 Uhr 45 Min. vorm. Wiener Zeitung, 25.Februar 1932, 1.

215 Wiener Salonblatt, 6. Jänner 1929, 7.

216 Wiener Salonblatt, 12. Mai 1923.

217 Die Bühne: Heft 2, 1924.

218 Trenkler, Das Zeitalter der Verluste, 140.

219 Daily News, 7. Juni 1939: Bericht über Louis und Aline.

220 Zum legendären Tatra T77 siehe: Ivan Margolius & John G. Henry, Tatra. The Legacy of Hans Ledwinka, Dorchester 2015.

221 Detroit Evening Times, 11. Mai 1941: Bericht über das 20 Jahre verborgene Verhältnis zwischen Louis und Aline; The Tennessean, Nashville, Tennessee, 27. August 1939, 51: „Tragic error of the richest Baron Rothschild - Louis_and_Aline".

222 Sandgruber, Rothschild, 464 ff.

223 Halgard Stolte. Der Ringhoffer-Tatra-Konzern. Geschichte einer deutsch-tschechischen Familiendynastie, Konferenzpapier.

224 Nach Emanuel Ringhoffers verstorbener Tante Leopoldine („Leo"), Tochter von Alfred, dem Bruder von Hans Ringhoffer.

225 Stolte, Der Ringhoffer-Tatra-Konzern, Konferenzpapier.

226 „In sitzender Position, Profil von links, Körper und Blick dem Betrachter zugewandt, vor stilisiertem Landschaftshintergrund", so lautet die nüchterne Beschreibung des Kunsthistorikers. Ihre rechte Hand ruht auf ihrem Oberschenkel, ihre linke Hand hält den Sitz. Sie hat kurzes braunes Haar. Die Dargestellte trägt ein ärmelloses blaues Seidenkleid mit Rundhalsausschnitt, darüber einen transparenten weißen Chiffon. Die Luftigkeit der Kleidung, der lockere, aquarellartige Pinselstrich, ohne die Schwere, die Ölbilder in der Regel haben. 125 x 88 cm, Signatur: John Quincy Adams 1924, Privatsammlung, Österreich.

227 Hildegard Karoline Johanna Maria „Hilda", geb. von Auersperg (11.6.1895 Wien–18.11.1981 Vermont, USA). 1. Ehe (1922) mit Dr. Otto von Pollack-Parnegg (1878–1937); 2. Ehe (1928) mit Auguste-Olympe Hériot (1886–1951); 3. Ehe (1946) mit Louis Nathaniel Rothschild (1882–1951); Gaugusch, Wer einmal war; http://www.pratercottage.at/2012/02/06/der-melancholische-schmerzensmann-der-belle-epoque/

228 Seine Söhne Samuel (1700-1762) und Löb (1705-1789) hatten Handelsfirmen in Wien und Hausbesitz in Pressburg. Leopold Franz (1793-1864) gründete 1840 eine der bedeutendsten Maschinenpapierfabriken Österreichs. Dessen Neffe Franz Emil (1821-1885) war Notar in Wien und Präsident der niederösterreichischen Notariatskammer. Zu einer anderen Linie gehört Mendel Leidersdorf (1710-1770), Handelsmann in Wien und Vorsteher der Pressburger Judengemeinde. Markus Leidersdorf v. Neuwall (1753-1838) war Bankier in Wien und Besitzer der Herrschaft Klobouk in Südmähren und wurde 1824 in den erblichen Ritterstand erhoben. Der Sohn Samuel August v. Neuwall (1783-1851) führte das Bankhaus weiter. Der Enkel Albert (1807-1870) war Abgeordneter des Reichstags von 1848/49 und Sektionschef im Finanzministerium.

229 1889 begann der Wiener Bankier Adolf Schenk von Lédecz auf seinem Anwesen in Butkov in der heutigen Slowakei mit der Errichtung einer Zementfabrik, die unter dem Namen „Lédeczer Portland-Zementfabrik des Adolf von Schenk-Lédecz" Zement mit modernster Technologie herstellte. Nach dem Tod des Gründers Adolf Schenk im Jahr 1896 und der Umwandlung in eine Aktiengesellschaft im Jahr 1911 wechselten jedoch die Eigentümer des Unternehmens häufig. Stammbaum: Dr. rer. pol. Dr. phil. Gerhard Seibold. Ich danke ihm für den Hinweis auf den Adelsbrief.

230 Frdl. Mitteilung von Mag. Nikolaus Pongracz; Georg Gaugusch, Wer einmal war, Familie Leidesdorfer, 1832 f.

231 Derby, 1914: Komtesse Hilda Auersperg: Weiße, reizende Stickereitoilette mit rosa Clenture und Schleife, Cape.

232 Unsinn ist eine Nachricht, die seit einiger Zeit im Internet (geni.com) verbreitet wird, dass Hilda im Jahr 1925 oder früher ein Kind zur Welt gebracht habe, streng geheim und ohne öffentliches Aufsehen. Der angebliche Vater soll Louis Rothschild gewesen sein: Josephine Katherine Randall (Albrecht), Tochter von Louis Nathaniel de Rothschild und Gräfin Hildegard „Hilda" Karolina Johanna Maria de Rothschild, geboren vor 1925, Wien, gestorben 1979, Bay Avenue, San Diego, San Diego County, CA, 92113, United States (Vereinigte Staaten von Amerika). https://www.geni.com/people/Margareth-Von-habsburg/ verwaltet von Paul Anthony Weldon, zuletzt aktualisiert am 27. April 2022, abgefragt zuletzt am 25. Juni 2023.

233 Pfeiller, Die österreichische Linie, o. S.

234 Arbeiter-Zeitung, 15. September 1927.

235 Die Stunde, 13. März 1923.

236 Gaugusch, Wer einmal war, Bd. 2, 2596.

237 Herz-Kestranek, Die Frau von Pollak; Sedlaczek, Sprachwitze.

238 Vorarlberger Wacht, 20. März 1930, 4.

239 Neue Freie Presse, 2. November 1932.

240 Neues Wiener Journal, 20. April 1927.

241 Neues Wiener Tagblatt (Tages-Ausgabe), 24. Mai 1927.

242 Wiener Salonblatt, 27. April 1930.

243 Wiener Salonblatt, 24. Mai 1931.

244 Neues Wiener Tagblatt (Tages-Ausgabe), 29. Mai 1925.

245 Neues Wiener Journal, 12. Februar 1930.

246 Wiener Sonn- und Montags-Zeitung, 2. Juli 1928, 8.

247 Kritische Online-Edition der Nuntiaturberichte Eugenio Pacellis (1917–1929), Dokument-Nr. 21065, 21. Juli 1929: Der zur Berichterstattung über Hilda Auersperg aufgeforderte Nuntius, der spätere Papst Pius XII., konnte nicht einmal Hildas Adresse eruieren.

248 Wiener Salonblatt, 16. Dezember 1934, 6.

249 Der Morgen, 24. Dezember 1934. 10.

250 Neues Wiener Journal, 18. Juli 1936.

251 Pratercottage.at/Der melancholische Schmerzensmann der Belle Époque. Auguste-Olympe Hériot, Rustenschacherallee 30 (ab 1929); Faszinierender Blog, gestaltet von Eva Maria Mandl mit grundlegenden Informationen über Colette und Hériot, vor allem auch mit den entsprechenden Textstellen aus Colettes Roman „Chéri".

252 Neue Freie Presse, 12. Juni 1931.

253 Neues Wiener Journal, 14. Mai 1932.

254 Neues Wiener Journal, 12. Februar 1930, 10.

255 Pratercottage.at/Der melancholische Schmerzensmann der Belle Époque. Auguste-Olympe Hériot, Rustenschacherallee 30 (ab 1929);

256 Eva Maria Mandl, Rustenschacherallee, http://www.pratercottage.at/

257 Eva Maria Mandl, Rustenschacherallee, http://www.pratercottage.at/

258 Ein Haus im Prater in Wien. Eine Arbeit von Fritz Reichl, Innen-Dekoration, 42. Jg, Darmstadt, Jänner 1931 (mit Fotos).

259 Iris Meder in: Offene Welten. Die Wiener Schule im Einfamilienhausbau 1910-1938; http://www.pratercottage.at/2012/06/09/interieur-villa-heriot-rustenschacherallee-30-1931/

260 Georg Schrom über Friedl Dicker und Franz Singer, Wien Museum Magazin, 6.12.2022. „Sie waren der Gegenpol zur Wiener Architekturszene".

261 Iris Meder, Offene Welten.

262 Makarova, Friedl, 217 f.

263 AGS, Brief Franz Singer an Hildegard Auersperg-Hériot, 14. Februar 1933.

264 BHA, Architektursammlung, Franz Singer, Leporello, Inv.-Nr. 7898.

265 Makarova, Friedl; dies. Friedls Leben, http://www.makarovainit.com/friedl/leben.pdf , 228 f.

266 Makarova, Friedl, 228 ff.

267 Makarova, Friedl, 229.

268 Neues Wiener Journal, 9. Juli 1935, 9.

269 Urban 1933a, 3–4.

270 Die Pause 1936, 38–39.

271 Die Pause 1936, 38–39.

272 Hövelmann, Bauhaus in Wien, 379

273 Makarova, Friedl, 229.

274 Makarowa, Friedl, 180.

275 Makarowa, Friedl, 179 f., 186.

276 Elena Makarova, Friedl, 181.

277 Hilda (geb. Hildegard von Auersperg, verm. Rothschild): Originalmappe des II. Kunsthistorischen Instituts: Personaldatenblatt.

278 Siehe AGS, Brief Franz Singer an Hildegard Auersperg-Hériot, 25. Mai 1933.

279 AGS, Brief Hildegard Auersperg-Heriot an Franz Singer, 28. Mai (o. J.). Hövelmann, 408.

280 Neues Wiener Journal, 9. Juli 1935.

281 Neues Wiener Journal, 5. September 1935.

282 Salzburger Chronik für Stadt und Land, 12. Februar 1936.

283 AGS, Brief Leopoldine Schrom an Franz Singer, 29. September 1934. Hövelmann, 408.

284 Die Rote Fahne, 23. Juni 1932.

285 Dorothy Thompson, Ich traf Hitler! Beobachtungen zur Psychologie des Faschismus (1932), übersetzt von Johanna von Koppenfels, Wien 2023, mit einem Kommentar des Herausgebers und Schweizer Literaturwissenschaftlers Oliver Lubrich (Universität Bern). Lubrich versteht zwar Thompsons Fehleinschätzung, sieht aber die Bedeutung ihres Buches und die Dringlichkeit der Neuauflage und Übersetzung ins Deutsche in der Demaskierung der massenpsychologischen Wirkung des Faschismus.

286 Goebbels notierte 1942 in seinem Tagebuch: „Es ist beschämend und aufreizend, daß so dumme Frauenzimmer, deren Gehirn nur aus Stroh bestehen kann, das Recht haben, gegen eine geschichtliche Größe wie den Führer überhaupt das Wort zu ergreifen."

287 Kunstsalon Paul Cassirer, Berlin (10.7.1926), Galerie M. Goldschmidt & Co., Frankfurt (29.10.1926), Kunsthandel Paul Cassirer & Co., Amsterdam (1930), Hériot-Auersperg Gräfin Hilda, Gräfin Hilda Hériot-Auersperg, Wien/Paris (1936), Sotheby Parke Bernet, London (29.6.1983, Nr. 50 mit Farbtaf.), Galerie Beyeler, Basel (18.7.1983), Galerie Würthle, Wien, Herbert Batliner, Vaduz (8.4.1986)

288 Siehe dazu: Third Class Passenger List from the SS New York of the Hamburg America Line, Departing 3 November 1938 from Hamburg to New York via Southampton, Cherbourg and Cobh.

289 Bezirksgericht Innere Stadt-Wien, Abt. 71 (I. Justizpalast Grundbuch), am 27. Jänner 1948,19738: An Auguste Heriot. zuletzt Wien, II, Rustenschacherallee 38, ist in der Exekutionssache Stadt Wien gegen Auguste Heriot wegen s 731420 samt Anhang der Beschluss vom 15. Dezember 1947. G. Z. 71 E 399X47–1, zuzustellen

290 Amtsblatt zur Wiener Zeitung, 15. Februar 1948.

291 Sandgruber, Rothschild, 357 ff.

292 Florian Andreas Wibmer, Unterricht für gehörlose Personen im 18. und 19. Jahrhundert. Das k.k. Taubstummeninstitut als Startpunkt der österreichischen Gehörlosenpädagogik, Masterarbeit, Univ. Wien 2016.

293 RAL 637/1/247: Liste der caritativen Spenden im Testament Albert Rothschild; WStLA, Handelsgericht, A51-Testamente 28/1911.

294 Sandgruber, Rothschild, 357 ff.

295 RAL, 637/2/246, verschiedene Briefe von Valentine Springer an caritative Organisationen. 13. Aug. 1912.

296 J. Mentschl, ÖBL 1815–1950, Bd. 13 (Lfg. 59, 2007), 55.

297 https://www.provenienzforschung.gv.at/beiratsbeschluesse/Springer_Valentine_2013-05-03.pdf.

298 Schloss Sitzenberg, Höhere Bundeslehranstalt für Land- und Ernährungswirtschaft, Schlossbergstraße Nr. 4. In: Die Kunstdenkmäler Österreichs. Dehio Niederösterreich südlich der Donau 2003, 2244–2247.

299 Wiener Salonblatt, 15. Januar 1933.

300 WSTLA_BG_Innere_Stadt_I_A4_4_4A_95_1955_Testament Louis_Rothschild.

301 Verena Krausneker und Katharina Schalber, Gehörlose Österreicherinnen und Österreicher im Nationalsozialismus, Zukunftsfonds der Republik Österreich und dem Nationalfonds der Republik Österreich, P06-0097 und P09-0568.

302 https://www.provenienzforschung.gv.at/beiratsbeschluesse/Springer_Valentine_2013-05-03.pdf.

303 Erlafthal-Bote, 2. August 1969.

304 Vorarlberger Volksbote, 16. September 1950.

305 Grace Moore Parera, You're Only Human Once, New York 1944.

306 Lovell, Mary S., The Riviera Set.

307 Wildner, Tagebuch, 43.

308 Trenkler, Das Zeitalter der Verluste, 138 ff.

309 Trenkler, Das Zeitalter der Verluste, 138 ff.

310 Sternberg, Es stand ein Schloss, 165; Sandgruber, Rothschild, 457 ff.

311 Trenkler, Das Zeitalter der Verluste, 138 ff.

312 Sandgruber, Rothschild, 457 ff.

313 Der Akt Louis Rothschild fehlt im AdR, ebenso die davon vor Jahrzehnten angefertigte Kopie im DÖW, 19314 und 19314/1 und DÖW, 1460/1.

314 Trenkler, Das Zeitalter der Verluste, 138 ff.

315 ÖStA, AdR, Vermögensverkehrsstelle, 64.768 (Louis Rothschild), Karton 182; Felicitas Heimann-Jelinek, Die „Arisierung", 361.

316 Ebda, Anlage I-III.

317 Hilberg, Die Vernichtung der europäischen Juden, 107–115; The Guardian, 13. Mai 1939, 17.

318 Karl Heinz Roth, Einleitung, in: Omgus (Hg.), Ermittlungen, XLVII.

319 Le Monde illustre, 27. Mai 1939.

320 Trenkler, Das Zeitalter der Verluste, 138 ff.

321 ÖStA, AdR, Vermögensverkehrsstelle, 45.142 (Alfons Rothschild), Karton 164; Heimann-Jelinek, Die „Arisierung", 360.

322 Heimann-Jelinek, Die „Arisierung", 360.

323 Gessner, Ich möchte gern was Gutes sagen ..., 116 f.

324 Trenkler, Das Zeitalter der Verluste, 140 f.

325 Trenkler, Das Zeitalter der Verluste, 138 ff.

326 Chicago Tribune, 6. Oktober 1940.

327 Fold3 USACA, Report on private Bank E.v.Nicolai ..., 79.

328 Melichar, Neuordnung, 399; ÖStA, AdR 05, BM. für Land- und Forstwirtschaft, 626/1940. Notariatsakt vom 8. 5. 1939, S. 3–5.

329 The Washington Times, 19. Juli 1938, 10.

330 The Washington Times, 24. August 1938, 8.

331 Evening Star, 23. Januar 1939, B-3.

332 Wallis, die Herzogin von Windsor: handgeschriebener Brief an Baroness Kitty de Rothschild.

333 Bloch, The Duke of Windsor's War.

334 Bloch, The Duke of Windsor's War.

335 http://sousamendesfoundation.org/family/rothschild ROTHSCHILD, Baroness Katherine de, née WOLFF, Age 55 | Visa #1998 or 1999; ROTHSCHILD, Baron Eugene de, Age 56 | Visa #1998 or 1999; https://sousamendesfoundation.org: The Untold Story of the Portuguese Diplomat Who Saved Thousands From the Nazis; José-Alain Fralon, Der Gerechte von Bordeaux. Wie Aristides de Sousa Mendes 30000 Menschen vor dem Holocaust bewahrte. Verlag Urachhaus, Stuttgart, 2011.

336 Alma Mahler, 1960, 308.

337 Avraham Milgram, Portugal, the Consuls, and the Jewish Refugees, in: Yad Vashem Studies. Shoah Resource Center, The International School for Holocaust Studies. XXVII: 123–156.

338 https://www.alma-mahler.at/archiv_lisboa/engl/info_lisboa/almaundlisboa.html

339 Neill Lochery, Lisbon. War in the Shadows of the City of Light, 1939–1945, 2011.

340 Times Wide World, 11. Juli 1940: Detroit Evening Times, 18. Mai 1941, 7.

341 Trenkler, Das Zeitalter der Verluste.

342 Trenkler, Das Zeitalter der Verluste.

343 Trenkler, Das Zeitalter der Verluste.

344 Sternberg, Es stand ein Schloß, 347.

345 Alle Dialoge nach Sternberg, Es stand ein Schloß, 347 ff.

346 Sternberg, Es stand ein Schloß 346 ff.

347 Sternberg, Es stand ein Schloß, 347 f.

348 Sternberg, Es stand ein Schloß, 353.

349 Wiener Zeitung 9. April 1950.

350 Chicago Tribune, 6. Oktober 1940, Time Magazin, 27. September 1943.

351 Passagierliste: https://thebridgelifeinthemix.info/wp-content/uploads/2016/05/5.-Passenger-list-Yankee-Clipper-1940-merged-25-travel.pdf.pdf

352 https://sousamendesfoundation.org: The Untold Story of the Portuguese Diplomat Who Saved Thousands From the Nazis.

353 The Chicago Tribune, 6. Oktober 1940.

354 Cecil Roberts, One Year of Life. Some Autobiographical Pages, 1952, 276: „As we talked, it came to me that Kitty Rothschild had told me how, escaping from France in 1940, she had been

enabled to purchase the Long Island house, in which I was then spending Christmas with Baron Eugene de Rothschild."

355 RAL, Homepage, Eugene Rothschild.

356 Willibald Plöchl und Otto Kallir: https://www.doew.at/cms/download/1041m/kallir.pdf; FBI Archiv: Memorandum, J. Edgar Hoover an Assistant Attorney General Tom C. Clark, 24. September 1943. Österreicher im Exil USA 1938–1945, hg. v. Peter Eppel (Dokumentationsarchiv des österreichischen Widerstandes, Wien, 1995).

357 Zuckmayer, Als wär's ein Stück von mir, 403.

358 Syracuse University Libary, Dorothy Thompson Papers, Box 41, Karte von Hilda an Mrs. Kopf, undatiert, 1946.

359 Tippelskirch, Central Europe in Vermont, 142-160.

360 Zuckmayer, Als wär's ein Stück von mir, 447.

361 1952 erwarben sie „the grey dog Vaz's Grey Gregor (Maximus Leo Of Grandeur x Foulata Ivy's Va, whelped 17 February 1952" vom Züchter James O. Dobrodzek. 1954 kaufte sie zu Zuchtzwecken eine Afghan-Hündin aus Österreich.

362 Tippelskirch, Central Europe in Vermont, 142-160.

363 BDA Ausfuhr Zl 272/47 GZ 3489/47.

364 Freundliche Mitteilung von Emanuel Ringhoffer. Eintragung in das Schey-Gästebuch.

365 zit. n. Kurth, American Cassandra.

366 Syracuse University Library, Dorothy Thompson Papers, South Royalton, 9. Dezember 1948.

367 Syracuse University Library, Dorothy Thompson Papers, South Royalton, 6. Dezember 1949.

368 Zacharasiewicz, 254.

369 ÖstA, AdR 06, BMF, Kt. 5050, 215.591-215.600-35/1958. Bericht Dr. Willy Bouffier an das BMF, 17. 7. 1954.

370 Ferguson, Propheten, 2, 559.

371 PC/V/I/98-99 Baron Eugène von Rothschild, fol. 88.

372 PC/V/I/98-99 Baron Eugène von Rothschild (April 1946–Oktober 1948) Fol 11 f.

373 Melissa Müller, Monika Tatzkow, Verlorene Bilder, verlorene Leben: jüdische Sammler und was aus ihren Kunstwerken wurde, 2009.

374 WienWiki: Rothschildgärten: https://www.wien.gv.at/wiki/index.php/Rothschildg%C3%A4rten

375 Theodor Brückler, Akten-Sammlung Louis Rothschild II, Karton 52/1; ders., Akten zur Rothschild-Rückstellung, Alphons Rothschild I: Diese Praxis abgenötigter Schenkungen hatte allerdings bereits vor dem „Anschluss" begonnen, als Alfons Rothschild im Jänner 1938 anlässlich der Ausfuhr von 940 Objekten der ehemaligen Sammlung Nathaniel Rothschild zusätzlich zur Hinterlegung einer Ausfuhrabgabe von ATS 171.660.- (= 10 Prozent des Schätzwertes des Ausfuhrgutes) 39 Objekte dem Österreichischen Museum für Kunst und Industrie (heute MAK) als Geschenk widmete.

376 Brückler, Akten zur Rothschild-Rückstellung, Alphons Rothschild II, Karton 52/1.

377 Brückler, Akten zur Rothschild-Rückstellung Karton 53/1.

378 Otto Demus vom 8. Oktober und vom 3. November 1947 betreffend die Ausfuhrgenehmigung der Sammlung Alphons Rothschild Theodor Brückler, Akten zur Rothschild-Rückstellung Karton 53/1

379 Brückler, Akten zur Rothschild-Rückstellung.

380 Kammerstätter, Tragbares Vaterland, 2, 312 f.

381 Sternberg, Es stand ein Schloß, 530.

382 Demmer, Das Kinderasyl, 42.

383 Demmer, Das Kinderasyl, 49.

384 Demmer, Das Kinderasyl, 50.

385 Syracuse University Library, Dorothy Thompson Papers, 28.11.1946, Montreux, an Dorothy Thompson-Kopf.

386 Wiener Kurier, 7. Jänner 1947.

387 Salzburger Nachrichten, 17. Jänner 1947.

388 Wiener Kurier, 8. Jänner 1947.

389 Salzburger Nachrichten, 10. Jänner 1947.

390 Kammerstätter, Tragbares Vaterland, 2, 312 f.

391 Syracuse University Library, Dorothy Thompson Papers, Kitzbühel, 18. Februar 1949.

392 Syracuse University Library, Dorothy Thompson Papers, Hotel Baur au Lac, Zürich, 19. März 1950.

393 Zit. n. Arbeiterwille, 18. Januar 1950.

394 Zacharasiewicz, Transatlantic Networks, 275 ff.

395 Vgl. Isabella Krois: Die Restitution von Kunst- und Kulturgütern am Fall der Familie Rothschild aus zeithistorischer und rechtlicher Sicht, Wien 2000.

396 Kastner, Mein Leben kein Traum, 58.

397 Melichar, Neuordnung, 404 ff; AdR 06, ÖstA, BMF 215.595-35/58.

398 Nr. 952 der Beilagen zu den stenographischen Protokollen des Nationalrats, V.GP, Bericht des Finanz- und Budgetausschusses.

399 116. Sitzung des Nationalrates, 13. Juli 1949, Stenographisches Protokoll, 3304 f.; Rathkolb, Oliver; Wirth, Maria; Wladika, Michael; Die „Reichsforste" in Österreich 1938–1945: Arisierung, Restitution, Zwangsarbeit und Entnazifizierung; Studie im Auftrag der Österreichischen Bundesforste AG, Wien 2010.

400 116. Sitzung des Nationalrates, 13. Juli 1949.

401 Sternberg, Es stand ein Schloß, 608.

402 Feldsberg, E., Gedenkrede anlässlich der feierlichen Trauerzeremonie für Herrn Louis Freiherr von Rothschild. Manuskript, Syracuse University. Auch abgedruckt in: In: Pfeiller, Die österreichische Linie, 25–28.

403 Neues Österreich, 29. Jänner 1955.

404 Neue Illustrierte Wochenschau, 30. Jänner 1955, 5.

405 Syracuse University Library, Dorothy Thompson Papers.

406 WSTLA_BG_Innere_Stadt_I_A4_4_4A_95_1955_Louis_Rothschild

407 Miller-Aichholz, August v., Die Liny (Gedanken am Tage des Abschieds von Baronin Aline von Ringhoffer

geb. v. Seybel) 11. Juli 1957, Privatarchiv Emanuel Ringhoffer. Der Autor dieses Nachrufs: August Joseph Maria Ernst von Miller zu Aichholz (11. November 1894–10. Februar 1963).

408 Sternberg, Es stand ein Schloß, 532.

409 Sternberg, Es stand ein Schloß, 534.

410 Ebda.

411 Badener Zeitung, 30. Juli 1949.

412 Morgenstern, Tagebucheintrag, 18. Februar 1966.

413 Morgenstern, Tagebucheintrag 11. Februar 1967.

414 Morgenstern, Tagebucheintrag 11. Februar 1967.

415 Wilson, Rothschild, 488.

416 Demmer, Das Kinderasyl, 51.

Quellen- und Literaturnachweis

Archive

Österreichisches Staatsarchiv (ÖStA): Haus-, Hof- und Staatsarchiv (HHStA)

Österreichisches Staatsarchiv: Archiv der Republik (AdR)

Österreichisches Staatsarchiv: Kriegsarchiv (KA)

ÖStA, AdR, Bundesministerium für Finanzen, Bankkommission, 72 Kartons.

Wiener Stadt- und Landesarchiv (WSLA)

Niederösterreichisches Landesarchiv (NÖLA)

Rothschildarchiv London (RAL)

Archiv der Bank Austria

Jüdisches Museum, Wien; Archiv und Bibliothek

Stadtarchiv Waidhofen an der Ybbs

Syracuse University Libraries: Dorothy Thompson Papers

Dokumentationsarchiv des österreichischen Widerstands, Wien

Quellen:

Tageszeitungen und Journale, Wien, Paris, USA

Literatur

Anderton, Stephen, Christopher Lloyd. His Life at Great Dixter, London 2011.

Aspey, Melanie, „Die Herren leben mehr in dieser Welt, als wir es dürfen". Das Leben der Rothschild-Frauen, in: Damals, 38, 2006, 8, 32-36.

Aspey, Melanie, „The book that started it all". Art, Archives and Austria, in: The Rothschild Archive Review of the Year April 2012 to March 2013, 47 ff.

Aspey, Melanie, Die Rothschilds und die Judengasse. Neue Dokumente aus dem Rothschild-Archiv zur Geschichte der Familie, in: Fritz Backhaus u. a. (Hg.), Die Frankfurter Judengasse. Jüdisches Leben in der frühen Neuzeit, Frankfurt am Main 2006, 131 ff.

Auspitz, Kate, Wallis's War: A Novel of Diplomacy and Intrigue, Chicago 2015.

Balcar, Jaromír, Panzer für Hitler - Traktoren für Stalin. Großunternehmen in Böhmen und Mähren, 1938-1950, München 2014.

Balfour, Patrick, The Windsor Years. The life of Edward as Prince of Wales, King, and Duke of Windsor, London 1967.

Beaverbrook, Max Aitken, The abdication of King Edward VIII., London 1966.

Bertschi, Hannes und Reckewitz, Marcus: Von Absinth bis Zabaione. Wie Speisen und Getränke zu ihrem Namen kamen und andere kuriose Geschichten, Berlin 2003.

Bloch, Michael, The Duke of Windsor's War, London 1982.

Bloch, Michael, Wallis & Edward. Letters 1931-1937. The Intimate Correspondence of the Duke and Duchess of Windsor, London 1986.

Bryan, Joe und Murphy, Charles, Die Windsor-Story, Wien 1979.

Buchmayr, Friedrich, Der Priester in Almas Salon. Johannes Hollnsteiners Weg von der Elite des Ständestaats zum NS-Bibliothekar, Weitra 2003.

Buxbaum, Gerda, Mode aus Wien 1815–1938, Wien 1986.

Cohen, Evelyn M., Charlotte „Chilly" von Rothschild. Mother, Connoisseur, and Artist, in: The Rothschild Archive Review of the Year April 2012 to March 2013, 28 ff.

Decaux, Alain, Eduard VIII. und Wallis Simpson. Triumph der Liebe über die Politik? Eine Windsor-Biographie, Zürich 1996.

Demmer, Julia, Das Kinderasyl von Göstling 1878–1945. Lebens- und Erziehungserinnerungen ehemaliger Zöglinge an das Rothschildsche Kinderasyl in Göstling an der Ybbs, Ranshofen 2008.

Demmer, Julia, The Rothschild School in the Austrian Woods. Albert and Bettina's Kinderasyl, in: The Rothschild Archive Review of the Year April 2008 to March 2009, 31 ff.

Donaldson, Frances, Edward VIII., London 1974.

du Bois, William E. B., The Philadelphia Negro (1898), New York 1973.

Edward, Duke of Windsor, A King's Story. The Memoirs of H. R. H. the Duke of Windsor, London 1951.

Egger, Leopoldine, Vom Urwald zum Siedlungsraum. Tal der oberen Ois, Scheibbs 2001.

Fallmann, Karl, Rothschildförster im Rothwald. Aus dem Tagebuch des Oberförsters Karl Fallmann. Die Erfüllung eines Kindheitstraums, o.O. 2012.

Feller, Kerstin, Dorothy Thompson. Eine Schlüsselfigur der Welt des Exils, in: Deutschsprachige Exilliteratur seit 1933, Bd. 3.3, hg. v. John M. Spalek etc., Zürich 2002.

Ferguson, Niall, Die Geschichte der Rothschilds. Propheten des Geldes, 2 Bde., Stuttgart-München 2002.

Fladischer, Konstanze, Berlin und Wien in ausgewählten Romanen der Zwischenkriegszeit. Diplomarbeit, Univ. Wien 2010.

Gaugusch, Georg, Wer einmal war. Das jüdische Großbürgertum Wiens 1800–1938. Bd. A–K, Wien 2011, L–R, Wien 2016.

Gessner, Adrienne, Ich möchte gern was Gutes sagen. Erinnerungen, Wien 1985.

Glass, Charles, Americans in Paris. Life and Death Under Nazi Occupation, New York 2010.

Grace Moore Parera, You're Only Human Once, New York 1944.

Greiner, Margret, Margaret Stonborough-Wittgenstein. Grande Dame der Wiener Moderne, Wien 2018.

Halgard Stolte/Christopher Kopper, Der Ringhoffer-Tatra-Konzern und die Bayerischen Motorenwerke (BMW AG). Unternehmensstrategien in der Tschechoslowakei und in Bayern bis 1945. https://www.collegium-carolinum.de/fileadmin/Printpublikationen/Einzelbaende/Tschechien_und_Bayern_-_Inhalt.pdf

Hanisch, Ernst, Unwirtliche Zeiten. Salzburg nach dem Zweiten Weltkrieg 1945–1947, Wien 2023.

Herdan-Zuckmayer, Alice, Die Farm in den grünen Bergen, Frankfurt am Main 1988.

Herz-Kestranek, Miguel, Die Frau von Pollak oder Wie mein Vater jüdische Witze erzählte, Wien 2011.

Hlavačka, Milan, Family businesses and their roots in Central European society in the 19th century, in:

MODERNÍ DĚJINY – MODERN HISTORY, Vol. 24, 2016, No. 2, 1–24.

Hövelmann, Katharina, Bauhaus in Wien? Möbeldesign, Innenraumgestaltung und Architektur der Wiener Ateliergemeinschaft von Friedl Dicker und Franz Singer, Wien-Köln 2021.

Huvos, Eva C., No Risk, no Fun! The Reminiscences of Baron Hubert von Pantz, New York 1986.

Johnson, Julie M., The Other Legacy of Vienna 1900. The Ars Combinatoria of Friedl Dicker-Brandeis, in: Austrian History Yearbook, 51, 2020, 243–268.

Kammerstätter, Johannes, Unsere jüdischen Landsleute und ihr tragbares Vaterland, 3 Bde., Wieselburg 2012.

Kastner, Walther, Mein Leben kein Traum. Aus dem Leben eines österreichischen Juristen, Wien 1982.

Keen, Mary, Eythrope. Der legendäre Garten der Rothschilds. Gärtnern in Vollendung, München 2015.

Kershaw, Ian, Hitler. 1889–1945, München 2009.

Kershaw, Ian, Making Friends with Hitler. Lord Londonderry, the Nazis and Britain's road to war, London 2004.

Krausser, Helmut, Zwei ungleiche Rivalen. Puccini und Franchetti, München 2010.

Krenek, Ernst, Im Atem der Zeit. Erinnerungen an die Moderne, Wien 2012.

Kubitza, Michael, Das Bier, das Leuchten und der Grant. Münchner Alltagsleben um 1900, München 2019.

Kühschelm, Oliver, Vom glanzvollen Aufstieg bis zur „Tragödie des alten Reichtums". Familien- und Firmenstrukturen im Haus Miller-Aichholz, in: Hannes Stekl (Hg.), Bürgerliche Familien. Lebenswege im 19. und 20. Jahrhundert, Wien 2000, 109–167.

Kurrer, Rauthgundis, Gehörlose im Wandel der Zeit, Inaugural-Dissertation, München 2013.

Kurth, Peter, American Cassandra. The Life of Dorothy Thompson, Boston 1990.

Lichten, Hans E., Von Versailles zur UNO. Aus den Erinnerungen eines Diplomaten, Bonn 1962.

Lindinger, Michaela, Hedy Lamarr. Filmgöttin – Antifaschistin – Erfinderin, Wien-Graz 2019.

Livingstone, Natalie, Die Frauen der Rothschilds. Das unterschätzte Geschlecht der mächtigsten Dynastie der Welt, Köln 2022.

Lochery, Neill, Lisbon. War in the Shadows of the City of Light, 1939–1945, 2011.

Lovell, Mary S., The Riviera Set. 1920–1960. The Golden Years of Glamour and Excess, London 2017.

Mahler, Alma, Mein Leben, Frankfurt am Main 1960.

Makarova, Elena, Friedl Dicker-Brandeis. Vienna 1898–Auschwitz 1944. The Artist who inspired the Children's Drawings of Terezín, Los Angeles 2001.

Makarova, Elena, Friedl. Ein biografischer Roman, Halle an der Saale 2022.

Makarova, Elena, From Bauhaus to Terezín. Friedl Dicker-Brandeis and her Pupils, Jerusalem: Yad Vashem 1990.

Matsch, Erwin (Hg.), November 1918 auf dem Ballhausplatz. Erinnerungen

Ludwigs Freiherrn von Flotow, des letzten Chefs des Österreichisch-Ungarischen Auswärtigen Dienstes 1895–1920, Wien 1982.

Meisinger, Agnes, 150 Jahre Eiszeit. Die große Geschichte des Wiener Eislauf-Vereins, Wien 2017.

Melichar, Peter, Neuordnung im Bankwesen. Die NS-Maßnahmen und die Problematik der Restitution, Historikerkommission der Republik Österreich, Wien 2004.

Morgenstern, Oskar, Tagebuch, digitale Edition: gams.uni-graz.at/context:ome

Morton, Andrew, 17 Carnations. The Royals, the Nazis and the Biggest Cover-Up in History, New York 2016.

Morton, Andrew, Wallis in Love. The Untold Life of the Duchess of Windsor, the Woman who Changed the Monarchy, New York 2018.

Mulley, Klaus-Dieter, Leopold, Hans (Hg.), Geschosse, Skandale, Stacheldraht. Arbeiterschaft und Rüstungsindustrie in Wöllersdorf, Enzesfeld und Hirtenberg, Ebenfurth 1999.

O'Brien-ffrench, Conrad, Delicate Mission. Autobiography of a Secret Agent, London 1979.

Pfeiller, Kurt, Die österreichische Linie der Familie Rothschild, Lunz 1955/2000. o.J. (um 1980).

Pharisien, Bernard, L'Exceptionnelle famille Hériot, Le Mée-sur-Seine 2001.

Prokop, Ursula, Margaret Stonborough-Wittgenstein. Bauherrin, Intellektuelle, Mäzenin, Wien-Köln-Weimar 2005.

Puaux, Gabriel, Mort et transfiguration de l'Autriche. 1933–1955, Paris 1966.

Redlich, Josef, Schicksalsjahre Österreichs. Die Erinnerungen und Tagebücher Josef Redlichs 1869–1936, hg. v. Fellner, Fritz, und Corradini, Doris, 3 Bde., Wien 1953–2011.

Rosenberger, Werner, Glamouröse Wienerinnen. Frauen mit dem gewissen Etwas, Wien 2016.

Rothschild, Eugen von, Tizians Darstellungen der Laurentiusmarter, in: Belvedere. Zeitschrift für Sammler und Kunstfreunde, 10, 1931, 202–209 und 11–16.

Sachslehner, Johannes, Bouchal, Robert, Verschlossen. Die verborgene Welt der Adelssitze rund um Wien, Wien 2019, 101–114.

Sandgruber, Roman, Reich Sein. Das mondäne Wien um 1910, Wien-Graz 2022.

Sandgruber, Roman, Rothschild. Glanz und Untergang des Wiener Welthauses, Wien-Graz 2018.

Sandgruber, Roman, Traumzeit für Millionäre. Die 929 reichsten Wienerinnen und Wiener im Jahr 1910, Wien-Graz 2013.

Scheips, Charlie, Elsie de Wolfe's Paris. Frivolity Before the Storm, New York 2014.

Schnitzler, Arthur, Tagebuch, 1879–1931, 10 Bde., Wien 1987–2000.

Schor, Laura S., The Life & Legacy of Baroness Betty de Rothschild, New York 2006.

Sebba, Anne, Les Parisiennes. How the Women of Paris Lived, Loved and Died in the 1940s, London 2016.

Sebba, Anne, That Women. The life of Wallis Simpson, Duchess of

Windsor, London 2011; franz: Wallis la Scandaleuse. Par amour pour elle Édouard VIII renonça au trône, Paris 2017.

Sedlaczek, Robert, Sprachwitze. Die Formen, die Techniken, die jüdischen Wurzeln. Mit mehr als 500 Beispielen, Innsbruck-Wien 2020.

Simpson, Wallis, Mein Herz hatte recht. Die Memoiren der Herzogin von Windsor, Wien 1957.

Speer, Albert, Inside the Third Reich. Memoirs, New York 1971; Erinnerungen, Berlin 1970.

Speta, Franz, Leben und Werk von Ferdinand Schur, Oberösterreichisches Landesmuseum, Linz 1994.

Sternberg, Cecilia, Es stand ein Schloß in Böhmen. Wanderjahre einer Europäerin, Hamburg 1979.

Tippelskirch, Karina von, Central Europe in Vermont. German Exile Writers and the American Journalist Dorothy Thompson, in: Networks of Refugees from Nazi Germany: Continuities, Reorientations and collaborations in exile, hg. v. Helga Schreckenberger, Boston 2016.

Tomoum, Nadja, Das Geheimnis des Tutanchamun. Der goldene Pharao und seine abenteuerliche Wiederentdeckung, München 2022.

Trenkler, Thomas, Das Zeitalter der Verluste. Gespräche über ein dunkles Kapitel, Wien 2013.

Trenkler, Thomas, Der Fall Rothschild. Chronik einer Enteignung, Wien 1999.

Verdaguer, Mario, Die Goldene Insel. Roman der Landschaft und Leidenschaft, Berlin-Wien 1933.

Waugh, Alexander, Das Haus Wittgenstein. Die Geschichte einer ungewöhnlichen Familie, 3. Aufl., Frankfurt am Main 2010.

Weber, Bernard, Der weiße Leopard. Bernard Weber alias Walter Mittelholzer auf den Spuren von Ernest Hemingway, München 1999.

Weintraub, Stanley, Charlotte and Lionel. A Rothschild Love Story, New York 2003.

Wildner, Heinrich, Tagebücher 1938-1944, Wien 2021.

Zacharasiewicz, Waldemar, Transatlantic Networks and the Perception and Representation of Vienna and Austria between the 1920s and 1950s, Wien 2018. Siehe insbesondere Kapitel 2: Dorothy Thompson and her Viennese and American Contacts in Vienna in the Nineteen-Twenties and Early Nineteen-Thirties, 33-50.

Zerry, Christian, Alice de Rothschild. Une hivernante passionnée sur la French Riviera, Nizza 2014.

Ziegerhofer, Anita, Botschafter Europas: Richard Nikolaus Coudenhove-Kalergi und die Paneuropa-Bewegung in der Zwischenkriegszeit, Graz 2002.

Ziegler, Philip, King Edward VIII. The definitive Portrait of the Duke of Windsor, New York 1991.

Zuckmayer, Carl, Als wär's ein Stück von mir. Gesammelte Werke in Einzelbänden, Frankfurt am Main 1997.

Immer wieder wurde sie gezeichnet, gemalt und fotografiert – Baronin Kitty Rothschild wusste viel von der Macht der Bilder und verstand es, sie einzusetzen. Zeichnung des amerikanischen Illustrators Carl Oscar August Erickson für die „Vogue", 1929.

Bildnachweis

Coverillustration: vo. u. hi. Betti Sauter
Autorenporträt: Harald Eisenberger
Illustration Seite 5: Betti Sauter
Privatbesitz, Wien: 20, 118 (unten links), 142, 153, 154, 156, 157, 158, 159, 160 (unten)
Privatbesitz: 177
Privatsammlung, Wien: 209 (links und rechts), 210, 211 (unten)
The Rothschild Archive, London: 113 (oben und unten)
Jüdisches Museum Wien: 198, 211 (oben)
Bildarchiv der Österreichischen Nationalbibliothek: 50 (unten)
Narodowy Archiwum Cyfrowy: 260 (oben links)
ÖNB-Bildarchiv/picturedesk.com: 208
Mary Evans/picturedesk.com: 6/7, 12, 93
Bridgeman Art Library/picturedesk.com: 8/9, 74 (oben links)
Sammlung Hubmann/brandstaetter images/picturedesk.com: 15
Austrian Archives/brandstaetter images/picturedesk.com: 74 (oben rechts), 91 (oben)
Roger Viollet/picturedesk.com: 74 (unten), 75 (unten rechts), 81 (unten)
Albert Harlingue/Roger Viollet/picturedesk.com: 75 (oben und unten links)
Central News/TopFoto/picturedesk.com: 108
akg-images/picturedesk.com: 54
Jazz Age Club Colle/Mary Evans/picturedesk.com: 55 (u.), 81 (o.)
Maurice-Louis Branger/Roger Viollet/picturedesk.com: 55 (o.)
Boris Lipnitzki/Roger Viollet/picturedesk.com: 72
New York Times Photo/ÖNB-Bildarchiv/picturedesk.com: 82
AP/picturedesk.com: 91 (unten)
ullstein bild – Arthur Benda/Ullstein Bild/picturedesk.com: 116
ullstein bild/Ullstein Bild/picturedesk.com: 168
The Royal Aeronautical Society/Mary Evans/picturedesk.com: 214
Rübelt, Lothar/ÖNB-Bildarchiv/picturedesk.com: 260 (oben rechts)
Votava/brandstaetter images/picturedesk.com: 260 (unten)
Roy Fox Fine Art Photography © de Laszlo Foundation: 51
© Photograph © Museum of Fine Arts, Boston: 117
© Stefan Oláh/de Laszlo Foundation: 155
Exhibition by Mr. Wilhelm Funk (Ausstellungskatalog New York 1908): 50 (oben)
www.pratercottage.at: 178
www.oldlongisland.com: 258/259
Vogue @ Condé Nast SAS (Source gallica.bnf.fr./BnF): 52 (Maiheft 1928), 302 (Jännerheft 1929)
Home Chat, 14. September 1912: 114
www.anno.onb.ac.at: 10/11, 49, 90 (oben), 92, 115, 118 (oben links und die Bilder rechts; rechts unten: Allgemeine Automobil-Zeitung, 1. Juni 1924), 119, 141
www.akon.onb.ac.at: 90 (unten)
www.wikitree.com: 179
Privatbesitz Roman Sandgruber: 56
Wikimedia Commons: 53 (Belvedere Museum Wien), 120, 160 (oben), 232 (Foto: Epicgenius)

Autor und Verlag bedanken sich für die freundlichen Abdruckgenehmigungen.

Liebe Leserin, lieber Leser,

hat Ihnen unser Buch gefallen?

Dann freuen wir uns über Ihre Weiterempfehlung!
Und erzählen Sie davon. Ihren Freundinnen und Freunden, Ihrer Buchhändlerin oder Ihrem Buchhändler. Weil jede gute Geschichte davon lebt, weitergetragen zu werden.

/ StyriaBuchverlage

#prettykitty
#rothschilds
#frauenderrothschilds
#moldengeschichte
#moldenverlag

Wollen Sie weitere Informationen zu unserem Programm? Möchten Sie mit dem Autor in Kontakt treten? Wir freuen uns auf Austausch und Anregung unter **leserstimme@styriabooks.at**

Inspiration, Geschenkideen und gute Geschichten finden Sie auf **www.styriabooks.at**

STYRIA
BUCHVERLAGE

Bücher aus der Verlagsgruppe Styria gibt es in jeder Buchhandlung und im Online-Shop www.styriabooks.at

ISBN 978-3-222-15100-2

Projektleitung: Stefan Schlögl
Lektorat: Johannes Sachslehner
Cover und Layout: Betti Sauter
Satz: Burghard List
Korrektorat: Arnold Klaffenböck
Herstellungsleitung: Maria Schuster und Franz Schaffer
Druck und Bindung: Finidr, Český Těšín
Printed in the EU

7 6 5 4 3 2 1

ZukunftsFonds
der Republik Österreich